Wolfgang Schäuble
Grenzerfahrungen

WOLFGANG SCHÄUBLE

Grenzerfahrungen

Wie wir an Krisen wachsen

Mitarbeit: Jacqueline Boysen
und Hilmar Sack

Siedler

Sollte diese Publikation Links auf Webseiten Dritter enthalten,
so übernehmen wir für deren Inhalte keine Haftung,
da wir uns diese nicht zu eigen machen, sondern lediglich
auf deren Stand zum Zeitpunkt der Erstveröffentlichung verweisen.

Penguin Random House Verlagsgruppe FSC® N001967

1. Auflage
Copyright © 2021 by Siedler Verlag, München,
in der Penguin Random House Verlagsgruppe GmbH,
Neumarkter Straße 28, 81673 München
Umschlaggestaltung: Büro Jorge Schmidt
Umschlagabbildung: © Bundesministerium der Finanzen, Foto: Ilja C. Hendel
Satz: Vornehm Mediengestaltung GmbH, München
Druck und Bindung: GGP Media GmbH, Pößneck
Printed in Germany
ISBN 978-3-8275-0144-8
www.siedler-verlag.de

Dieses Buch ist auch als E-Book erhältlich.

Inhalt

Politische Grenzerfahrungen –
und warum wir sie nicht fürchten müssen   7

1
**Grenzenlos glücklich? Der Mensch zwischen Freiheit
und Begrenztheit**   20

Gespräch mit Rutger Bregman   40

2
**Begrenzte Handlungsspielräume: Zur Verantwortung
der Politik in der Demokratie**   60

Gespräch mit Ralf Fücks   89

3
**Grenzen des Wachstums? Über nachhaltiges
Wirtschaften in Zeiten der Globalisierung**   102

Gespräch mit Maja Göpel   133

4
**Grenzen der Vielfalt? Über Nation, Identität
und den gesellschaftlichen Zusammenhalt**   150

Gespräch mit Armin Nassehi   175

5
Überwundene Grenzen? Zur Zukunft Europas 189
Gespräch mit Sylvie Goulard 214

6
Grenzenlos gültig? Über westliche Werte und unsere Verantwortung in der Welt 226
Gespräch mit Ivan Krastev 253

7
Vergangene Zukunft? Wo Erinnerung befreit und Geschichte begrenzt 273
Gespräch mit Diana Kinnert 292

Dank 307
Leseempfehlungen 309
Die Gesprächspartner und Moderatoren 312
Personenregister 316

Politische Grenzerfahrungen –
und warum wir sie nicht fürchten müssen

Leben heißt Veränderung – und ich weiß, was das bedeutet. Etwas Vergleichbares habe ich in fünfzig Jahren Politik dennoch nicht erlebt. Als im Frühjahr 2020 in vielen Ländern ein Lockdown angeordnet wurde, stand für einen Moment die Welt still. Scheinbar. In Wahrheit verändert die Pandemie unser Leben rasant. Wer heute noch einmal eine Zeitung vom Jahresanfang 2020 in die Hand nimmt, wird sich über die damaligen Themen wundern und staunen angesichts einer Berichterstattung über ein Virus, das zwar gefährlich erschien, aber doch sehr weit weg.

Auch heute glauben noch immer Menschen, die Veränderung unserer Gewohnheiten sei eine allenfalls vorübergehende Erscheinung und bald werde alles wieder genauso sein, wie es vor Corona war, als man sich in der Familie und mit Freunden sorglos traf, zwanglos in Restaurants und Bars, entspannt im Konzert, Theater, Kino, feiernd in Klubs oder Stadien. Mit Urlaub in fernen Ländern, ohne Abstandsregel, Maskenpflicht und Quarantäne.

Bei allen Unwägbarkeiten, die mit dem Virus verbunden sind, ist eines sicher: Die globale Pandemie bedeutet eine Zäsur. Aber wird die Welt sich grundlegend wandeln? Die Ansichten darüber gehen auseinander. Für die einen dominiert die Natur des Menschen mit ihren Beharrungskräften. Mir ist die Überlegung des litauischen Schriftstellers Marius Ivaškevičius im Gedächtnis geblieben, der sich beim Satz »Die Welt wird nie mehr so sein, wie sie war« an frühere einschneidende Ereignisse erinnert fühlte. Danach habe es zwar tatsächlich Veränderungen gegeben, die Welt sei aber letztlich geblieben, wie sie gewesen ist. »Der Mensch ist ein zu träges Geschöpf, als dass er einfach gebremst werden könnte«, lautete sein illusionsloses Fazit in der *FAZ*. »Er ist das lebendigste aller Viren dieses Planeten.«

Also bleibt tatsächlich alles gleich, nur eben anders? Andere Stimmen betonen indes, trotz vielfach herbeigesehnter Rückkehr zur Normalität spräche wenig dafür, dass das Danach dem Davor gleichen würde. Die Normalität vor dem Corona-Virus werde nicht die Zukunft nach der Pandemie sein.

Covid-19 treibt uns durch eine steile Lernkurve und viele Lektionen werden bleiben. Das betrifft die sozialen Beziehungen in der Gesellschaft genauso wie das Verhältnis der Staaten untereinander, den globalen Wettbewerb der Systeme. Und es betrifft ganz grundsätzlich das spannungsreiche Verhältnis zwischen dem Sicherheitsbedürfnis und dem Freiheitsdrang des Menschen, die konfliktbehaftete Abwägung zwischen Lebens- und Gesundheitsschutz einerseits und ökonomischen wie kulturellen Entfaltungsmöglichkeiten anderseits.

Wir lernen gerade erst, mit dem Virus zu leben, und realisieren, dass wir uns gegen vergleichbare Bedrohungen besser wappnen müssen. Covid-19 werde höchstwahrscheinlich dazu führen, dass wir unsere Anstrengungen zum Schutz des menschlichen Lebens noch verdoppeln, prognostiziert Yuval Noah Harari mit der Gelassenheit des Historikers, der in seinen Studien regelmäßig die Menschheitsgeschichte durchschreitet. Die vorherrschende kulturelle Reaktion auf Covid-19 sei keine Resignation, sondern eine Mischung aus Empörung und Hoffnung.

Harari, dessen packende Analysen der Vergangenheit mich ebenso faszinieren wie seine nüchtern-technoziden Zukunftsvisionen bisweilen befremden, sieht das Grundvertrauen der Menschen in die Wissenschaft, das Leben zu verlängern, ungebrochen; es unterscheide unsere Welt von der vormodernen Zeit, als der Tod als unausweichliches Schicksal und Ursprung für den Sinn des Lebens gegolten habe. Wenn allerdings die Pandemie, wie auch Harari annimmt, gleichzeitig die Sensibilität des Individuums für seine Zerbrechlichkeit und Vergänglichkeit schärfen würde, wäre das für den modernen Menschen mit seinem Hang zur Hybris und für das Überleben der Spezies sicher nur von Vorteil.

Wir erleben derzeit unsere Verwundbarkeit – die eigene und die der Systeme, in denen wir uns bislang so selbstverständlich bewegt haben. Die Welt, wie wir sie kannten, und unser Grundvertrauen auf eine bessere Zukunft sind gründlich erschüttert. Der bulgarische Politikwissenschaftler Ivan Krastev, mit dem ich mich für dieses Buch zum Gespräch getroffen habe, prognostiziert, die Welt werde eine andere sein, nicht weil unsere Gesellschaften einen Wandel *wollten* oder weil ein Konsens über die Richtung des Wandels bestände, sondern weil eine Rückkehr unmöglich sei. Das entbindet uns nicht von unserer Gestaltungsaufgabe.

Im Gegenteil: Wenn wir jetzt handeln und die Weichen richtig stellen, können wir Fehler und Versäumnisse der Vergangenheit korrigieren, um widerstandsfähiger zu werden. Was für eine Welt dann tatsächlich am Ende der gegenwärtigen Krise stehen wird, können wir noch nicht absehen. Aber ob diese Krise einen disruptiven Charakter annimmt, indem wir neue, innovative Wege beschreiten, und damit diese Welt ein Stück weit besser machen, liegt in einem erheblichen Maße an uns. An unseren Zielvorstellungen und an unserer Fantasie sowie Tatkraft, diese Ziele zu erreichen, kurz: an unserem Gestaltungs*willen*!

Nach einem Jahrzehnt unterschiedlicher krisenhafter Zuspitzungen sind wir gewohnt, unsere Gegenwart als Krise zu beschreiben. Der Ausnahmezustand scheint zur Regel geworden zu sein. Die Bedrohung durch das Corona-Virus unterscheidet sich allerdings von den vorangegangenen Herausforderungen. Sie ist ein planetares Ereignis und bedroht *jeden* Menschen. Covid-19 ist nicht die erste Pandemie, mit der es die Menschheit zu tun hat. Aber sie ist die erste, die wir durch die modernen Kommunikationsmittel als wirklich globales Phänomen wahrnehmen. In den Demokratien des Westens hat sie erhebliche Freiheits- und Grundrechtsbeschränkungen ausgelöst und sie macht erhebliche staatliche Eingriffe in das soziale und wirtschaftliche Leben notwendig. Die ganze Welt kennt plötzlich *ein* gemeinsames Thema, und obwohl wir in der Bewältigung der Krise in vielem auf uns selbst zurückgeworfen sind, ist unser Blick kosmopolitischer geworden. Oder haben wir uns vorher ähnlich leidenschaftlich mit Fragen des Datenschutzes oder des Gesundheitswesens in Südkorea, Brasilien, Schweden befasst?

Die Corona-Pandemie lehrt Demut. Wir Deutschen wähnten uns vor vielen globalen Gefahren in relativer Sicherheit, unser Wohlstand schien garantiert. Plötzlich sehen wir uns nicht nur mit einer rätselhaften, sich ausbreitenden und tödlichen Krankheit konfrontiert, sondern in ihrer Folge auch mit der schwersten Rezession der Nachkriegsgeschichte. Weltweit brach die Wirtschaftsleistung ein, globale Lieferketten wurden unterbrochen, Arbeitsplätze und damit die Existenzgrundlage von Millionen Menschen sind verloren gegangen. Jetzt erinnern wir uns daran, dass Microsoft-Gründer Bill Gates schon vor Jahren mahnte, er fürchte nicht so sehr einen Krieg als eine Pandemie. Damals dachten die meisten von uns: Das wird nie eintreten, das ist doch allenfalls Stoff für Horrorfilme. Heute geißeln Verschwörungstheoretiker den Propheten – und wir alle müssen uns eingestehen, dass wir besser auf ihn gehört hätten.

Die erschreckenden Bilder von Bergamo, die Berichte von Vorrangentscheidungen über Leben und Tod wegen fehlender Intensivbetten im Elsass haben uns an die Grenzen dessen geführt, was wir ethisch vertreten können. Nicht anders die zwischen den Generationen hochemotional geführte Debatte über das Dilemma in der Pandemie, Leben schützen zu wollen und dafür zwangsläufig andere Grundrechte einschränken zu müssen.

Dem gegenüber stehen erstaunliche Erfahrungen neuer gesellschaftlicher Solidarität. In der Isolation gewann menschliche Nähe neuen Wert, innerhalb der Familien, im Freundeskreis, in der Nachbarschaft. Mit der Krise verbinden sich, etwa bei plötzlich als systemrelevant erkannten Berufen, neu gewonnene Einsichten in soziale Schieflagen – und auch in Übertreibungen der Globalisierung, die wir zuvor mehrheitlich für die Normalität hielten und die zum Ausmaß der Pandemie überhaupt erst beigetragen haben. Selbst wenn die Gesundheitskrise zwischenzeitlich fast alles andere dominierte, schärft die existenzielle Bedrohung unser Bewusstsein für den Schutz der menschlichen Lebensgrundlagen – zumal die Wissenschaft nahelegt, dass es einen Zusammenhang zwischen Klimawandel, dem Raubbau an der Natur mit dem Verlust an Artenvielfalt und dem Risiko von Pandemien gibt.

Die Corona-Krise stellt also mit ihren Folgen für unsere Art, zu leben und zu wirtschaften, viele unserer Gewissheiten infrage und gefühlte Selbstverständlichkeiten auf den Kopf. Sie bedeutet eine Art kollektive Grenzerfahrung, in dem sie Knappheiten aufzeigt und uns dadurch Wertigkeiten neu oder anders bestimmen lässt.

Das ist der Ausgangspunkt für dieses Buch und führt zu einem Leitgedanken, der den hier versammelten Essays und Gesprächen zugrunde liegt: Begrenzung ist für mich eine Bedingung menschlicher Existenz und Knappheit nicht nur ökonomisch

Grundlage für Wertbildung und Wertschätzung. Überfluss führt zur Vernachlässigung. Ich bin überzeugt, dass uns im Schlaraffenland die gebratenen Tauben ganz schnell aus dem Hals heraushängen würden. Es muss die richtigen Anreize geben. Das hat mit dem Menschen zu tun, wie er geschaffen ist. Je höher das hängt, was wir begehren, umso mehr strecken wir uns danach. Fehlt der Ansporn, werden wir bequem. Selbstzufriedenheit, neudeutsch: *Complacency,* tritt ein, wenn uns gesellschaftlich die Balance zwischen Fördern und Fordern verloren geht. Wenn Menschen nichts mehr abgefordert wird, erscheinen auch Probleme immer größer – weil das Selbstvertrauen in die eigene Gestaltungskraft schwindet.

Menschen sind befähigt zu Großem, und sie machen schlimme Fehler. Wir brauchen deshalb Regeln, um frei sein zu können. Das ist mein Verständnis wertgebundener Freiheit, die auf Grenzen angewiesen ist. Nicht um einzuengen, sondern um Halt zu geben. Die Frage nach den Grenzen, die wir benötigen, und denen, die es zu überwinden gilt, stelle ich in diesem Buch immer wieder. Erst aus dem Spannungsverhältnis zwischen dem Drang, Grenzen zu überwinden oder zu verschieben, und der Notwendigkeit, Grenzen zu setzen, ergibt sich menschlicher Fortschritt.

Freiheit und ihre Grenzen: In diesem Spannungsfeld sehe ich die Antworten auf die enormen Herausforderungen, die durch die Corona-Pandemie nur verschärft werden. Denn ich glaube nicht, dass wir weitermachen sollten wie vor der Krise. Im Gegenteil. Die Spätmoderne, in der wir leben, sei eine Moderne radikaler Entgrenzung, sagt der Soziologe Andreas Reckwitz. Und er moniert rückblickend zu Recht, die Politik habe, statt regulierend und stabilisierend zu wirken, also dem Rad der Entwicklung auch einmal in die Speichen zu greifen, die Prozesse von Globalisierung, Digitalisierung und Individualisierung selbst immer noch weiter beschleunigt.

Die Pandemie zeigt nun gnadenlos dort die Grenzen auf, wo wir in den vergangenen Jahrzehnten deregulierend vieles übertrieben haben, wo das unglaubliche Schwungrad des Kapitalismus und der Finanzmärkte überdreht ist – auf Kosten der Resilienz, des Klimas und der Artenvielfalt sowie des sozialen Zusammenhalts. Darin liegt auch Erklärungspotenzial für den ambivalenten Befund, dass Menschen, die sich von der leidvollen Corona-Krise nicht existenziell bedroht sahen, die Entschleunigung zwischenzeitlich durchaus auch als persönlichen Gewinn erleben konnten. Dass sie die Zeit, die sie mehr für sich oder in der Familie hatten, nicht weniger glücklich machte als die alltägliche Hatz in einem Leben des Überflusses. Glück ist eben relativ und *social distancing* manchmal Anlass, Nähe wieder oder neu zu erfahren. Das Corona-Virus zeigt uns unsere Grenzen auf und erinnert uns daran, dass wir als soziale Wesen auf Beziehungen zu anderen angewiesen sind, auf menschliche Kontakte, auf Gemeinschaft. Damit lenkt es unseren Blick auf die Verantwortung, die wir alle tragen, jeder für sich selbst, aber eben auch für die anderen.

In der Hochphase der Pandemie haben wir erlebt, wie im Ausnahmezustand der Fokus der Öffentlichkeit auf nur *einem* Thema liegt. Die großen deutschen TV-Sender füllten der Fernsehprogrammforschung von ARD und ZDF zufolge mehr als die Hälfte der Sendezeit ihrer Nachrichten mit Beiträgen zur Covid-19-Pandemie. Das war kaum anders bei der Finanzkrise, bei der Flüchtlingskrise und zuletzt der Klimakrise. Die Liste ließe sich fortführen. Auf der Strecke bleibt die Komplexität der Herausforderungen, vor allem ihre Interdependenz.

Deshalb ist die Corona-Krise in diesem Buch nur der Ausgangspunkt, von dem aus ich mich mit Herausforderungen und Themen noch einmal intensiv befasse, die mich politisch seit Jahren begleiten. Die Pandemie gibt nicht nur Anlass dazu, das Verlorengegangene oder Verdrängte wieder wertschätzen zu lernen. Ihre Bewältigung birgt auch die Chance, durch tiefgreifende Veränderungen eine neue gesellschaftliche, wirtschaftliche und politische Dynamik zu entfachen.

Wie wir in diesem Sinne an der Krise wachsen können – davon handelt dieses Buch. Viele bekannte Probleme zeigen sich in verändertem Licht, es stellen sich Fragen anders und sie fordern neue Antworten. Wir werden zu einer Neujustierung unseres Denkens und Handelns gezwungen: in unserem Verhältnis zueinander, in Bezug auf die Globalisierung und die allumfassende Digitalisierung unserer Lebenswelt genauso wie mit Blick auf nationale Identität, europäische Integration und die Bedeutung westlicher Werte im globalen Wettbewerb der Systeme. Vor allem bei der Suche nach dem besten Weg zu einem technologiefreundlichen, nachhaltig-innovativen Wirtschaften, das dem Menschen gemäß und dem Schutz des Klimas und der Artenvielfalt verpflichtet ist – und dabei Grundregeln des verantwortungsvollen Umgangs mit begrenzten finanziellen Ressourcen wahrt.

Freiheit und Wohlstand sind nicht voraussetzungslos. Mit der Frage, wie wir in der globalisierten Welt beides bewahren, verbinden sich für unsere Gesellschaften unbequeme Debatten – und für politische Verantwortungsträger die Aufgabe, diese mit anzuregen, auszuhalten und am Ende auch womöglich unpopuläre Entscheidungen nicht zu scheuen. Dazu möchte ich mit diesem Buch ermuntern. Stärken wir die Bereitschaft zur Veränderung – ohne gleich alles infrage zu stellen. Wählen wir nicht Radikalität, sondern besinnen wir uns auf die Fähigkeit, bestehende Interessenunterschiede in der offenen Gesellschaft auszubalancieren. Das setzt die Bereitschaft voraus, dem Gegenüber die gleiche Freiheit zuzugestehen, die ich selbst beanspruche, und die Einsicht, dass verschiedene Meinungen und Grundhaltungen nötig sind, um gesellschaftlichen Fortschritt zu ermöglichen.

Es kann in der Demokratie keinen Exklusivitätsanspruch einer einzigen Denkrichtung geben, von wie vielen auch immer sie vertreten wird. Im politischen Alltag fehlt es allerdings häufig an Offenheit und Toleranz, hier läuft bisweilen der Meinungsstreit aus dem Ruder. Die plurale Gesellschaft wandelt sich, und die Erfahrung zeigt, dass kein Akteur im Voraus weiß, was gut für alle ist. Niemand trifft Entscheidungen für immer. Einschätzungen können sich im Laufe der Zeit überleben oder als falsch erweisen. Aber die Demokratie erlaubt Fehlerkorrekturen, das macht sie und die offene Gesellschaft menschlicher als jede andere Ordnung.

Ich lasse mich in diesem Buch deshalb von einer Grundprämisse westlichen Denkens leiten: von der Bereitschaft zu kritischer Selbstreflexion – und von der Lust an der kontroversen Debatte. Meine in sieben Essays gefassten Überlegungen zu Grundlagen unserer politischen Ordnung und den großen Zukunftsthemen, denen wir heute gegenüberstehen, stelle ich im Gespräch mit Intellektuellen sowie Wissenschaftlerinnen und Wissenschaftlern zur Diskussion. Es sind alles Experten auf ihrem Gebiet, deren Arbeiten mich fasziniert und inspiriert haben oder zum Widerspruch reizen. Mir geht es dabei nicht um fertige Lösungen. Vielmehr möchte ich Politik als Denkprozess erkennbar, die Bandbreite an legitimen Sichtweisen und Argumenten sichtbar und – im Idealfall – die Freude an der lebhaften Diskussion nachvollziehbar machen. Ich möchte zu Rede und Gegenrede einladen, zu einer leidenschaftlichen und sachbezogenen Debatte, wie sie auch das Parlament führen sollte.

Vor allem möchte ich mit der Erfahrung eines politischen Lebens, das persönliche Tiefschläge ebenso kennt wie überwundene politische Krisen, dazu ermutigen, an die eigene Gestaltungsfähigkeit zu glauben. Denn wir brauchen Zuversicht. Fatalismus ist für einen Politiker keine Option. Läge alle Macht beim Schicksal, wäre Politik zwecklos. Ihr Grund liegt im Gestalten. Die Vorstellung von einem allmächtigen Schicksal oder vermeintlich übermächtigen Lenkern ist so falsch wie gefährlich.

Sie ist unvereinbar mit dem Bild vom Menschen, auf dem unsere Gesellschaft gründet, und sie widerspricht den leitenden Prinzipien: Freiheit, Selbstbestimmung und, daran anknüpfend, Verantwortlichkeit.

Machen wir uns nicht kleiner, als wir sind. Wir haben keinen Grund zu verzagen. Wir können die Wirklichkeit nicht beliebig nach unseren Wünschen konstruieren, aber wir können sie verändern – und das sollten wir. Als Individuen und als Gesellschaft. In der Politik ist dies oft mühselig, selten spektakulär und meist nicht im umfassenden Sinne zufriedenstellend. Aber es ist in einer freien, offenen, vielfältigen Gesellschaft der einzige Weg zwischen irrationalem Wunschdenken und düsterem Fatalismus.

Die Zukunft ist offen, auch wenn sich das Heute darin fortschreibt. Manchmal spielt uns das Schicksal in die Hände, und das völlig Unerwartete macht das Erhoffte plötzlich möglich. Der Politik bleibt es dann überlassen, die Möglichkeiten, die sich überraschend bieten, zu erkennen und zu nutzen, das Schicksal beim Schopfe zu packen. Der Fall der Mauer war eine solch glückliche Fügung für die Deutschen, auch wenn er viele Mütter und Väter hat, die über Jahre und Jahrzehnte auf die Überwindung der deutschen Teilung hingewirkt haben – auf der einen Seite der Grenze unter hohem persönlichem Risiko, auf der anderen gegen den Mainstream derer, die sich an die Zweistaatlichkeit längst gewöhnt hatten.

Glück ist indes selten eine Kategorie der Politik, und es wäre zynisch, in der Corona-Pandemie eine glückliche Fügung zu erkennen. Das Virus ist eine Zumutung – doch es hilft nicht, bloß zu lamentieren. In der Bewältigung der Krise liegt auch eine Chance, jedenfalls dann, wenn wir die Aufgabe annehmen und jetzt Entscheidungen treffen, die zuvor nicht realistisch waren.

Wir können dabei nicht wissen, was noch auf uns zukommt. Die Menschen, die 1989 in der DDR auf die Straße gingen, wussten auch nicht, was passieren würde. Es gab damals Hoffnungszeichen, nicht zuletzt durch die Reformversuche Michail Gorbatschows in der Sowjetunion als Folge der im Westen zuvor so heftig umkämpften Nachrüstungspolitik. Dennoch konnte niemand ernsthaft voraussehen, dass am 9. November die Mauer fallen würde, friedlich, ohne einen einzigen Schuss. Und für den Weg zur staatlichen Einheit binnen eines Jahres gab es auch keine Vorlage. Wie hätte es unter den Bedingungen des Kalten Krieges anders sein können? Aber als sich die Chance bot, haben wir Deutschen sie beherzt ergriffen!

Wir können auch heute optimistisch sein, indem wir nicht allein darüber reden, was es abzuwehren gilt und was wir verlieren könnten, sondern mehr auf die Möglichkeiten blicken, die wir haben. Darauf, was wir in dieser Krise erreichen wollen. Konflikte und Krisen wirken produktiv, indem sie das Gefahrenbewusstsein schärfen, zur Verständigung und Selbstverständigung zwingen. Sie können den Weg bahnen zu neuen Instrumenten, zu neuen Allianzen, um die Zukunft zu gestalten. Sie bieten das Potenzial dafür, überkommene Traditionen, gesellschaftliche Verkrustungen und nationale Selbstblockaden aufzubrechen.

Das beginnt mit der Einsicht, dass auch vor dem Corona-Virus nicht alles in Ordnung war – und mit dem Willen, eine neue Weltordnung nach der Pandemie aktiv mitzugestalten. Winston Churchill sagte: Verschwende niemals eine gute Krise. Die Erfahrung gibt ihm recht. Je besser die Lage, umso größer ist die Trägheit. Ohne den Druck von Krisen ist die Bereitschaft zu Veränderungen zu gering. Jetzt erleben wir eine Krise, wie wir sie uns niemals vorstellen konnten und wie wir sie auch nicht noch einmal erleben wollen, in der aber manches möglich wird, was zuvor undenkbar schien. Das können wir nutzen, um voranzukommen.

Deutschland erlebt mitten im erzwungenen Stillstand in vielen Bereichen eine ungeahnte Beweglichkeit. Jahrelang wurde die Online-Sprechstunde skeptisch beäugt, jetzt ist sie Realität und erweist sich als sinnvolle Ergänzung im alltäglichen Praxisbetrieb. Unternehmen realisieren in Windeseile den lange gehegten und immer wieder verschobenen Plan, auf das digitale Büro umzustellen – und machen die Erfahrung, dass sich auf manche zeitraubende Dienstreise verzichten lässt. Selbst die öffentliche Verwaltung zeigt vielfach ungeahnte Flexibilität. Freiberufler und Soloselbstständige staunen, dass »unbürokratische Soforthilfe« tatsächlich bedeuten kann, dass ein online gestellter Antrag genügt und das Geld am nächsten Tag auf dem Konto eingeht. Innerhalb weniger Wochen wurde ein Corona-Krankenhaus errichtet, ohne dass es sich im Gestrüpp des Genehmigungs- und Planungswesens verheddert hätte – und das ausgerechnet in Berlin, dessen Flughafen zum Sinnbild der deutschen Selbstblockade wurde.

Der Umgang mit dem Virus, das Unbekannte und Unabsehbare zwingt uns Deutsche dazu, trotz unseres sprichwörtlichen deutschen Perfektionsdrangs spontan zu reagieren. Und wir erleben: Das geht. Wir lernen, auch mit Unzulänglichkeiten umzugehen, mit dem Nichtperfekten zu leben. So ist der Mensch, so ist die menschliche Gesellschaft. In der Gelassenheit, die uns abverlangt wird, liegt eine Kraft, die uns bei vielen komplexen Herausforderungen voranbringen wird. Davon wird in diesem Buch immer wieder die Rede sein.

Deutschland ist im letzten Jahr in vielem über sich hinausgewachsen. Gerade die jüngere Generation, die sich an der Unbeweglichkeit in Politik, Gesellschaft und Verwaltung gestört hat, macht eine wertvolle Erfahrung: Wir müssen uns nicht an das Bestehende klammern! Wir können Bewährtes sichern und zugleich Neues wagen, auch auf die Gefahr hin, uns später korrigieren zu müssen.

Das kann uns nachhaltig aus der Saturiertheit befreien, in die wir in Jahrzehnten wachsenden Wohlstands und zunehmender

Unbeweglichkeit teilweise geraten waren. Viele Menschen in unserem Land spüren, dass es Veränderung braucht. Wir stehen vor großen Aufgaben – das setzt Kräfte und Fantasie frei. Innovationen stärken das Vertrauen in unsere Gestaltungsfähigkeit, die Überzeugung, den Veränderungen gewachsen zu sein. Wir haben die Freiheit, die Welt, in der wir leben, besser zu machen, Großes leisten zu können. Darauf kommt es jetzt an.

1

Grenzenlos glücklich?
Der Mensch zwischen Freiheit und Begrenztheit

Der Mensch braucht Grenzen. Wir bewegen uns in einer Ambivalenz: Wir streben nach Freiheit und brauchen zugleich Überschaubarkeit. Das Leben des Menschen in Grenzen beginnt mit der Vertreibung aus dem Paradies. Auch wer sich nicht in der Nachfolge von Adam und Eva sieht, wer nicht an die Auferstehung und das ewige Leben glaubt, kennt die menschliche Urerfahrung: Unser Leben ist endlich. Die Unendlichkeit liegt jenseits unserer Vorstellungskraft, weckt aber unsere Fantasie. Die Unendlichkeit ist ein Sehnsuchtsort: Wenn Goethes Faust seufzt, der schöne Augenblick möge verweilen, sperrt er sich gegen das Verrinnen der Zeit – natürlich vergebens. Wir Menschen sind von jeher fasziniert von der Vision, die Zeit anzuhalten, von Jungbrunnen oder Versuchen, das Sterben hinauszuzögern.

Obwohl wir heute länger leben und später sterben als frühere Generationen, nähren medizinisch-technische Entwicklungen weitere Allmachtsvorstellungen. Wir können inzwischen das Lebensende zwar hinausschieben, abschaffen können wir es nicht. Unsterblichkeit ist uns glücklicherweise nicht gegeben. Unser Leben ist in ständiger Veränderung. Dem können wir uns nicht entziehen, aber daran können wir wachsen.

Wir sind als Menschen zur Freiheit begabt, es ist uns aufgegeben, etwas aus unserem Dasein zu machen. Dabei verschieben sich je nach Alter, Erfahrung, persönlichem Umfeld und aktueller Lebenslage unsere Ansprüche. Die erste gute Note, die erste Goldmedaille zählen mehr als die folgenden. Was die Ökonomie als abnehmenden Grenznutzen kennt, ist eine menschliche Lebenserfahrung. Daraus entwickeln wir ein individuelles Lebenstempo, einen Ausgleich zwischen Beharren und immer neuen Herausforderungen, zwischen dem, was wir sind, dem, was wir wollen, und dem, was wir können.

Die Startbedingungen dafür sind unterschiedlich. Das liegt in der Situation begründet, in die wir hineingeboren werden, und in der Persönlichkeit jedes Einzelnen. Das eine kann und sollte der Staat absichern, das zweite aber, die Entwicklung unseres Selbst, wird nicht allein von sozio-ökonomischen Bedingungen bestimmt, sondern liegt letztlich auch in unserer Hand.

Der Mensch ist ein soziales Wesen, abhängig von anderen, denn – in den Worten der Enzyklika *Fratelli tutti* von Papst Franziskus – »ohne ein breiteres Beziehungsgeflecht ist es nicht möglich, sich selbst zu verstehen«. So wie wir ohne unsere Eltern nicht auf der Welt wären, kämen wir ohne andere Menschen nicht weit. Das Bewusstsein, dass unsere eigene Freiheit dort endet, wo die Freiheit des anderen beginnt, prägt unser Leben – ob wir uns dessen bewusst sind oder ob nicht. Für das Zusammenleben gelten notwendigerweise Regeln, an die sich die Mehrheit der Menschen in einer Gemeinschaft halten – freiwillig in freien Gesellschaften, unter Druck in totalitären Systemen, in denen die universellen Menschenrechte verletzt und die bürgerlichen Freiheiten ignoriert oder eingeschränkt sind.

Regeln geben Halt, sie weisen uns den Weg, geben Orientierung, und vielleicht beruhigen sie uns auch. Regeln entspringen nicht allein der Logik oder der Vernunft, sie müssen vielmehr dem Menschen gerecht werden. Sie wandeln sich und funktionieren nur dann, wenn sie den Menschen in ihrer Zeit entsprechen, ihren Ansprüchen, Erfahrungen und Emotionen, wenn sie auf unsere Begrenztheit verweisen. Diesen Bezug zur Humanität brauchen wir gerade in einer komplexer werdenden Welt, in der Digitalisierung und Globalisierung scheinbar grenzenlosen Fortschritt möglich machen.

In der Demokratie funktioniert das Zusammenleben, wenn die Mitglieder einer Gesellschaft die für alle geltenden Regeln akzeptieren, wenn der Staat Verstöße ahndet und die Gesetze den sich wandelnden Bedürfnissen der Gemeinschaft fortlaufend angepasst werden – nicht zuletzt, um die Gefahren, denen die freie Gesellschaft ausgesetzt ist, abzuwehren. Karl Popper ermutigt uns dazu: »In der Demokratie besitzen wir den Schlüssel zur Kontrolle der Dämonen.« Wir müssen wachsam sein für diese Bedrohungen, die »Dämonen« identifizieren und bekämpfen, in welcher Gestalt sie auch immer daherkommen. Eine starre Gesellschaftsordnung, die an überkommenen Konventionen festhält, verliert Legitimität und Akzeptanz.

Freie Gesellschaften haben die Beweglichkeit, Regeln zu hinterfragen und die alte Ordnung an neue Erwartungen anzupassen. Die mühsam erstrittene Gleichberechtigung der Frau oder inzwischen garantierte Minderheitenrechte sind Beispiele dafür, wie sich das Verständnis der Gesellschaft gewandelt hat und neue Normen und novellierte Gesetze diesen Wandel widerspiegeln. Sie zeigen auch, wie quälend langsam gesellschaftlicher Fortschritt sich entwickelt und wie lange es dauert, bis eine Gesellschaft reif ist, Grenzen zu verschieben. Aber das sollte uns nicht entmutigen: Wandel ist möglich – und Veränderung nötig!

Seit mehr als siebzig Jahren schützt der Staat unsere persönliche Integrität. Das Grundgesetz garantiert individuelle Freiheit und Sicherheit. Der Staat und seine Institutionen haben die Aufgabe, die Freiheit aller zu sichern. Aber Freiheit gilt nicht absolut, sie braucht Grenzen. Wir sind zur Freiheit verpflichtet, und zugleich nimmt sie uns in die Pflicht: unser Leben bewusst zu gestalten, für unsere Werte und unsere Entscheidungen Verantwortung zu übernehmen. Für uns selbst – und für die Gemeinschaft.

Diese Erfahrung prägt unser Denken und Handeln, es weist uns jedoch nicht nur in unsere Schranken, sondern gibt unserem Leben zugleich einen Sinn: »Das Leben«, schreibt der Philosoph Robert Spaemann, »hat eine Gestalt wegen seiner Begrenztheit. Ginge es endlos weiter, würde es nicht mehr zu einem Ganzen. Es gäbe auch keinen Grund mehr, etwas zu tun. Wenn ich ewig lebe, kann ich alles, was ich heute tun kann, ebenso gut morgen tun.« Weil wir uns der Vergänglichkeit bewusst sind, versuchen wir, unserer begrenzten Lebenszeit einen Sinn zu geben.

Grenzen fordern den Menschen von jeher heraus. Ob im Sport oder in der Wissenschaft, ob es Herausforderungen sind, denen wir uns selbst stellen, oder schicksalhafte Prüfungen, denen der Einzelne oder ganze Gesellschaften ausgesetzt sind. Ob es die Suche nach neuen Herausforderungen, nach Erkenntnis oder Rekorden ist – wir staunen immer wieder, was möglich ist, und erleben als positive Erfahrung, wenn wieder eine Mauer fällt oder Forscher eine unvermutete Entdeckung machen. Es steckt in uns, neugierig zu sein, Grenzen des Wissens, des Bekannten, der Erkenntnis immer weiter hinauszuschieben. »Wir sind nichts, was wir suchen, ist alles«, schrieb der verzweifelt Suchende Friedrich Hölderlin. So sind offenbar wir Menschen: Wir gehen an Grenzen und sind danach versucht, neue Anstrengungen in Kauf zu nehmen, um sie zu sprengen oder zu überwinden. Damit sind wir weit gekommen – allerdings im Wissen darum, dass unsere Macht niemals grenzenlos sein kann, und im Bewusstsein unserer eigenen Fehlbarkeit.

Wohin Größenwahn und Grenzverletzung führen, zeigt unsere Geschichte. Die Anerkennung der Würde des Menschen ist *die* entscheidende Lehre aus dem Missbrauch, den die Nationalsozialisten mit der Rechtsordnung, mit Anstand und Moral trieben. Die pervertierte »NS-Moral« belohnte das Gegenteil von Mitmenschlichkeit und anständigem Verhalten. Anstand bedeutet nicht etwa rigider, gesellschaftlicher Konformismus. Der Begriff verweist vielmehr zurück auf das Individuum und dessen Verantwortung im Zusammenleben mit anderen. Widerstand und Tyrannenmord sind Grenzüberschreitungen – aus einer moralischen Verpflichtung heraus, so wie es Hans Scholl für sich formuliert haben soll: »Nicht: es muss etwas geschehen! Sondern: Ich muss etwas tun.«

Der Verlust des Religiösen

Obwohl sich die Evangelische Kirche als Institution dem Nationalsozialismus nicht entgegengestellt hatte und sich die sogenannten »Deutschen Christen« in den Gemeinden dem Regime bereitwillig angedient hatten, besannen sich unmittelbar nach Kriegsende viele Menschen auf christliche Werte, darunter viele, denen die westlichen Alliierten Verantwortung für den Aufbau des Gemeinwesens übertrugen. Die Mütter und Väter des Grundgesetzes, Mitglieder des Widerstands, Christen aus der Wählerschaft des Zentrums, Liberale und Sozialdemokraten, machten sich entschlossen für einen Aufbruch in eine neue, vor staatlicher Bevormundung schützende Ordnung stark. Seit Gründung der Bundesrepublik hat sich unsere Gesellschaft erheblich gewandelt – besonders im Hinblick auf Glauben und Religion. Die in den Gründungstagen des Grundgesetzes noch gängige Kirchenmitgliedschaft hat ihre Selbstverständlichkeit verloren. Unser Land ist offener, vielfältiger und säkularer geworden – eine zeitgemäße Entwicklung, die allerdings auch zur Folge hat, dass ein wichtiger Begründungszusammenhang für unsere Werte und Normen nicht mehr Allgemeingut ist. Die jüdisch-christliche Deutung des Lebens und der Welt ist nicht mehr das einende Dach über den Köpfen der Menschen. In dem Maße, in dem unsere Gesellschaft – wie viele andere in Europa auch – den Bezug zu den Wurzeln ihrer Werte verliert, kommt ihren Mitgliedern das Wissen um unsere Fehlbarkeit, um Buße oder Vergebung abhanden. Heute erscheinen vielen Menschen Begriffe wie Demut, Barmherzigkeit oder Nächstenliebe altmodisch, sie kennen deren Bedeutung nicht mehr.

Mit der schwindenden »religiösen Musikalität« weiter Teile der Gesellschaft geht das Wissen über biblische Gleichnisse und kirchliche Rituale verloren. Das ist mehr als nur ein Kulturverlust. Zwischenmenschliches Verhalten oder auch grundsätzliche, ethisch begründete politische Entscheidungen können sich dann nur noch aus sich heraus erklären – es geht ihnen eine tiefe, eben religiöse Begründung und Wahrhaftigkeit verloren. Gerade aus dem lebendigen Bezug zum Glauben leiten wir aber ein wichtiges Korrektiv ab: die Bitte um Vergebung.

Auch im Politischen erschöpft sich Versöhnung nicht in der Annäherung an einstige Kriegsgegner – wenngleich die deutsch-französischen Beziehungen ein für Europa wichtiges Beispiel der Aussöhnung sind. Gräben, die sich mitten durch unsere Gesellschaft ziehen, können in einem offenen Versöhnungsprozess überbrückt und wieder geschlossen werden – leider fehlt manchmal der Mut dazu. Umso mehr stach in der frühen Debatte um die Eindämmung des Corona-Virus eine Äußerung aus dem Grundrauschen der politischen Auseinandersetzung heraus: Bundesgesundheitsminister Jens Spahn bemerkte, nach der Pandemie müssten wir einander noch viel verzeihen. Das verweist auf die Fehlbarkeit allen menschlichen Handelns. Politische Entscheidungen sind davon nicht ausgenommen – auch wenn das Eingeständnis von Fehlern im politischen Kontext höchst selten vorkommt, weil es in der Öffentlichkeit meist auf Unverständnis und zum Teil auf Gnadenlosigkeit trifft.

Immer wieder führen Konflikte oder Notlagen in Dilemmasituationen: Gleich wie die politisch Verantwortlichen entscheiden – sie werden schuldig. In den Achtzigerjahren gab es eine

Geiselnahme von zwei Deutschen im Libanon, nachdem der Bundesgrenzschutz den Terroristen Mohammed Ali Hamadi in Frankfurt gefasst hatte. Die Forderung der Geiselnehmer war, die Deutschen gegen Hamadi auszutauschen. Als Leiter des Krisenstabes habe ich zunächst mit der Frau und dem Sohn eines der Entführten ein langes Gespräch geführt und ihnen gesagt, dass ich der Erpressung nicht nachgeben werde. Wir versprachen, alles zu tun, um das Leben der Geiseln zu retten. Wir haben auch erklärt, dass es zu einer Situation kommen könnte, in der wir vor einer bitteren Entscheidung stehen würden. Klaus Kinkel, damals Staatssekretär im Bundesministerium der Justiz, hat mich unter vier Augen bestürmt: »Herr Schäuble, Sie werden Ihres Lebens nicht mehr froh, wenn Sie nicht nachgeben.« Ich habe gesagt: »Nein, Herr Kinkel, da bleiben wir fest.« Zum Glück sind die Geiseln damals freigekommen.

Anders war es zuvor Helmut Schmidt angesichts des erpresserischen Terrors der RAF ergangen. Ich werde nie die Rede vergessen, die er als Bundeskanzler 1977 bei der Trauerfeier für den entführten und ermordeten Arbeitgeberpräsidenten Hanns Martin Schleyer gehalten hat. Schmidt wandte sich an die Witwe und bekannte: Ja, ich bin mitschuldig am Tod Ihres Mannes, aber ich musste diese Entscheidung treffen. Er war der Forderung der Geiselnehmer nach Freilassung von RAF-Terroristen nicht nachgekommen. Das sind politische Grenzerfahrungen. Extremsituationen, in denen es keinen Ausweg gibt, als sich der Verantwortung zu stellen und schuldig zu werden.

Unsere zwar christlich geprägte, aber von Ritualen wie der Buße entfremdete Gesellschaft lässt auch für Schuldeingeständnisse im Alltag und für verzeihliche Fehler wenig Raum. Sie gibt sich vielfach unversöhnlich. Dabei bietet doch die Demokratie, im Gegensatz zu anderen Modellen, die Fähigkeit zur Fehlerkorrektur. Wie weit wir uns als Gesellschaft und als Individuen in unserem jeweiligen Umfeld auf einen offenen Umgang mit menschlichen Schwächen, Fehlern und mit dem Nichtperfekten einlassen, hängt nicht zuletzt von der Geduld und Großherzigkeit unserer Mitmenschen ab. Wenn Selbstkritik wie im Sozialismus zum Ritual verkommt und als Mittel zur Disziplinierung missbraucht wird, dann dient das Fehlereingeständnis nur der öffentlichen Demütigung. Wenn es aber ermöglicht, Irrtümer zu erkennen, Schuld einzugestehen und um Vergebung zu bitten, ist es produktiv. Dann kann es helfen, Fehler zu korrigieren und zu vermeiden. Die freiheitliche Ordnung zwingt niemanden, sich selbst zu belasten. Sie erwartet aber einen wahrhaftigen Umgang miteinander und setzt das Anerkenntnis voraus, dass niemand ohne Fehler ist, dass wir aber aus Fehlern lernen können.

Gerade weil niemand von uns unfehlbar ist oder immer absolut recht hat, können wir zu uns selbst und zu anderen Vertrauen entwickeln, sogar zu politisch Verantwortlichen. Es gibt Gründe für den oft konstatierten Vertrauensverlust und den Vorwurf, Politiker seien abgehoben – im Einzelfall. Aber ich bin fest davon überzeugt, dass es weder Grund für Pauschalurteile noch für ein generelles Misstrauen gegenüber Eliten in der Politik, der Wirtschaft oder der Wissenschaft gibt. Gleichwohl brauchen wir für die Verständigung und den Dialog mehr Demut auf der einen und mehr guten Willen auf der anderen Seite. Das ist angesichts verhärteter Positionen schwierig – der Blick in die Geschichte aber kann Mut machen. Denn es ist immer wieder gelungen, unüberwindbar scheinende Mauern im Dialog einzureißen und neue Gestaltungsspielräume zu eröffnen. »Die Menschheit zur Freiheit bringen, das heißt, sie zum Miteinanderreden zu bringen«, nannte der Philosoph Karl Jaspers das nach dem Zivilisationsbruch im Nationalsozialismus. Wer weiß, dass er in »Verantwortung vor Gott und den Menschen« handelt, der muss nicht fromm sein, um zu spüren, dass er nicht nur sich selbst verpflichtet ist. Der wird es leichter haben, gerecht wider seinen Nächsten zu handeln.

Das Leben selbst in die Hand nehmen

Deutschland ist ein ungemein lebenswertes Land. Manchmal gewinnt man den Eindruck, als wüssten andere das viel besser als wir selbst. Wir leben in Sicherheit, die allermeisten von uns auch in zumindest geordneten wirtschaftlichen Verhältnissen. Selbstverständlich sind unser Wohlstandsniveau, unser Sozialwesen und unsere Rechtsordnung aber keineswegs – und doch tun wir oft genug so, als sei es ganz normal, nach immer mehr zu verlangen und immer neue Forderungen zu stellen. Mit einem fatalen Effekt für die Sozialsysteme: Staatliche Leistungen werden nicht mehr als wertvoll wahrgenommen, sondern als selbstverständlich. Nehmen wir überhaupt noch wahr, was wir haben? Was die Gemeinschaft leistet? Dass wir in Frieden und Freiheit leben, über einklagbare Rechte verfügen und zur Teilhabe berechtigt sind? Dass es eine Wechselbeziehung zwischen uns und dem Staat gibt? Ein Geben und Nehmen, ein Fördern und Fordern?

Die Aufforderung, das eigene Leben aktiv selbst in die Hand zu nehmen, mündet in die Frage, wie viel in unserer eigenen Verfügungsgewalt liegt. Diese Fragen beschäftigen die Menschheit seit über zweieinhalbtausend Jahren. Sie haben in einer Zeit, in der vermittels Gentechnik und Künstlicher Intelligenz der Mensch selbst zum Schöpfer wird, an Aktualität nichts verloren, im Gegenteil. Wir beanspruchen, als freie Individuen handeln zu können, und tragen damit Verantwortung für alles, was wir tun, für das Gute wie für das Schlechte. Dieser Verantwortung vermag sich niemand zu entziehen.

Der Mensch mag nicht der alleinige Herr über sein Schicksal sein, aber er kann – und muss! – sein Leben in die Hand nehmen. Darauf beruht die grundgesetzliche Leitidee vom Schutz der Menschenwürde: die »Vorstellung vom Menschen als einem geistig-sittlichen Wesen […], das darauf angelegt ist, sich in Freiheit selbst zu bestimmen und zu entfalten«, wie das Bundesverfassungsgericht regelmäßig ausführt – gelegentlich mit dem ergänzenden Hinweis, dass diese Freiheit sich nicht verstehe »als diejenige eines isolierten und selbstherrlichen, sondern als die eines gemeinschaftsbezogenen und gemeinschaftsgebundenen Individuums«. Weil der Mensch nur in Bindungen, in gesellschaftlichen Beziehungen denkbar ist, schließt seine Freiheit die Verantwortung für die Mitmenschen ein.

Gerade in schwierigen Situationen wird deutlich, wie wandlungs- und anpassungsfähig wir sind. Wir können in Krisen immense Kräfte entfalten, die wir uns vorher gar nicht zugetraut haben, Grenzen überwinden und das Leben anders wahrnehmen. Diese Erfahrung ist prägend. Als ich in der Klinik in Freiburg war, nachdem ein psychisch kranker Mann auf mich geschossen hatte, musste ich sie machen. Mir ging es in der ersten Zeit auf der Intensivstation wirklich elend. Ich wusste schon, dass ich im Rollstuhl sitzen muss, als mich ein guter Freund, der auch unser Gemeindepfarrer war, besuchte. Er sagte: »Weißt du, ich habe da auch keinen so ganz richtigen Trost. Aber was ich dir sagen kann: Es ist auch Leben.« Natürlich hat dieses einschneidende Erlebnis mein Leben völlig verändert. Aber zu behaupten, ich wäre jetzt in den vergangenen dreißig Jahren weniger glücklich gewesen, das wäre falsch.

Die Erfahrung lehrt, dass wir Dinge erst zu schätzen lernen, wenn es an ihnen mangelt. Die tröstliche Botschaft, die man daraus trotzdem ableiten kann, heißt: Der Mensch kann sich verblüffend schnell anpassen, sogar an schlimme Not. Natürlich strebt jeder danach, dass es »aufwärts« oder »voran« geht, dass es den Kindern schließlich noch besser gehen wird. Wenn die Umstände aber ungewöhnliche Härten oder Mangel bringen, muss das nicht heißen, dass die Menschen deshalb weniger Glück empfinden.

Eine wichtige menschliche Grunderfahrung ist das Geben, das dem Sprichwort zufolge seliger ist als sein Pendant, das Nehmen.

Es entspringt einem menschlichen Bedürfnis, dem Gegenüber die Hand zu reichen und eine wechselseitige Verbindlichkeit zu schaffen, füreinander einzustehen. In modernen Gesellschaften übernimmt der Staat Verantwortung für die Gemeinschaft. Je mehr die Bürger allerdings vom Staat erwarten, umso enger werden ihre eigenen Spielräume. Zudem sinkt die Motivation, sich zu engagieren, wenn Leistung ohne Gegenleistung geboten wird. Der Sozialstaat muss eine Balance zwischen Überforderung und Unterforderung finden, die Mitte zwischen gefährlicher Vernachlässigung und lähmender Überforderung immer neu suchen.

Ich habe die Erfahrung gemacht, dass Menschen vor allem dann glücklich sind, wenn sie ernst genommen werden in ihren Bedürfnissen und ihrer Leistungsfähigkeit. Wenn sie Aufgaben erfüllen können, stellt sich Befriedigung ein. Deshalb ist Bürgerengagement so eine wichtige gesellschaftliche Ressource. Wer mit eigener Initiative etwas selbst in die Hand nimmt und Veränderungen nicht einfach geschehen lässt, sondern selbst lenkend oder rettend eingreift, empfindet Befriedigung. Ideen zu entwickeln und mit Energie auf Herausforderungen zu reagieren, ist nicht Sache der Verwaltung, sondern der Bürger selbst. Der Staat muss denen, die einen besonderen Willen zur Veränderung haben, die nötigen Freiräume geben. Davon können wir alle profitieren und das macht die Freiheit der Bürgergesellschaft aus.

Der Staat hat die Rahmenbedingungen zu schaffen, unter denen die Freiheit des Einzelnen, das Zusammenleben aller und das Gemeinwohl gesichert sind. Er trifft Daseinsvorsorge für alle, sollte ein allgemeines Bildungswesen und eine funktionierende Infrastruktur bereitstellen, die öffentliche Sicherheit nach innen und außen garantieren und Leitplanken für eine lebenswerte, produktive und solidarische Gesellschaft setzen. Aber im sozialen Miteinander sollten wir auch nicht alles gesetzlich regeln oder staatlich verwalten wollen. Und wir sollten auch nicht *erwarten*, dass alles gesetzlich geregelt oder verwaltet wird. Selbst aktiv werden, eigene Prioritäten setzen und gestaltend wirken: Wer sich im Ehrenamt engagiert, weiß, was damit gemeint ist. Denn nicht nur der Hilfsbedürftigkeit des einen wird abgeholfen, auch der andere macht eine elementare Erfahrung: Er tut Gutes, ungefragt und aus sich heraus. Er macht die Erfahrung der Selbstwirksamkeit, indem er die Grenze zwischen sich und anderen überwindet.

Technologie an der Grenze zum Menschlichen

Noch etwas anderes bestimmt das gesellschaftliche Befinden: In der Globalisierung sind wir zuletzt vielfach an die Grenzen der menschlich vertretbaren Geschwindigkeit in Kommunikation und Mobilität gestoßen. Die radikale Entschleunigung im Shutdown hat uns das bewusst gemacht. Wir leben in permanenter Überdrehung, und nicht wenige Menschen empfinden fast eine Sehnsucht nach mehr Langsamkeit – im Sinne Solons, des antiken Gesetzgebers, der es für klug hielt, ein Land nicht schneller verändern zu wollen, »als das Volk ertragen kann«. Auch im Wandel muss der Mensch Mensch bleiben können. Wenn wir die Erfahrung der Pandemie jetzt nutzen, um Veränderungen anzustoßen, sollten wir sie deshalb so gestalten, dass die Menschen Schritt halten, mit den Veränderungen fertigwerden können – national wie global. Wir müssen den technologischen Fortschritt, wie wir ihn erleben, und die fortschreitende Entwicklung in anderen Regionen der Welt mit dem Befinden der Menschen in Einklang bringen und Grenzen des Menschlichen akzeptieren. Nur so werden wir unseren Traditionen und unserer Kultur gerecht.

Angesichts der Pandemie hat sich der Blickwinkel geweitet: Zwar sind zentrale Fragen noch offen und wir wissen längst noch nicht, wie wir langfristig mit Risikogruppen umgehen wollen.

Aber es wurde deutlich, dass Verhaltensänderungen nötig sind, vor allem Rücksicht im Umgang mit Menschen, deren körperliche Konstitution so labil ist, dass sie vor dem Virus besonders zu schützen sind; mit Menschen, deren finanzielle Lage unverschuldet so prekär ist, dass sie wirtschaftliche Unterstützung benötigen; mit Kindern, deren Eltern Hilfe bei Bildung und Erziehung benötigen; und mit alten oder kranken Menschen, die das Recht auf ein würdiges Lebensende haben. Dazu tritt das beklemmende Gefühl, der Digitalisierung, dem medizinisch Machbaren womöglich ausgeliefert zu sein. Die selbst beschleunigenden Entwicklungen sind vielfach kaum noch nachvollziehbar, das löst Angst aus.

Tatsächlich ist der Begriff Künstliche Intelligenz eigentlich eine Anmaßung, denn er misst der Datenverarbeitung eine originär menschliche Eigenschaft zu – und lässt viele grundsätzliche Fragen offen: Können Algorithmen, also menschengemachte Apparate, so perfekt sie auch sein mögen, uns Menschen am Ende überflüssig machen? Was hat es für Folgen, dass heute Rechner denken lernen? Dass sie fehlerfrei und schneller entscheiden, als wir Menschen es könnten? Wird das menschliche Hirn zum Gegenstand digitaler Vernetzung? Was bedeutet es, wenn Maschinen wie der ins All gestartete Roboter Cimon, ein Reisebegleiter des deutschen Raumfahrers Alexander Gerst, künftig auch mit künstlicher emotionaler Intelligenz ausgestattet sind?

Folgt daraus, dass sich auch Demokratie und Politik mittels neuer Technologien verbessern lassen? Können uns wissenschaftlicher Fortschritt und Künstliche Intelligenz vor den Unzulänglichkeiten der demokratischen Wirklichkeit schützen? Ein neuseeländischer Unternehmer hat einen selbst lernenden Roboter entwickelt, der sich als »virtueller Politiker der Zukunft« präsentiert. Er hat den erklärten Anspruch, die Lücke zu schließen zwischen dem, was die Wähler wollen, und dem, was Politiker tatsächlich umsetzen. Er will »jeden Neuseeländer repräsentieren« und dadurch »eine bessere Politik für alle« erreichen. In einer japanischen Stadt trat ein Kandidat bei Bürgermeisterwahlen an, der die Politik einer Künstlichen Intelligenz überlassen wollte, weil diese schnellere und effizientere Entscheidungen treffe, unparteiisch sei und nicht anfällig für Korruption. Immerhin 4000 von 120 000 Wahlberechtigten sollen für ihn gestimmt haben.

Klingt es nicht auch vielversprechend: Keine Korruption? Messbare Gerechtigkeit? Bessere Politik für alle statt parteiischer Entscheidung? Strittige Fragen, die objektiv auf der Basis von Fakten und Berechnungen gelöst werden? Für mich steckt dahinter eine bedrohliche Vorstellung: die Idee, ohne den menschlichen Faktor ließe sich Politik vervollkommnen. Aber Politik ist weder eine Maschine noch naturwissenschaftlich zu vermessende Materie.

Politische Entscheidungen lassen sich vielleicht mithilfe der KI verbessern, ersetzen lassen sie sich nicht. Beim Autofahren mag es die Sicherheit erhöhen, wenn austarierte Systeme mit anderen Systemen interagieren. Vor die Frage gestellt, ob der Arzt mit der Hand operieren sollte, wenn sein rechnergesteuerter Laser um ein Zigfaches schneller und präziser reagieren kann, wird dem Patienten die Antwort leichtfallen. Aber Mensch und Gesellschaft funktionieren gerade nicht wie Algorithmen.

Sterbehilfe erlauben oder nicht? Überschuldete Staaten unterstützen oder nicht? Selbst die Entscheidung, einen Parkplatz oder lieber einen Spielplatz zu bauen, kann Technologie nicht treffen, weil es letztlich um Interessen, um Prioritäten, um Werte geht. Zumal politische Entscheidungen nicht selten ein Dilemma betreffen: Wie können wir den notleidenden Menschen helfen, die zu uns kommen, ohne unsere innere Stabilität zu gefährden? Wie schaffen wir eine friedliche Lösung im syrischen Bürgerkrieg, wenn eine militärische Intervention die Lage verschärfen und weitere Opfer fordern würde?

Die Antworten auf solche Fragen können nicht objektiv gegeben werden, sie spiegeln einen Wandel in Haltungen und Erwartungen der Öffentlichkeit wider und bleiben notgedrungen unbefriedigend. Die Demokratie – selbst eine stabile und gut funktionierende parlamentarische Demokratie – ist nicht perfekt und nicht allmächtig. Aber sie macht das Für und Wider von Entscheidungen öffentlich und lässt, wenn sich die Haltung der Bevölkerung wandelt, Änderungen, neue gesetzliche Regelungen zu.

Dennoch stellt sich die Frage, inwieweit Gesellschaften durch die immer weiterreichende Digitalisierung manipulierbar sind und bereit, ihre Humanität zugunsten vermeintlicher Heilsversprechen aufzugeben. Ich bin davon überzeugt, dass der Mensch zwar verführbar, aber niemals gänzlich berechenbar ist. Dass Demagogie und Manipulation Menschen in die Katastrophe führen können, ist gerade uns Deutschen bekannt. Und die Geschichte liefert dafür genügend andere warnende Beispiele. Ich glaube trotzdem an die menschliche Vernunft und an die Möglichkeit zur Weiterentwicklung. Vermutlich unterscheidet mich gerade dieser Optimismus von einem Algorithmus.

Wahrnehmen, hoffen, empfinden – das zu können, macht für mich den Menschen aus. Lassen sich diese individuellen, kulturell geprägten Fähigkeiten und Wesensmerkmale von Werten trennen? Sind Verantwortungsbewusstsein, Gewissen, Kreativität oder soziales Denken programmierbar? Dem Menschen bedeutet Freiheit viel, und für uns steht die Menschenwürde über allem. Den Wert der Freiheit oder die Würde kann man sich nicht losgelöst vom Menschen auf einer Platine, einem Datenträger, einem Rechenzentrum vorstellen. Dazu reicht meine Sachkunde, aber auch meine Fantasie nicht aus. Das Individuum mit seinen besonderen Talenten, seinem unverwechselbaren Aussehen, seinen Neigungen und Abneigungen ist kein gefälliges Designobjekt. Gerade das Bekenntnis zur Unvollkommenheit ist eine wesentliche, den Menschen vorbehaltene Eigenart, die dem Prinzip der mathematischen Gleichung und dem binären Code in seiner Absolutheit nicht entspricht.

Die Frage bleibt: Wie können wir Menschen uns angesichts der Komplexität der Entwicklungen in unserem Anspruch auf Freiheit genauso behaupten wie in unserem Bedürfnis nach haltgebenden Bindungen? Wie kann der Einzelne ein gelingendes Leben führen – in seiner Verantwortung gegenüber den vorangegangenen wie den kommenden Generationen und in seiner persönlichen Erwartung an die Zukunft? Ich bin davon überzeugt, dass sich diese Kernfragen unseres gesellschaftlichen Zusammenlebens nicht rechnerisch lösen lassen.

Wir brauchen ethische Maßstäbe, und wir müssen uns über unser Menschenbild verständigen. Yuval Noah Harari unterscheidet Intelligenz und Bewusstsein. Die Philosophie Kants nennt Verstand und Vernunft. Die jüdisch-christliche Tradition spricht von Leib und Seele. Beide gehören zusammen, das eine geht nicht ohne das andere. Ob wir die Unterscheidungen religiös unterfüttern oder nicht – wenn die Künstliche Intelligenz diesen zutiefst menschlichen Zusammenhang zu imitieren versucht, scheint mir darin eine Grenzüberschreitung zu liegen. Das Bewusstsein für die eigene Begrenztheit, die emotionalen und sozialen Bedürfnisse und die kulturellen Prägungen darf der Mensch nicht ausschalten. Bei allem, was KI kann – unsere Humanität können wir für uns reklamieren.

Wir lägen allerdings auch falsch, wenn wir Veränderungen nicht akzeptierten, weil wir uns fürchten. Unsere Gesellschaft sollte Innovationen offen gegenüberstehen, Risiken abwägen, Chancen nutzen. Wir brauchen neugierige Forscher und mutige Vordenker. Und wir brauchen Empathie, Vernunft und Verantwortungsgefühl. Denn nicht alles, was machbar ist, ist auch wünschenswert. Wenn in Pflegeheimen ein Roboter bei der Essensausgabe hilft, mag das sinnvoll sein, für einen lebenswerten Alltag aber brauchen betreuungsbedürftige Menschen mit Demenz mehr als seelenlose Dienstleistung vom Automaten. Soziale Verantwortung lässt sich nicht auf Maschinen übertragen, nicht nach dem Prinzip des Outsourcings behandeln – wir können uns ihr nicht entziehen.

Das Sterben in Würde

Unsere Gesellschaft hatte sich daran gewöhnt, dass staatliche Hilfe abgerufen werden kann, dass sich karitative Institutionen oder Ehrenamtliche fast lautlos um die Versorgung oder Betreuung bedürftiger Mitglieder der Gesellschaft kümmern. Die Pandemie hat unsere Defizite offengelegt: Das Personal in den Heil- und Pflegeberufen steht unter immensem Druck, und wir sind alle gefordert, die Arbeitsbedingungen zu verbessern, die Pflege zu entbürokratisieren und die Leistung der haupt- und ehrenamtlichen Pflegenden nicht nur öffentlich stärker wertzuschätzen, sondern endlich auch angemessen zu entlohnen. Wer in Betreuung und Pflege arbeitet, trägt unmittelbar zur Lebensqualität eines wachsenden Teils unserer Bevölkerung bei.

Meine Grundüberzeugung ist, dass die Politik auch hier den Rahmen setzen muss. Aber es ist illusorisch zu glauben, per Verordnung oder Gesetz ließen sich Situationen an der Schwelle von Leben und Tod für jeden Einzelfall regeln. Wir werden nie alle Konflikte vorhersehen und auflösen können. Die Verantwortung liegt nach unserem Selbstverständnis zunächst bei jedem Einzelnen – und in den Händen der Ärzteschaft. Statt alles gesetzlich regeln zu wollen, plädiere ich dafür, dass wir mehr Zutrauen in die eigene Verantwortung haben und uns der Mühe aussetzen sollten, Patienten- und Betreuungsvollmachten sorgsam auszufüllen. Zutrauen können wir auch in die Ärzteschaft setzen – in die Verantwortung derjenigen, die für diese existenziellen Fragen qualifiziert und verpflichtet sind, im Ernstfall professionell mit Angehörigen und Ethikern anhand der medizinischen Indikation, des niedergelegten Patientenwillens und der klinischen Erfolgsaussichten über mögliche Schritte in der Behandlung zu entscheiden.

In der Zeit der Einschränkungen sind nicht zuletzt Tod und Sterben vom Rand unserer gesellschaftlichen Debatten ins Zentrum des Bewusstseins gerückt. Wir haben jetzt die Chance, auch darüber neu zu diskutieren – und wenn wir den Mut finden, auch Schmerzvolles anzugehen, wenn wir den Lebensschutz in Beziehung zum Schutz der Würde des Menschen setzen. Der Umgang mit der Corona-Erkrankung verweist einerseits auf das Versprechen der hochentwickelten Medizin und Pharmazie, auch dort helfen und Leben retten zu können, wo dies noch vor Jahrzehnten kaum denkbar war. Andererseits zwingt uns das Corona-Virus, uns mit der Fragwürdigkeit intensivmedizinischer Eingriffe auseinanderzusetzen, die absehbar den Tod nicht verhindern und Heilung verheißen, sondern das Sterben unter qualvollen Umständen nur hinauszögern. Das rührt an unsere Grenzen und berührt die Menschenwürde, zu der eben auch ein *Sterben in Würde* gehört.

Wie wollen wir sterben? So unterschiedlich die Vorstellungen davon sind, so veränderlich je nach Lebensalter, religiöser Überzeugung und Lebensumständen, nach psychischer Verfassung und familiärer oder sozialer Situation, so sehr ist nach den kollektiven Erfahrungen im Jahr 2020 klar geworden: Im Sterben wollen die allermeisten nicht allein sein. Wie es Bundespräsident Horst Köhler in der Debatte um die Sterbehilfe einmal formuliert hat: Nicht *durch* die Hand eines anderen Menschen wollen wir sterben, sondern *an* der Hand eines anderen Menschen. Wir haben dagegen erlebt, dass auch viele derer, die sich das nicht ausdrücklich gewünscht hatten, im Sterben allein waren. Das Verlassensein ist eine mit dem Tod eng verknüpfte Konstante – nach unserem Verständnis aber soll der Sterbende bis zum letzten Atemzug umsorgt und begleitet werden. Verlassenheit ist das Gefühl, das die Trauer der Hinterbliebenen prägt. Aus den schlimmen Erfahrungen einzelner Menschen oder Familien erwuchsen Klarheit und ein zuvor selten so sichtbarer Konsens, alles daranzusetzen, dass Menschen nicht einsam versterben. Das kann gelingen, wenn die Gesellschaft, die Medizin und die Politik der Palliativversorgung viel mehr Aufmerksamkeit schenken würde. Vorreiter der Palliativmedizin wie der Arzt Gian Domenico Borasio fordern das seit Langem, denn »der palliative Ansatz ist die Antwort auf die moderne Medizin. Wir müssen den Schwerpunkt auf das Sinnvolle und nicht nur auf das Machbare legen.«

Damit kommt die Grenze des Machbaren in den Blick und die Weggabelung, an der sich für Schwerstkranke entscheidet, ob weitere ärztliche Eingriffe verantwortet werden können, weil sie nach menschlichem Ermessen Heilung versprechen, oder ob der Weg in den Tod beschritten werden muss – und deshalb das größtmögliche Wohlbefinden des Sterbenden und die Schmerzlinderung über das medizinische Handeln bestimmen sollte. Hier ist unser Pflege- und Gesundheitssystem, das sich in der Corona-Pandemie gut bewährt hat, dringend reformbedürftig.

Zum Sterben in Würde gehört, dass wir den Weg in den Tod als Leben begreifen und ihn dem Sterbenden so erträglich wie menschenmöglich machen. Dass neben Hospizen auch Alten- und Pflegeheime die palliativmedizinische Versorgung leisten, ist eine wichtige Voraussetzung. Da können wir besser werden – im Interesse der Hochbetagten, ihrer Familien und der Pflegekräfte selbst. Das Pflegepersonal kennt den von Entscheidungsgremien in Krankenhäusern oft nur zu erahnenden Willen der Sterbenden vielfach genau, es steht lange im Kontakt mit Angehörigen, und es kann, wenn die Bedingungen stimmen, sterbenden Menschen am Lebensende Schmerzen und einen überflüssigen Krankenhausaufenthalt ersparen.

Wir haben die Freiheit, unsere Welt lebenswerter zu gestalten. Auch indem wir uns der Grenze, die der Tod bedeutet, ohne Scheu nähern. Im Medizinstudium, in der Ausbildung des Pflegepersonals, in Beratungseinrichtungen, der Seelsorge und auf der privaten, familiären Ebene im persönlichen Gespräch. Menschsein heißt Unverfügbares zu akzeptieren – unser Leben ist endlich, dem Tod weicht niemand aus. Das *Danach* ist unserem Zugriff entzogen, gleich wie wir es spirituell deuten. Das *Davor* aber sollten wir bewusst gestalten. Damit sind ausdrücklich nicht die Ausweitung der Sterbehilfe und die Beihilfe zum Freitod gemeint. Das Bundesverfassungsgericht hat hierzu 2019 eine Entscheidung getroffen, die an eine Grenze rührt, die aus historischen und religiösen Gründen gezogen und über Jahrzehnte akzeptiert war. Der Bundestag hatte zuvor – nach intensiver Debatte auf hohem ethischem Niveau und unter Aufhebung der Fraktionsdisziplin – anders entschieden. Insofern berührt das höchstrichterliche Urteil, das mit Ausdehnung des Selbstbestimmungsrechts das durch den Gesetzgeber 2015 eingeführte Verbot der geschäftsmäßigen Sterbehilfe aufhob, Fragen von demokratischer Legitimität und Rechtsstaatsprinzip und führt in das mitunter spannungsreiche Verhältnis von Parlament und Gerichten – ein Thema, das im Folgekapitel wieder aufgegriffen wird.

»Tatsache ist, unsere Realität im Moment ist radikal.«
»Was heißt radikaler Moment, was wäre ein radikaler Ansatz?«

Wolfgang Schäuble und Rutger Bregman diskutieren über den Menschen, über Schuld und Scham und über unsere Verantwortung
Moderation: Tina Hildebrandt

Es gibt einen Satz von Immanuel Kant, den Sie, Herr Schäuble, gerne zitieren: »*Der Mensch ist aus krummem Holz.*« *Herr Bregman, das sehen Sie anders, oder?*

Bregman: Menschen sind ziemlich paradoxe Kreaturen. Die meisten sind tief in ihrem Inneren anständig, davon bin ich überzeugt. Wir sind aber auch zu den schlimmsten Grausamkeiten fähig. Ich habe nie gehört, dass eine Gruppe Pinguine beschließt, eine andere Gruppe von Pinguinen auszurotten. Nur Menschen begehen Kriege, ethnische Säuberungen, Genozide. Aber eine pessimistische Einschätzung der menschlichen Natur wird oft dazu genutzt, den Status quo und bestehende Hierarchien zu verteidigen. Wenn Ungerechtigkeiten kritisiert werden, sagen Konservative: »Das ist nun mal so. Das kann man nicht ändern.« Dagegen wehre ich mich. Wenn die Menschen sich vertrauen, können sie nach einer viel demokratischeren, egalitäreren Welt streben.

Schäuble: Der Mensch ist aus meiner Sicht, die auch von meinem protestantischen Glauben geprägt ist, ein einzigartiges Wesen und Geschöpf. In der Grundfrage nach der menschlichen Natur sind Herr Bregman und ich gar nicht so weit auseinander. Der Mensch hat eine Doppelnatur: Er ist zum Guten begabt, aber er kann auch wie kein anderer Teil der Natur oder des Lebens oder der Schöpfung Fürchterliches anrichten. Und deswegen braucht er Regeln. Ich habe mich oft mit der Frage beschäftigt, warum sich die Deutschen im Dritten Reich so verhalten haben, wie sie sich verhalten haben. Ich bin zu dem Schluss gekommen: Im Einzelfall ist es oft Zufall, es hängt von den Umständen ab, ob ein Mensch in einer Situation das Beste oder das Schlimmste aus sich hervorholt.

Bregman: Wenn man ein Buch über menschlichen Anstand und das Gute schreibt, stößt man unweigerlich auf diese Frage: Wie konnte eine der am weitesten entwickelten Nationen in der Welt, mit Millionen im Grunde recht anständigen Leuten, solch furchtbare Taten begehen? Es gibt auch andere Beispiele in der Weltgeschichte. Wir kennen die Experimente, die Sozialpsychologen nach dem Zweiten Weltkrieg durchführten, das sogenannte Milgram-Experiment oder das Stanford-Gefängnis-Experiment. In einem Fall wurden Probanden in Wärter und Gefangene eingeteilt, im anderen wurden Menschen angeleitet, Probanden vermeintlich Elektroschocks zu erteilen. In beiden verwandelten sich normale Studenten schnell in Monster. Viele sehen in diesen Studien den Beweis, dass der Mensch im Grunde unmoralisch, vielleicht sogar böse ist. Wenn Sie diese simple Theorie jedoch ablehnen, dann müssen Sie eine sehr viel komplexere Antwort liefern. Die Behauptung, Auschwitz konnte geschehen, weil die Menschen schlecht sind, ist aus meiner Sicht eine zu oberflächliche Erklärung, die den Holocaust trivialisiert. Man muss historisch verstehen, wie Institutionen allmählich vergiftet wurden, man muss die Mechanismen untersuchen, um zu verstehen, wie eine ganze Gesellschaft einen Irrweg beschritt. Wie konnten sich Menschen in einer solch schrecklichen Weise verhalten? Ich tue mich schwer damit, das zu erklären. Mein Punkt ist: Diese Dinge geschehen nicht einfach. Man kann nicht sagen: So ist nun mal die menschliche Natur!

Lassen Sie uns über etwas sprechen, das bei Ihnen beiden eine Rolle spielt: Die Religion. Wolfgang Schäuble sagt, die Religion führt zu einem Korrektiv, weil der Mensch sich bewusst macht, dass noch etwas über ihm ist, es führt zu einer Begrenzung. Sie, Herr Bregman, stellen die Frage, ob es Zufall sein kann, dass die meisten Atheisten in den Ländern leben, die den stärksten Rechtsstaat und die stabilste Bürokratie hätten. Sie nennen Dänemark, Schweden und die Niederlande.

Bregman: Man kann ziemlich religiös und sogar Christ sein, ohne an Gott zu glauben. Mein Vater ist ein evangelischer Pastor. Er vertritt eine wenig orthodoxe Sichtweise, die nicht die menschliche Sündhaftigkeit in unserer Begrenztheit betont, sondern eine tolerantere Tradition, in der es um Hoffnung und die Möglichkeit zu Veränderung und Vergebung geht. Dennoch wurde ich mit neunzehn oder zwanzig Jahren Atheist. Ich war besessen von der Frage: Was ist Wahrheit? Existiert Gott? Ich glaubte an nichts davon. Als ich älter wurde, interessierte ich mich mehr für die Konsequenzen unserer Überzeugungen. Was passiert, wenn wir glauben? Es wird viel über die Säkularisierung der Gesellschaft gesprochen, aber wenn man ein bisschen tiefer schaut, stellt man fest, dass wir immer noch ziemlich religiös sind, ja sogar unheilbar religiös, weil wir immer die großen Fragen des Lebens stellen wollen. Woher kommen wir? Wo gehen wir hin? Was ist der Sinn des Lebens? Wir stellen immer diese Fragen, wir bekommen nur unterschiedliche Antworten.

Wolfgang Schäuble, Sie schreiben: »Einer Gesellschaft, die von Religion und Ritualen entfremdet ist, fehlt die Vorstellung von Schuld.« Wozu brauchen wir Schuld?

Schäuble: Um zu wissen, dass der Mensch diese Doppelnatur hat. Für mich ist Religion jenseits des persönlichen Glaubens etwas anderes als Politik. Wir müssen das trennen. Die Regelung der weltlichen Angelegenheiten ist Sache der Politik und nicht der Religion. Wir sehen, zu welchen schrecklichen Verirrungen das in der Geschichte des Christentums, aber eben heute auch in der islamischen Welt führt, wenn es anders ist. Aber freiheitliche Ordnungen brauchen auch ein gemeinsames Verständnis vom Menschen oder der menschlichen Gesellschaft, von bestimmten Prinzipien für das Zusammenleben. Das kann man auch Werte nennen. Ich zitiere an einer Stelle in meinen Essays den berühmten Satz des deutschen Verfassungsrechtlers Ernst-Wolfgang Böckenförde: »Die freiheitliche Demokratie lebt von Voraussetzungen, die sie selber nicht schaffen kann.« Sie lebt von einer Substanz. Dazu gehört auch das Wissen um Schuld und die Fehlbarkeit. Das Wissen darum ist die Bedingung und Voraussetzung dafür, dass man verzeihen und selbst Menschen resozialisieren kann, die schwere, auch strafrechtliche Schuld auf sich geladen haben.

Bregman: Wir müssen Scham und Schuld unterscheiden. Sie hängen zusammen, sind aber nicht dasselbe. Wir Menschen sind so ziemlich das einzige Lebewesen, das rot wird. Wir geben unwillkürlich unsere Gefühle preis, wenn wir etwas getan haben, das in den Augen anderer Menschen nicht gut ist. Das hat nichts mit Religion zu tun, das ist grundlegende Biologie. Scham ist also das Gefühl, die Erwartungen anderer nicht erfüllt zu haben. Bei Schuld geht es um das Gefühl, dass Sie die Erwartungen an sich selbst nicht erfüllt haben. Sie sind Ihren eigenen Standards, Ihren eigenen Ideen, Ihren eigenen Prinzipien nicht gerecht geworden. Das ist eine eher westliche Idee, die sehr mächtig ist. Und hier wird es wieder paradox. Menschen sind diese so miteinander verbundene Spezies, die sich schämt und Teil der Gruppe sein will. Doch wenn Sie Fortschritte machen wollen, brauchen Sie auch Individuen, die bereit sind, sich gegen die Gruppe zu stellen, ihrem eigenen Gewissen zu folgen und unbeliebt zu sein. So wie Greta Thunberg. Manchmal kann Religion dabei helfen. Im Widerstand gegen die Nationalsozialisten in Holland gab es interessanterweise zwei Gruppen, die am meisten an der Rettung von Juden beteiligt waren: einerseits orthodoxe Christen, andererseits Kommunisten. Kommunisten sind Atheisten, und die Christen glauben an Gott, aber beide sind Gruppen mit starken Prinzipien. Diejenigen in der Mitte, die überwiegende Mehrheit der niederländischen Bevölkerung, unternahm im Grunde nichts. Das waren anständige Leute, die aber nicht den Mut hatten aufzustehen. Sie haben einfach mitgemacht.

Herr Schäuble, Sie beschäftigen sich an vielen Stellen in Ihrem Buch mit Knappheit und Begrenzung, und Sie schreiben: Je besser die Lage, umso größer die Trägheit und Saturiertheit. Herr Bregman, ist Herr Schäuble damit schon ein Opfer dessen, was Sie als verhängnisvolle self-fulfilling prophecy bezeichnen?

Bregman: Wenn wir erst einmal glauben, dass die Menschen in erster Linie egoistisch sind, gestalten wir unsere Gesellschaft nach diesem Gedanken. Wir gestalten unsere Schule, unsere Arbeitswelt, sogar unsere Demokratie in dem Glauben, dass die

Menschen Egoisten sind und das Schlechteste in anderen Menschen hervorbringen. Die neoliberal geprägte Sichtweise der letzten Jahrzehnte sagt, wir müssten auch unsere Märkte danach ausrichten, dass der Mensch selbstsüchtig ist. Das halte ich für empirisch falsch. Wir Menschen sind im Gegenteil besonders soziale, altruistische Geschöpfe, die versuchen, ihrem Leben einen Sinn zu geben, und Netzwerke aufbauen. Biologen sprechen inzwischen vom »*Survival of the Friendliest*«, also vom Überleben der friedfertigsten Art. Seit Jahrtausenden sind es die Friedfertigsten, die die meisten Kinder bekommen und damit auch die größten Überlebenschancen haben, indem sie ihre Gene an die nächste Generation weitervererben. Zu der anderen, negativeren Sichtweise hat auch unser demokratisches System beigetragen. Viele Philosophen betrachteten echte Demokratie mit Skepsis. Sie wollten eine repräsentative Demokratie und eine Kräftebalance, bei der sich alle Mitspieler in Schach halten können. Ich halte viel von einer anderen Form der Demokratie, nämlich dem Modell der Teilhabe, bei dem sich Bürger aus verschiedenen sozialen Schichten und politischen Spektren gemeinsam an einen Tisch setzen und ihre Probleme diskutieren.

Schäuble: Zunächst einmal gibt es das ökonomische Gesetz vom abnehmenden Grenznutzen. In der Ökonomie wird der Preis oder der Wert von Dingen immer durch die Knappheit bestimmt. Gäbe es Gold wie Sand, wäre Gold nicht wertvoll. Solange es genügend Sand gibt, ist der nicht teuer. In dem Moment, wo er knapp wird, wird er ebenfalls teuer. Ich glaube, dass wir Menschen auch den Wert immaterieller Güter so bemessen. Mich hat unheimlich berührt, wie der emeritierte Papst Benedikt, noch als Kardinal, einmal geschildert hat, was für ein köstliches Glück es für ihn als Sohn einer armen Familie war, als Kind in der Vorweihnachtszeit eine Apfelsine riechen zu können. Heute ist das überhaupt nichts besonders Köstliches mehr. Wenn alles selbstverständlich ist, verliert es auch an Wertschätzung. Und deswegen sind Grenzen sowohl gesellschaftlich, politisch als auch ökonomisch von ungeheurer Bedeutung. Wir Menschen müssen begreifen, dass unser Leben ein begrenztes ist, von der Geburt bis zum Tod – was danach und davor ist, das ist eine andere Geschichte. Ich bin ein stärkerer Anhänger der repräsentativen Demokratie als Sie, Herr Bregman, und glaube, dass die plebiszitäre Demokratie nur in überschaubaren Einheiten funktionieren kann. Im alten Athen war es so. In der Schweiz gibt es Kantone. In kleinen Einheiten kann man zusammenkommen und endlos palavern. Aber in einem größeren Zusammenhang funktioniert das nicht. Wir hatten in Deutschland vor etwa zehn Jahren eine neue Partei, die Piraten. Die wollten eine Basisdemokratie mit digitalen Möglichkeiten. Die Piraten sind gescheitert. Eine permanente Abstimmung aller über alle Fragen funktioniert nicht und deswegen brauchen wir eine vernünftige Form der Repräsentation. Nur so bleibt eine freiheitliche politische Organisation einigermaßen stabil.

Herr Bregman, ist es eine Frage der Zahl und der Begrenzung? Sie vertreten die These, Grenzen sollten offen sein. Sie sind auch für ein bedingungsloses Grundeinkommen und Sie sagen, es ist Geld für alle da.

Bregman: Wir beide sind uns einig, dass wir in einer begrenzten Welt leben. Ich möchte nur andere Begrenzungen betonen. Mein Fokus liegt nicht auf der Begrenzung des Geldes. Man kann davon drucken, soviel man will. Natürlich bekommen wir dann irgendwann eine Inflation, aber momentan ist das nicht unser größtes Problem. Ich richte meinen Fokus eher auf die Begrenzung unserer natürlichen Lebenswelt. Wir haben nur einen Planeten, den wir gerade sehr schnell ruinieren. Wir haben Artensterben und globale Erderwärmung, das sind sehr wichtige Begrenzungen. Gerade deswegen plädiere ich dafür, jetzt viel Geld aufzunehmen, um kräftig in die Wirtschaft zu investieren und den Klimawandel aufzuhalten. Auch das Argument der Knappheit wird oft dafür genutzt, den Status quo zu rechtfertigen. Als ich Ihr Buch las, musste ich denken: Einerseits gibt es Misstrauen gegenüber Radikalismus, er wird für gefährlich gehalten. Andererseits schätzen wir alle die Errungenschaften der Vergangenheit, die Meilensteine dieser Zivilisation – Demokratie, Gleichberechtigung zwischen Männern und Frauen, das Ende der Sklaverei. Womit begannen sie? Mit Menschen, die Grenzen überschritten, die radikal waren, optimistisch, idealistisch – und vollkommen unrealistisch. Es hat für mich eine gewisse Ironie, dass die, die die Errungenschaften der Vergangenheit loben, sehr geringschätzig auf die heutigen Kämpfer für soziale Gerechtigkeit schauen. Dabei sind es gerade diejenigen mit unrealistischen Vorstellungen, die Unvernünftigen, die einem auf die Nerven gehen, von denen wir später vielleicht einmal sagen werden: Sie waren Vorreiter und sie hatten recht.

Herr Bregman, Sie schreiben in Ihrem Buch »Im Grunde gut«: »Wer sich für den Menschen einsetzt, tritt auch gegen die Mächtigen der Erde an. Ein hoffnungsvolles Menschenbild ist für sie bedrohlich, staatsgefährdend, autoritätsuntergrabend, denn es könnte bedeuten, dass Unternehmen keine Manager brauchen und Demokratien keine Politiker.« Wolfgang Schäuble, Sie sind Politiker, Sie gehören zu den Mächtigen der Welt. Ist für Sie eine Welt ohne Politiker denkbar?

Schäuble: Nein. Ich glaube, dass die menschliche Gesellschaft organisiert werden muss. Und das Zusammenleben der Menschen freiheitlich und friedlich zu organisieren, sodass sich nicht einfach der Stärkere durchsetzt, das ist demokratische Politik. Also muss man darüber reden, wie man diese Politik organisiert.

Wir brauchen Arbeitsteilung, und damit sind wir wieder beim Prinzip der Repräsentation. Im ganzen Leben ist Arbeitsteilung zwingend notwendig. Denn wenn jeder alles macht, kommen wir nicht sehr weit voran. Arbeitsteilung ist dann ziemlich schnell mit dem menschlichen Streben nach Eigentum verbunden. Ich bin nun in einem Alter, in dem ich meine Enkelkinder vielleicht genauer betrachte, als ich es bei den eigenen Kindern getan habe. Und auch da sehe ich, dass sie schon sehr früh bestimmte Dinge selber haben wollen. Sie sind dann später bereit zu teilen, aber sie haben das Bedürfnis, Eigentümer zu bleiben. Ich sehe bei Ihnen noch einen Widerspruch, Herr Bregman. Sie sagen, unsere Lebenswelt sei begrenzt, aber Geld sei nicht begrenzt. Da habe ich große Zweifel. Wenn Geld unbegrenzt vorhanden wäre, was durch die Digitalisierung durchaus vorstellbar ist: Was wäre dann noch seine Funktion? Ich habe es immer so verstanden: Geld ist materialisiertes Vertrauen der Menschen. Die Menschen müssen daran glauben, dass Geld seine Funktion auch erfüllen kann, dass es einen Wert und Gegenwert hat. Wenn es unbegrenzt ist, wird es das nicht leisten können. Und bezogen auf den Klimaschutz würde ich einwenden: Warum sollen Menschen verstehen, dass sie mit der Umwelt sparsam umgehen müssen, weil sie begrenzt ist, wenn Sie bei materiellen Gütern sagen: Alles steht unbegrenzt zur Verfügung? Ich glaube, das ist nicht zu Ende gedacht.

Bregman: Ich stimme vollkommen zu, dass materielle Güter begrenzt sind. Wir haben eine begrenzte Anzahl von Menschen im Arbeitsleben. Wir haben eine begrenzte Menge von Stahl, die wir produzieren können. Wir haben eine begrenzte Anzahl von Windmühlen oder Solarpanelen, die wir aufstellen können. Aber oft setzen wir uns selbst künstliche Grenzen, indem wir zum Beispiel festlegen, dass das Bruttoinlandsprodukt größer als 60 Prozent sein muss oder die Staatsverschuldung nicht höher als drei Prozent sein darf. Das ist komplett künstlich. Man könnte die

Grenzen auch höher oder niedriger setzen. Wir könnten sehr viel mehr tun, als wir es momentan machen. Es gibt viele Jobs in der grünen Ökonomie. Es gibt so viel Geld, das investiert werden könnte. Wir müssen unterscheiden zwischen tatsächlichen Beschränkungen und künstlichen Grenzen, die nur in unserem Kopf existieren. Ich glaube, dass Politiker sich oft an die von ihnen selbst gesetzten Grenzen klammern. Aber wenn man anfängt, an etwas anderes zu glauben, kann es Realität werden.

Sie sagen: Die Erfindung des Privateigentums war der Beginn einer riesigen Fehlentwicklung. Wolfgang Schäuble dagegen sieht das Streben nach Eigentum als ein menschliches Bedürfnis, das auch Werte schafft.

Bregman: Ich sage nicht, dass man Privatbesitz abschaffen soll. Ich benutze gerade meinen eigenen Laptop und sitze in meinem eigenen Haus. Ich möchte nicht alles mit allen teilen. Aber es ist interessant, dass Privatbesitz eine recht neue Erfindung ist. Während des größten Teils der Menschheitsgeschichte hat er keine große Rolle gespielt, das Teilen war wichtiger. Wenn Sie fragen, was die Menschen so besonders macht, ist das nicht unsere Intelligenz, sondern dass wir soziale Wesen sind wie keine andere Spezies. Wir können voneinander lernen und eine gemeinsame Kultur aufbauen. Wohlstand zu erzeugen, ist eine Gemeinschaftsaufgabe. Nehmen wir meinen Laptop hier: Ich habe keine Ahnung, wie er funktioniert, dasselbe gilt für das Mikrofon, in das ich gerade spreche. Ich kann mir gerade mal selbst etwas kochen. Wenn alle anderen Menschen auf der Welt verschwinden würden, könnten die meisten von uns nicht überleben, weil wir so stark voneinander abhängig sind. Also müssen wir uns auch fragen: Wer verdient was? Verdiene ich eigentlich meinen eigenen Wohlstand? Der größte Teil davon wurde von meinen Vorfahren erarbeitet oder von all den Menschen um mich herum. Hier wird es interessant, denn in dieser Hinsicht stimmt die konservative Weltsicht ziemlich mit der progressiven überein. Sie erinnern sich sicher an die Worte von Edmund Burke, einem der wichtigsten konservativen Denker, der sagte, dass die Gesellschaft ein Pakt zwischen der älteren und der jüngeren Generation ist, dass wir alle miteinander verbunden sind. Deshalb sind mir Steuern so wichtig, deshalb sollte es ein Grundeinkommen geben. Ich bin kein Kommunist, ich glaube, dass der Markt oft eine sinnvolle Rolle spielen kann. Ich sehe es als Dividende des Fortschritts, wenn jeder bedingungslos Boden unter den Füßen hat.

Schäuble: Aus meiner Sicht sind wir wieder an dem Punkt, dass alles umso besser funktioniert, je mehr es eine nahe Verbindung zwischen Menschen gibt. Herr Bregman argumentiert auch, dass Menschen in ihren Familien überhaupt nicht egoistisch sind. Das stimmt, aber es funktioniert eben nur in Familien. Und auch Familie ist letztlich schon Begrenzung, weil sie stark auf die Beziehung zwischen Kind und Eltern abhebt – jedenfalls in unseren westlichen Gesellschaften. Aber ich möchte noch etwas anderes zum Thema Begrenztheit sagen. Ich bin zweimal Innenminister gewesen, und mich hat immer wieder beschäftigt, dass Toleranz ein kostbares Gut ist – und auch nur in begrenztem Maße verfügbar. Wenn wir, ob in Deutschland oder in Europa, alle Menschen auf der Welt aufnehmen wollten, die in unsäglich schlechten Verhältnissen leben, würde jeder Ansatz von Schutz, von Toleranz, von Hilfsbereitschaft, von Menschenwürde schnell total verloren gehen. Die Kunst in der Politik ist also immer, die richtige Balance zu finden. Es kann uns nicht unberührt lassen, wenn Menschen auf dem Weg nach Europa im Mittelmeer sterben. Es kann uns als Europäer im 21. Jahrhundert nicht unberührt lassen, wenn Menschen in unserer Nachbarschaft unter unsäglichen Verhältnissen leben und leiden müssen oder in Subsahara-Afrika Menschen in Flüchtlingslagern dahinvegetieren. Während die Nationalsozialisten in Auschwitz mordeten, konnten die Alliierten vielleicht noch sagen: Wir wissen darüber nicht genug und greifen deshalb nicht gezielt militärisch ein. Heute wissen wir alles über Verbrechen in anderen Teilen der Welt, sind womöglich in Echtzeit dabei – und können das kaum ertragen. Wir spüren die Verpflichtung zu helfen. Und trotzdem können nicht alle, die leiden, denen es schlechter geht, nach Europa kommen. Denn in der Organisation unseres Zusammenlebens, also der Politik, müssen wir davon ausgehen, dass der Mensch beides ist: hilfsbereit und zugleich nicht so tolerant oder selbstlos, dass er bereit ist, für eine Gemeinschaft von acht Milliarden Menschen, in der alle gleich leben, einzustehen. Das wird nicht funktionieren.

Rutger Bregman sagt: Es ist mehr möglich.

Schäuble: Dem würde ich gar nicht widersprechen …

Also bleiben wir unter unseren menschlichen Möglichkeiten?

Schäuble: Immer.

Woher wissen wir, wo die Grenze ist?

Schäuble: Das ist das Problem. Wenn es schiefgeht, haben wir sie überschritten. Das auszutarieren ist die Kunst von Politik.

Bregman: Der grundsätzliche Unterschied zwischen der konservativen und der progressiven Weltsicht ist, dass Konservative die Welt als Nullsummenspiel sehen. Wenn ich einem Menschen etwas gebe, hat der andere weniger. Der progressive Mensch sieht die Welt als Positivsummenspiel. Wenn ich einem Menschen etwas gebe, geht es diesem Menschen besser, und er kann einen eigenen Beitrag zum Gemeinwohl leisten, indem er Steuern zahlt. Am Ende profitieren alle. Die meisten Ideen in meinen Büchern handeln von positiven Summenideen. Ich glaube, dass es ein in der Summe positives universelles Grundeinkommen gibt und dass das eine Investition in die Gesellschaft ist, von der jeder profitieren wird. Dazu gehört auch die Migration. Die meisten Ökonomen sind sich einig, dass Migration offensichtlich gut für die Menschen ist, die in reichere Länder kommen, aber auf lange Sicht auch besser für die Aufnahmeländer. Wir sind uns sehr einig, dass Menschen nicht als Kosmopoliten geboren werden. Wir haben fremdenfeindliche Tendenzen. Sie können aber überwunden werden, wenn Menschen miteinander in Kontakt stehen, wenn wir in einer Umgebung leben, in der Vielfalt herrscht. Es gibt auch Beispiele für sehr effiziente Wege, um eine partizipative Demokratie in größerem Maßstab zu verwirklichen – in Lateinamerika zum Beispiel, wo es eine sehr lange Tradition des Partizipativen Budgeting (PB) gibt.

Einer Art der kommunalen Haushaltsführung, bei der die Bürger mitentscheiden, wie viel Geld wo investiert wird.

Bregman: … das funktioniert in sehr großen Städten mit Tausenden und Abertausenden von Teilnehmern. Dafür ist Vielfalt wichtig, Vielfalt in den Schulen, in der Nachbarschaft. Denn wenn Sie viele Menschen treffen, die sich von Ihnen unterscheiden, ändert sich Ihre gesamte Sicht auf die Welt.

Herr Schäuble, ist das, was Rutger Bregman beschrieben hat, progressiv oder gefährlich?

Schäuble: Ist das denn wirklich ein Gegensatz? Wenn man vorankommen will, muss man auch Risiken eingehen. Ich habe verstanden, dass Rutger Bregman kein großer Fan von Karl Popper ist. Ich dagegen halte den Grundgedanken von Karl Poppers *Piecemeal Engineering* für sehr überzeugend, wonach man jeweils nur in Teilbereichen der Gesellschaft steuernd eingreifen sollte und sich die freiheitliche Gesellschaft in einem Prozess von *trial and error* langsam vorwärts*bewegen* kann. Deswegen müssen wir uns bei allen Bemühungen, die Menschen zum Besseren zu erziehen, auch fragen, wie viel wir einer Gesellschaft zumuten können, der wir schließlich politisch verantwortlich sind. Denn als Politiker sind wir dafür gewählt. Es ist wahr, dass immer mehr möglich ist, das bestreite ich überhaupt nicht. Aber ich bleibe dabei: Wie viel möglich ist, wo die Grenze liegt, das wissen wir – wenn es schiefgeht – erst hinterher. Wir haben in Deutschland 2015 eine fast exemplarische Erfahrung gemacht. Nach der Entscheidung der Bundeskanzlerin, Flüchtlinge nach Deutschland kommen zu lassen, war eine große Mehrheit der Bevölkerung wirklich begeistert. Und als die Menschen nach einer Weile gespürt haben, dass das möglicherweise *without limits* ist, haben sie sich plötzlich überfordert gesehen. Vielleicht hätte man die Grenzen noch ein bisschen weiter verschieben können. Aber irgendwann musste man den Bürgern auch wieder die Überzeugung vermitteln, dass wir dieser Bewegung nicht ohne jede Grenze und ohne jeden Schutz ausgesetzt sind. Wir können als Politiker nicht einfach allein darauf setzen, dass die Menschen sich schon vernünftig verhalten. Aber junge intellektuelle Autoren haben das Recht, die Dinge stärker zuzuspitzen. Alt gewordene, verantwortliche Politiker müssen ein Stück stärker abwägen.

Bregman: Offensichtlich ist meine Rolle eine andere als die des Politikers. Aber ich möchte Ihnen wirklich dringend eine Frage stellen. Im Bericht des internationalen Klimarats IPCC steht im Grunde Folgendes: Wir müssen bis 2030 auf die Hälfte der

Kohlenstoffemissionen kommen und 2050 auf null. Wenn ich das so sage, scheint es fast machbar. Aber es bedeutet eine massive Veränderung der gesamten Wirtschaft und unserer gesamten Gesellschaft sowie unserer Lebensweise. Das sage nicht ich, sondern ein internationales Gremium der Vereinten Nationen. Wahrscheinlich ist das noch eine konservativere Schätzung. Jetzt können Sie natürlich für *Piecemeal Engineering* argumentieren und gegen Radikalismus. Aber Tatsache ist, dass unsere Realität im Moment radikal ist. Die Welt, in der wir gerade leben, dieser Moment 2020, ist ein radikaler Moment. Das können Sie nicht leugnen. Wenn mich meine Enkelkinder irgendwann fragen: »Opa, was hast du damals gemacht?«, kann ich nicht sagen, dass ich halbherzig darüber nachgedacht habe. Denn das wird uns nicht retten. Die Uhr tickt und wir verschwenden jedes Jahr mehr Zeit. Also frage ich mich: Wie sehen Sie das?

Schäuble: Was heißt radikaler Moment, was wäre ein radikaler Ansatz? Die Einsicht wächst, zumindest in Europa, zum Teil auch in den Vereinigten Staaten von Amerika, auch in China und den Vereinten Nationen, dass die Auswirkungen des Raubbaus an der Natur noch sehr viel schlimmer sind und diese schneller eintreten, als wir vor Kurzem noch geglaubt haben. Es ist nicht nur der Klimawandel. Ein mindestens genauso großes Problem ist der Verlust an Artenvielfalt, wenn wir darüber möglicherweise ein unglaubliches Reservoir an Resilienz in einer irreversiblen Weise schädigen. Aber nun müssen Sie dafür die Entscheidungen demokratisch zustande bringen. Das ist nicht unmöglich. Unter Druck sind freiheitliche Gesellschaften, sind Menschen immer – da sind wir auch schon wieder bei den Grenzen – zu sehr viel mehr bereit, als man sich am Anfang vorstellen kann. Auch als ich noch Mitglied der Regierung war, fand ich es nicht akzeptabel, dass man unendlich mühsam in Paris ein globales Abkommen über die Reduzierung von CO_2 erzielt hat und wir uns dann nicht daran halten. Ich bin nicht so naiv zu glauben, dass sich alle daran halten. Aber dass sich europäische Industrieländer wie Deutschland nicht daran halten, finde ich inakzeptabel. Wir können sehr viel mehr tun, aber wir brauchen den notwendigen Druck oder die notwendige Einsicht, damit es politisch relevant wird. Denn wenn diese Überzeugung nicht da ist, sind Sie erstens *in* der Demokratie ganz schnell weg und zweites auch *von* der Demokratie. Dann landen Sie in einer Art Erziehungsdiktatur oder Umweltdiktatur und die ist am Ende auch nicht besser als jede Form von Diktatur. Wenn Sie als Teil der Umweltbewegung zum Beispiel für Kernenergie argumentieren, wie Greta Thunberg es einmal ansatzweise versucht hat, werden Sie von der eigenen Community quasi ausgeschlossen. Das zeigt nur: Eine vorurteilsfreie Debatte muss schon ein bisschen weitergehen, sonst macht man es sich im Schwange der eigenen Begeisterung zu einfach.

Wir haben viel darüber gesprochen, wie der Mensch ist. Angesichts neuer Technologien stellt sich inzwischen aber auch die Frage, was eigentlich ein Mensch ist. Es gibt Filme und Serien, die von Androiden handeln und die die Frage aufwerfen, ob etwas, was sich menschlich verhält, auch ein Mensch ist. Und es gibt den amerikanischen Unternehmer Elon Musk, der sich damit beschäftigt, den Menschen Chips ins Gehirn einzupflanzen, um sie mit Smartphones oder anderen technologischen Möglichkeiten zu verbinden. Wenn Sie die Möglichkeit hätten, Ihre Intelligenz um ein Vielfaches zu steigern, indem Sie sich so einen Chip einpflanzen lassen, und es hätte keinerlei andere Nebenwirkungen – würden Sie es tun?

Schäuble: Darüber habe ich noch nicht nachgedacht. Ich habe durch meine Querschnittslähmung ein Implantat in mir, was mir teilweise hilft, Funktionen zu aktivieren, die ich sonst nicht aktivieren könnte. Wenn man älter wird, lässt das Gedächtnis ein bisschen nach. Ich bin nicht dement und noch einigermaßen zurechnungsfähig, keine Sorge! Ich habe auch eine Brille und ein Hörgerät. Der Versuchung, bestimmte menschliche Fähigkeiten zu verbessern, würde ich also nicht von vornherein widerstehen. Ich würde nicht um jeden Preis Nein sagen. Ich glaube aber auch, es ist wichtig, dass wir uns mit unseren Grenzen abfinden. Es hilft nichts: Die Geschichte beginnt mit der Zeugung oder Geburt, und dann ist es ein Werden, aber eben auch ein Vergehen, und zwar jeden Tag. Und es gehört zum Menschsein dazu, zumindest zu versuchen, das zu verstehen. Ich glaube, jenseits aller wissenschaftlichen Erkenntnisse gibt es etwas außerhalb menschlicher Verfügung und Vorstellung. Selbst wenn es einen Urknall gibt: Was war vor dem Urknall? Wer hat ihn ausgelöst? Und es hilft auch in der Politik zu wissen: Wir haben uns nicht selber geschaffen. Deshalb bin ich auch zögerlich dabei, die Grenzen darüber hinauszuschieben.

Sie überlegen noch, ob Sie den Chip nehmen?

Schäuble: Ja.

Rutger, nehmen Sie den Chip, der ohne Nebenwirkungen Ihre Möglichkeiten und Ihre Intelligenz steigern würde?

Bregman: Ich würde sicherlich darüber nachdenken. Aber ich bezweifle, dass es funktionieren würde. Wir sind oft sehr optimistisch im Hinblick auf Technologie, aber ziemlich pessimistisch, wenn es um das geht, was wir auf sozialer Ebene erreichen können. Menschen können sich leichter eine Kolonie auf dem Mars vorstellen als ein universelles Grundeinkommen. Eigentlich sollte es umgekehrt sein. Menschen sind grundsätzlich physische Wesen. Wir haben während der Pandemie erlebt, dass wir andere Menschen berühren wollen, dass wir andere Menschen sehen, fühlen, hören wollen, und wenn wir das nicht bekommen, werden wir einsam. Und einsam zu sein, ist so ähnlich wie fünfzig Zigaretten am Tag zu rauchen. Ich bin sehr skeptisch gegenüber den »Technotopikern« aus dem Silicon Valley. Schauen Sie sich Science-Fiction aus den 1970er- und 1980er-Jahren an: Wir hätten eigentlich schon längst auf dem Mars sein sollen. Wir sollten fliegende Autos haben. Wir sollten so viele Technologien haben, die es noch nicht gibt. Wir sollten ein Heilmittel gegen Krebs haben. Das Einzige, worin wir besser geworden sind, ist Marketing und Werbung.

Schäuble: Wahrscheinlich kann man in absehbarer Zeit Basketballer züchten, die alle über zwei Meter groß sind. Eine grauenvolle Vorstellung! Wenn der Mensch glaubt, er könne alles machen, wird es nicht besser, sondern schlechter.

Bregman: Ich stimme dem absolut zu. Es gab eine Zeit in der Geschichte, in der die Eugenik sehr populär war, nicht nur in Nazideutschland, sondern auch unter den Sozialdemokraten in Schweden. In Amerika war die Idee sehr beliebt, dass man einfach eine bessere Bevölkerung heranzüchten könnte. Dieser Gedanke hat zu einigen der schlimmsten Verbrechen gegen die Menschlichkeit geführt. Deshalb sollten wir sehr vorsichtig und sehr skeptisch sein. Wir wissen noch immer so wenig über das menschliche Gehirn. Die Neurologie steckt erst in den Kinderschuhen. Man kann Gehirnscans machen, bei denen man sieht, wie das Blut in Ihrem Gehirn fließt. Das ist so, als würde man den Computer scannen, um zu sehen, wo er mit Strom versorgt wird. Aber dann weiß man immer noch nicht, wie der Computer oder die Software funktionieren. Wir wissen immer noch sehr wenig über uns.

Sie beide sagen, mit Corona erleben wir gerade eine Zäsur. Worin genau besteht die Zäsur?

Bregman: Krisen sind sehr wichtige *Momente* in der Geschichte. 2008 hatten wir schon einmal eine große Krise.

Die Weltfinanzkrise ...

Bregman: Einige nannten sie die Krise des Neoliberalismus und des alten wirtschaftlichen Denkens, dennoch schien sich nicht viel zu ändern. Ich glaube, das lag daran, dass es keine Alternativen gab. Die progressiven Bewegungen hatten keinerlei eigene Vorstellung davon, wohin sie wollten. Man wusste nur, wogegen man war – gegen Rassismus, gegen Homophobie, gegen die Sparmaßnahmen der Eurogruppe. 2020 brachte eine neue Krise. Gibt es jetzt eine Alternative? Meine Antwort lautet: Ja. Wir haben eine ganz neue Generation von Intellektuellen und Denkern – zum Beispiel den französischen Ökonomen Thomas Piketty oder die italienische Ökonomin Mariana Mazzucato, neue Bewegungen, die Klimabewegung, angeführt von Greta Thunberg, oder *Black Lives Matter*. Das ist die fortschrittlichste Generation, die diese Welt je gesehen hat. In den Achtziger- und Neunzigerjahren galt es als avantgardistisch, keine Werte zu haben. Als ich zur Uni ging, protestierten die Studenten kaum. Jetzt tun sie das jeden Tag. Deshalb glaube ich, dass das Momentum der Corona-Krise anders sein kann als 2008. Aber das ist keine Vorhersage, denn es könnte auch sehr viel schlechter kommen.

Schäuble: Auch ich glaube an eine wirksamere Zäsur als 2008. Zum einen erleben wir zum ersten Mal, was Globalisierung wirklich heißt. Wir erleben Entwicklungen in allen Teilen der Welt in einem Maße, wie wir uns das in Wahrheit nicht vorstellen wollen. Wir wollen nicht jeden Tag alles Elend des Drogenkriegs in Bolivien, Eisenbahnunglücke in Asien, Tsunamis in Indonesien und sonstige Katastrophen sehen. Aber wir sehen es, es hängt viel stärker mit uns zusammen, als wir uns das vorstellen konnten. Deshalb hoffe ich, der Veränderungsimpuls wird wirksam. Ich glaube, die Pandemie wird die Handlungsspielräume der Politik eher vergrößern. Erst hat jeder an sich selbst gedacht. Um Gottes willen, keine Schutzmasken exportieren, keine Schutzkleidung für das Pflegepersonal und die Grenzen schließen! Wir haben nach ein paar Wochen in Europa gelernt, dass das Unsinn ist. Jetzt helfen wir, weil es uns am Ende auch besser hilft. Wir müssen auch die Globalisierung stärker gestalten.

Bregman: Es gibt einen Philosophen namens Peter Singer, der ein Buch mit dem Titel *The Expanding Circle* geschrieben hat. Er beschreibt, wie sich der Kreis unserer gesellschaftlichen und rechtlichen Interaktion immer mehr erweitert hat, von kleinen Siedlungen bis hin zu politischen Gebilden wie der EU oder UN. Jetzt reden die Leute sogar davon, diese Gemeinschaft auf Tiere auszudehnen. Viele junge Leute sind Vegetarier oder sogar Veganer geworden. Es gibt viel mehr Debatten darüber als vor zwanzig oder dreißig Jahren. Es ist auch viel einfacher, heute Vegetarier zu sein als vor dreißig Jahren, weil die Alternativen so viel besser sind. Es gibt mir außergewöhnlich Hoffnung, diesen Wandel zu sehen, obwohl ich weiß, dass wir noch einen langen Weg vor uns haben. Wir sind in Europa nicht so gut im Redenhalten wie die Amerikaner, aber gut darin, zusammenzukommen und einige ziemlich wesentliche Veränderungen vorzunehmen.

2

Begrenzte Handlungsspielräume: Zur Verantwortung der Politik in der Demokratie

Krisen sind Zeiten der Unsicherheit – und dadurch in der Wahrnehmung der Menschen Zeiten der Exekutive. In den ersten Wochen nach Ausbruch des Corona-Virus in Deutschland beobachteten die Demoskopen einen überraschenden Stimmungswandel in der Bevölkerung: Die Zustimmung zur Bundes- und zu den Landesregierungen wuchs. Umfragen zeigten auch noch während der zweiten Welle der Pandemie, dass die Mehrheit der Bürgerinnen und Bürger ihren gewählten Repräsentanten zutraute, verantwortlich zu handeln. Bei den Kommunalwahlen in Nordrhein-Westfalen erzielte im Spätsommer 2020 der Landrat im Kreis Heinsberg, der durch seinen Einsatz in diesem ersten nationalen Corona-Hotspot über die Grenzen hinweg Bekanntheit erlangt hatte, mit fast 80 Prozent der Stimmen das landesweit beste Ergebnis.

Das Krisenmanagement von politischen Verantwortungsträgern, die den Lebensschutz zum Ziel ihres Handelns erklärten, wurde in unserem Land mehrheitlich unterstützt – und das, obwohl die dramatische Lage erfordert hatte, gewohnte Freiheiten massiv zu beschneiden. Es ist eine menschliche Erfahrung: Was man nicht hat, erfährt einen höheren Wert. Wird, wie in der Pandemiebekämpfung, die Freiheit zugunsten des Gesundheitsschutzes beschnitten, steigt der Wert der entbehrten Freiheiten. Das unbekümmerte Verhalten junger Menschen, die ihre Gesundheit weniger gefährdet, dafür aber ihr normales Leben in Schule und Ausbildung, Sport oder bei Treffen mit Gleichaltrigen eingeschränkt sahen, zeigt das exemplarisch. Umso bemerkenswerter ist, dass die gravierenden Einschränkungen von der übergroßen Mehrheit der Bevölkerung dennoch als notwendig und richtig erachtet wurden.

Die Pandemie traf unser Land in einem Zustand entgrenzter Kritik an der Politik. Unzufriedenheit und Überdruss äußerten sich seit Längerem in wachsendem Protest. Systeme, mögen sie noch so akzeptiert sein, neigen dazu zu ermüden. An den politischen Rändern tauchten neue Kräfte auf, von denen sich mit der AfD eine populistische Partei in den Parlamenten etablieren konnte. Über Jahre war zu beobachten gewesen, dass die wirtschaftlichen Daten in Deutschland – Beschäftigungsquote, Schuldenstand, Einkommensentwicklung, Wohlstandsniveau – zwar keinen unmittelbaren Anlass zur Beunruhigung gaben, der generelle Unmut über »die« Politik dennoch signifikant wuchs. Der auf einem Gefühl von Kontrollverlust und des Ausgeliefertseins bauende Vorwurf lautete, die Politik sei selbstbezüglich, abgehoben und zu wenig mit den Anliegen der Bürger befasst. Ihr würden, eingebunden in ein enges rechtliches Korsett, bestimmt von einer kafkaesk anmutenden europäischen Bürokratie, an transnationale Verpflichtungen geklammert und durch die global vernetzte, ungebändigte Finanzwirtschaft zusätzlich geknebelt, kaum Einfluss und Gestaltungsmöglichkeiten bleiben.

Die Kritik verfing nicht zuletzt deshalb, weil es in unserem Land an Optimismus, Dynamik und Innovationsfreude gefehlt hatte – auch in der Politik. Die Bindekraft der Parteien schwindet seit Langem. Laut Grundgesetz wirken sie an der politischen Willensbildung mit; sie stehen idealiter in Abgrenzung voneinander für erkennbar unterschiedliche Themen und Grundhaltungen und sollen offen und integrativ sein. Das ist in einer zunehmend heterogenen Gesellschaft nicht trivial – und kann nur funktionieren, wenn die Parteien nicht als geschlossene Klubs erscheinen. Zwischen Bürgern und Politik braucht es eine Beziehung, die auf Vertrauen und wechselseitigem Respekt gründet. Sie entsteht, wenn neben der Bringschuld der Parteipolitiker auch eine Holschuld von Bürgern und Wählern eingelöst wird.

Der tiefgreifende Wandel der Gesellschaft macht es nicht einfacher, die Vielfalt ganz unterschiedlicher Interessen, Bedürfnisse und Meinungen zu bündeln und Verständnis für politische Schritte in die eine oder andere Richtung zu wecken. Es braucht in der pluralen Gesellschaft aber die Reduzierung auf entscheidungsfähige demokratische Mehrheiten. Dem dient das parlamentarische Verfahren, in dem es darauf ankommt, die richtige Balance zu halten und es beim spannungsreichen Verhältnis von Meinungspluralität einerseits und fraktioneller Geschlossenheit andererseits nicht in die eine oder die andere Richtung zu übertreiben: etwa durch immer detailliertere Koalitionsverträge, die dann nur noch »abzuarbeiten« sind, und übergroßen Druck auf die Abgeordneten oder – umgekehrt – durch den Drang nach zu großer individueller Eigenständigkeit auf Kosten der Mehrheitsfähigkeit einer Fraktion. Alle Abgeordneten stehen vor der gleichen Herausforderung, sich profilieren zu müssen und sich gleichzeitig den Ansprüchen der Fraktion zu beugen. Wie weit man diesen Spagat treibt, muss jeder für sich entscheiden – zumal die Wähler erkennen, wenn es nicht mehr um die Sache geht, sondern das Abweichen von der Fraktionslinie bloßer Eitelkeit folgt und allein um der Schlagzeile willen vollmundig im Interview platziert wird.

Es bleibt deshalb kompliziert: Geschlossenheit ist wichtig, aber nicht alle müssen einer Meinung sein – es braucht Raum für die begründete kritische Rückfrage. In der Bevölkerung wird sie schließlich auch gestellt. Die Parteien haben zwar die Aufgabe, widerstreitende Interessen zu integrieren, das heißt aber nicht, dass deshalb nicht gestritten werden sollte. Im Gegenteil. Differenzen müssen deutlich, sie müssen untereinander ausgetragen und auch ausgehalten werden. Gleichzeitig lebt die parlamentarische Demokratie zwar von *wechselnden,* sie braucht aber auch *stabile* Mehrheiten. Und die meisten Umfragen belegen, dass sich die Geschlossenheit einer Partei positiv auswirkt, was die Bereitschaft zu kontroversen Debatten in Parteien und Fraktionen nicht unbedingt fördert. Parteien sind dann erfolgreich, wenn ihnen der skizzierte Balanceakt gelingt, auch durch ein die Inhalte vermittelndes breiteres Personaltableau. Aus der Statik wissen wir: Stabilität entsteht durch Widerlager – und auch im Interesse einer Regierung ist es übrigens keineswegs nur schädlich, solche Widerlager zu haben. Gefährlich wird es, wenn die Widersprüche überhandnehmen oder ins Extrem kippen – dann bekommt das System Risse.

Politik muss sich Gehör verschaffen und andersherum auch die Bürgeranliegen aufnehmen, ihre Belange ernst nehmen, selbst wenn der Protest schrill und vielstimmig ist. Schließlich artikulieren sich hier Anliegen, die manchen Menschen in der politischen Debatte zu kurz kommen – *Fridays for Future* ist ein eindrückliches Beispiel dafür. Unsere Demokratie beweist dabei große Toleranz. Nicht alle Themen sind für alle gleich gut nachvollziehbar. Unter den Protestbewegungen der letzten Jahre treiben auch Verschwörungstheorien bizarre Blüten, und antidemokratische oder antisemitische Kräfte gehen an und über die Grenzen dessen, was in unserem Rechtsstaat verhandelbar ist. Gegner der Demokratie bekämpfen offen unsere Ordnung und bedrohen Menschen, die sich für unsere Rechtsordnung einsetzen. Der Verfassungsschutzbericht warnt, dass selbst in Teilen des Bürgertums Gewalt nicht mehr geächtet werde. Hass und Hetze im Netz, und längst nicht nur dort, befördern ein Gefühl der Verunsicherung. Offen zur Schau gestellte Radikalität verschreckt viele und vergiftet das gesellschaftliche Klima – mit Folgen für die Bereitschaft, sich öffentlich exponiert politisch zu engagieren. Demokratie lebt aber vom Engagement der Bürgerinnen und Bürger.

Leben und politisch handeln »auf Sicht«

Als sich im Frühjahr 2020 das neue Virus auch in Deutschland ausbreitete, erlebte die Bevölkerung zweierlei: eine Politik, die offen bekannte, angesichts der vielen Unwägbarkeiten und fehlenden Erkenntnisse über die Pandemie auf Expertenwissen und die Beratung durch Epidemiologen, Mediziner und Pharmakologen angewiesen zu sein, und eine Regierung, die vorhandene Handlungsspielräume nutzte und dabei gleichzeitig einräumte, in ihren Entscheidungen »auf Sicht« zu fahren. Das ist riskant – und offen darüber zu reden, ist es auch. Zugleich war es ehrlich. Und Wahrhaftigkeit zahlt sich aus, auch in der Politik.

In der angespannten Situation standen nicht mehr allein die politisch Verantwortlichen im Mittelpunkt des öffentlichen Interesses, sondern auch die Rat gebende Wissenschaft. Manchen hat es überrascht, einige sogar verstört, dass die Forschung nicht nur eindeutige Fakten produziert, dass – im Gegenteil – ihre Logik und Methode gerade auf Ambivalenz, Zweifel und Widerspruch beruht, auf Lernfähigkeit und Expertenstreit. Letzte Gewissheit kann die Wissenschaft ebenso wenig liefern, wie es in der Politik die *eine* richtige Entscheidung gibt. Zudem machten die Wissenschaftler in der Krise deutlich, dass sie noch nicht auf alle Fragen Antworten hatten. Dass sie erst dabei waren, die Krankheitserreger, deren Verbreitung und den Verlauf der Covid-19-Infektionen zu erforschen. Und dass sie Zeit brauchten, um Daten zu erheben und auszuwerten, Thesen zu verifizieren und belastbare Erkenntnisse zu gewinnen – Zeit, die den politisch Verantwortlichen fehlte. Sie mussten handeln und entscheiden.

In der öffentlichen Auseinandersetzung über notwendige Maßnahmen, um die Ausbreitung des Corona-Virus zu bremsen, ließen sich zunächst alle von der virologischen Perspektive leiten. Es dauerte, bis in diese Debatte auch rechtliche, ökonomische und soziale Aspekte einbezogen wurden. Die komplexe Lage macht die Beratung der Politik durch Experten unterschiedlicher Disziplinen unerlässlich – erst recht, weil es immer wieder um fundamentale Eingriffe in das gesamte Sozial- und Wirtschaftsleben geht. Wissenschaftliche Politikberatung ist dabei stets umso besser, je eher es gelingt, verschiedene Meinungen und verschiedene Disziplinen zusammenzubringen.

Wie das funktioniert, hat der Deutsche Ethikrat nach Ausbruch der Pandemie vorgeführt. Seine Stärke liegt darin, dass er nicht dem Imperativ einzelner wissenschaftlicher Perspektiven folgen muss, sondern das Gespräch zwischen verschiedenen Disziplinen führt. Wie unter einem Brennglas machen die Denkanstöße des Ethikrates – weit über die Corona-Pandemie hinaus – sichtbar, womit wir uns in der modernen globalisierten Welt beschäftigen müssen. Denn er führt den sachlichen Streit und definiert faktenbasiert Grenzen – aber nicht, um den technologischen oder wissenschaftlichen Fortschritt zu behindern, sondern mit dem Ziel, das Nachdenken über Entwicklungen zu fördern, die unser Werteverständnis herausfordern oder bedrohen, die ethische Normen verletzen und Veränderungen in der Rechtsetzung nötig machen. Die Verantwortung dafür liegt dann beim Gesetzgeber. In den Parlamenten muss am Ende komplexer Abwägungsprozesse entschieden werden, nach bestem Wissen und Gewissen. Im Fall der neuen und deshalb schwer berechenbaren Gefahren von Covid-19 geschieht das im Bewusstsein, dass die auf einer volatilen Datenbasis getroffenen Entscheidungen falsch sein können und es hier um Fragen von Leben oder Tod geht.

Die Demokratie lebt dabei von der Fähigkeit zum Kompromiss, der etwas anderes ist als ein kleinster gemeinsamer Nenner. Bei allen Entscheidungen, die im Kabinett oder Bundestag gefällt werden, müssen im Für und Wider des Interessenausgleichs zwischen gesellschaftlichen Gruppen die unterschiedlichen Gesichtspunkte und die Gewichtung der gegensätzlichen Argumente auch in der Öffentlichkeit sichtbar werden. Politik ist die Kunst, über die öffentliche Auseinandersetzung Mehrheiten zu erzeugen. Auch als Zumutung empfundene Streitfragen sind in der Demokratie auszutragen. Tabus *kann* es dabei nicht geben, wir diskutieren auch über Sterbehilfe, Grenzen des Verhandelbaren aber *muss* es geben: Verfassungsgrundsätze stehen nicht zur Disposition.

Am Anfang der Pandemie habe ich in einem Interview darauf hingewiesen, dass der Staat zwar die bestmögliche gesundheitliche Versorgung für alle zu gewährleisten hat, dass aber nicht alles hinter dem Schutz des Lebens zurückzutreten habe. In dieser Absolutheit gilt dies eben nicht, denn Grundrechte begrenzen einander. Meine Äußerungen lösten ungewöhnlich viel Resonanz aus, wobei mich sowohl Widerspruch wie Zustimmung erreichte – und beides über Generationen und politische Grenzen hinweg, von Menschen unterschiedlichen beruflichen Hintergrunds, in grundverschiedenen Lebenssituationen und mit eigenen Leidensgeschichten. Sie eint der Wunsch, in ihren Wertvorstellungen ernst genommen zu werden und sich über existenzielle Fragen austauschen zu wollen. Diesen Austausch offen zu führen, ist die Aufgabe von Politik.

Wenn es einen absoluten Wert im Grundgesetz gibt, dann ist er in Artikel 1 festgeschrieben: die Unantastbarkeit der Würde des Menschen. Die Grundrechte indes stehen zueinander in Beziehung und sind sorgsam gegeneinander abzuwägen. Nach dem Ausbruch der Pandemie wurden die Freiheitsrechte zunächst eingeschränkt, um die Gesundheit der Menschen in unserem Land zu schützen, um die Ausbreitung des Virus einzudämmen und um einen Kollaps unseres Gesundheitssystems zu verhindern. Nach einer zwischenzeitlichen Lockerung erzwang zum Jahresende eine heftige zweite Welle der Pandemie erhebliche Einschränkungen, um insbesondere auf den Intensivstationen für Entlastung zu sorgen. Die Zahl der im Zusammenhang mit einer Covid-19-Infektion Gestorbenen schnellte auch in Deutschland hoch. Das waren und es sind starke Begründungen für das Herunterfahren des gesamten öffentlichen und wirtschaftlichen Lebens, aber sie sind immer wieder zu hinterfragen und die Maßnahmen sind immer wieder neu auf ihre Verhältnismäßigkeit hin zu überprüfen.

Gerade im globalen Rahmen werden die komplexen Zusammenhänge deutlich: Die Vereinten Nationen und in Deutschland die Welthungerhilfe warnen vor Millionen von Unterernährung und Hungertod bedrohten Menschen durch die Folgen der Pandemiebekämpfung. Gesperrte Häfen, geschlossene Märkte und unterbrochene Lieferketten treffen Bauern in ärmeren Weltregionen hart. Sie können ihre Ernte nicht mehr verkaufen und es fehlt ihnen an Dünger und Saatgut, die Nahrungsmittelpreise steigen dadurch massiv. Vor diesem Hintergrund sage ich, dass wir nicht um jeden Preis jedes Leben schützen können und alles andere dahinter zurücktreten muss. Dass dieser Satz vor allem in den sozialen Medien wie Twitter als inhuman skandalisiert wurde, erklärt sich nur aus der gedankenarmen Logik dieses Mediums, einen einzelnen Satz losgelöst von seinem inhaltlichen Kontext zu transportieren – oder aber aus dem bewussten Ausblenden der Verantwortung, die wir mit unserem Handeln für Entwicklungen woanders in der Welt haben. Das wäre dann tatsächlich eine unmenschliche *We-first*-Haltung. Es braucht stattdessen weiterhin den offenen Umgang mit den schwierigen Abwägungsprozessen und das flexible Vorantasten, denn niemand weiß alleine, auch die Wissenschaft nicht, wie es am besten geht. Wir leben ein Stück weit im Ungewissen. Das aber gehört zum Leben dazu.

Das Recht auf Leben und der Schutz der Gesundheit wurden von den Müttern und Vätern des Grundgesetzes nicht mit Blick auf eine mögliche externe Gefährdung durch Katastrophen, Seuchen oder Krankheiten formuliert, sondern aus der Erfahrung im Nationalsozialismus. Es sollte niemals wieder möglich werden, einzelnen Gruppen der Gesellschaft das Recht auf Leben abzusprechen – der Grundgesetzartikel zielt auf den Schutz des Individuums vor Übergriffen des Staates. Es spricht für unsere Verfassung, dass sie elastisch genug ist, um in akuten Gefahrensituationen praktisch notwendige Schritte zu ermöglichen, selbst wenn es, wie im Frühjahr 2020, keinen Präzedenzfall gibt, keine Blaupause für die Einschränkung elementarer Freiheiten der Bürger.

Anders als immer wieder behauptet, waren die Grundsätze der Rechtsstaatlichkeit, die Gewaltenteilung oder die Kontrollrechte des Deutschen Bundestages nie außer Kraft gesetzt. Die zur Eindämmung der Gefahr ergriffenen Maßnahmen erfolgten, obwohl sie unter außergewöhnlichen Bedingungen getroffen werden mussten, auf rechtsstaatlichem Weg. Natürlich muss in einer Krise die Exekutive handeln, aber die rechtlichen Grundlagen kann nur der Gesetzgeber treffen.

Der Bundestag hat die epidemische Notlage im März beschlossen und wird diese Feststellung erst wieder aufheben, wenn nach eingehender Prüfung die Voraussetzungen dafür nicht mehr vorliegen. Als ein erstes Parlament in Europa tagte der Bundestag auch unter Pandemiebedingungen, debattierte alle staatlichen Maßnahmen ausführlich, zu denen es die Regierung ermächtigte, und beschloss die finanziellen Soforthilfen. Der Gesetzgeber steht in der Pflicht, wesentliche Entscheidungen selbst zu treffen, sie also nicht der Exekutive zu überlassen. Es hat im Bundestag vielleicht ein bisschen gebraucht, das lag auch an der für alle unkalkulierbaren Pandemiesituation, die schnelles staatliches Handeln erforderte. Aber der Druck auf die

Regierung wurde verstärkt, und der Gesetzgeber hat inzwischen klargestellt, dass Bundes- und Landesregierungen bei all den schwierigen Fragen auf Grundlage der freien Entscheidung der Mehrheit unseres Parlaments handeln.

Dass der Bundestag dabei die Möglichkeit hat, durch konkretere Ermächtigungsgrundlagen auch den Landesregierungen einen engeren Rahmen für Verordnungen zu setzen und dadurch eine vereinheitlichende Wirkung zu entfalten, ist durchaus nicht unerheblich angesichts der Erfahrung in der Pandemie, als die Bundeskanzlerin immer wieder mit den Ministerpräsidenten um einheitliche Regeln für ganz Deutschland rang.

Die Verfassung der lebenswerten Gesellschaft

Alle staatlichen Entscheidungen und Entscheidungswege müssen sich im Rahmen der Verfassung bewegen. Darüber wacht das Bundesverfassungsgericht. Aber innerhalb dieses Rahmens entscheidet die demokratisch legitimierte Mehrheit, und das ist das Parlament. In einem System funktionierender *checks and balances* sollten wir sorgsam darüber wachen, dass sich jede Gewalt in den Grenzen ihres Mandats bewegt, das ihre Unabhängigkeit erst garantiert. Dazu gehört für mich dann allerdings auch, Verantwortung, die politisch wahrzunehmen ist, nicht auf Gerichte abzuwälzen.

Zum 40. Geburtstag des Grundgesetzes, also noch zu Zeiten der deutschen Teilung, hatte der damalige Bundespräsident festgestellt, die Bundesrepublik habe eine gute Verfassung – und im selben Atemzug gefragt: »Aber ist unser Land auch in guter Verfassung?« Richard von Weizsäcker hätte diese Frage nicht gestellt, wenn sie einfach mit Ja zu beantworten gewesen wäre. Dreißig Jahre später müsste eine ehrliche Antwort erneut auf ungestillte Bedürfnisse nach gesellschaftlicher Zufriedenheit, nach Zusammenhalt und nach Gerechtigkeit eingehen. Für den israelischen

Philosophen Avishai Margalit ist die *decent society,* die anständige Gesellschaft, eine, die den Menschen nicht erniedrigt. Nur in einer solchen Gesellschaft könne, so Margalit, Gerechtigkeit herrschen. Gemeint sind weniger ökonomische Parameter als vielmehr ein Lebensgefühl der Gleichwertigkeit. Als Grundvoraussetzung nennt der Philosoph Bedingungen, in denen Selbstachtung und Selbstwert, Ehre und Integrität des einzelnen Bürgers gewahrt werden.

Folgt man jüngsten soziologischen Analysen über die Diskrepanz zwischen urbanen Zentren und ländlichen Regionen, die wenig oder gar nicht von der Digitalisierung und der Globalisierung profitieren, sehen sich in unserem Land nicht alle Menschen in gleicher Weise anerkannt und geschätzt. Einige von ihnen haben das Gefühl, dass ihre traditionelle Lebensweise nicht geachtet, geschweige denn geschützt oder angemessen modernisiert würde. Markant ist dieser Befund gerade im Vergleich von Ost- und Westdeutschen. Abhilfe sollten finanzielle Zuwendungen schaffen. Das war in den ersten Jahrzehnten nach der Wiedervereinigung richtig, schließlich ging es um die Sanierung historischer Bausubstanz und den Aufbau einer modernen Infrastruktur in den neuen Ländern. Doch greift es als politisches Initial zu kurz und weckt nur neue materielle Begehrlichkeiten.

Eine anständige, lebenswerte Gesellschaft ist eine, die alle Akteure – Bürger, Wirtschaft und Wissenschaft, Kirchen und Religionsgemeinschaften – gemeinsam gestalten. Dazu braucht es Bürgerforen, Engagement und Freiräume. Grundvoraussetzung ist der Respekt voreinander. Nur wenn wir Unterschiede akzeptieren und wechselseitig Toleranz üben und wenn die unterschiedlichen Bedürfnisse innerhalb der Gesellschaft als legitim anerkannt sind, werden ihre Mitglieder zueinanderfinden. Es ist Aufgabe der Politik, den Rahmen dafür zu setzen: Indem sie Defizite erkennt und behebt, mit dem Mut und der Stärke, aus dem Gewohnten herauszuführen.

Bewährt hat sich dabei das Prinzip der Subsidiarität, dass im Bundesstaat die Aufgaben jeweils von derjenigen staatlichen Ebene erfüllt und finanziert werden sollten, die das am besten und effizientesten leisten kann. So bleiben die Zuständigkeiten der unterschiedlichen staatlichen Ebenen nachvollziehbar. Das ist für die Legitimität und das Funktionieren unserer Ordnung von zentraler Bedeutung. Der Staat hat dabei seine Kernaufgaben zuverlässig zu erfüllen, er muss durchsetzen können, was politisch entschieden wird, andernfalls verlieren beide, Staat und Politik, ihre Glaubwürdigkeit. Umgekehrt sollte die Politik aber der Versuchung widerstehen, sich in alle Belange des öffentlichen und wirtschaftlichen Lebens einzumischen. Es braucht in einer freiheitlichen Gesellschaft den Primat der Politik – aber nicht auf Kosten der Eigenverantwortung der Bürgerinnen und Bürger.

Als Lothar de Maizière nach den ersten freien Wahlen in der DDR seine Regierungserklärung in der Volkskammer abgab, zitierte er aus Hölderlins »Hyperion«: »Du räumst dem Staat denn doch zuviel Gewalt ein. […] Immerhin hat das den Staat zur Hölle gemacht, daß ihn der Mensch zu seinem Himmel machen wollte.« De Maizière rechnete damals mit dem Heilsversprechen des Kommunismus ab, der Parteidiktatur und Unterdrückung rechtfertigte. Hölderlins Zitat vermittelt aber auch im demokratischen Gemeinwesen eine wichtige Botschaft: Wer vom Staat eine Versicherung gegen alle Risiken des Lebens und des Wandels verlangt, erwartet zu viel und provoziert Enttäuschung, die in den Vorwurf des »Staatsversagens« münden kann.

Was die Bürger vom Staat und was der Staat von seinen Bürgern erwarten darf, muss zu jeder Zeit neu verhandelt und bestimmt werden. Dass diese Grundsatzfrage nach den Erfahrungen mit der SED-Diktatur und in der ostdeutschen Sehnsucht nach mehr persönlichen Freiheiten, vor allem mit der Forderung nach einem liberalen, schlanken Staat beantwortet wurde, kann nicht überraschen. Gleichzeitig wird von Staat und Politik viel verlangt – so viel, dass manche inzwischen einen bevormundenden Staat befürchten, der alles regelt und schützt. In einer Zeit komplexer Probleme und Herausforderungen ist dieser Wunsch verständlich. Problematisch ist allerdings die Anspruchshaltung, die daraus entstehen kann.

Wie soll man umgehen mit der Spannung zwischen der Unbedingtheit, der Unerbittlichkeit der Forderungen an die Politik und der Schwerfälligkeit des demokratischen politischen Prozesses? Das fragt der Politikwissenschaftler Peter Graf Kielmansegg, und seine Antwort lautet: »Der demokratische Verfassungsstaat muss zeigen, dass er sich aus dem politischen Alltagstrott zu lösen und im Gewirr der auf ihn eindringenden, einander widersprechenden Einwirkungen die von der Lage gebotenen Prioritäten zu setzen vermag, ohne in den Sog apokalyptischer Panik zu geraten.«

Viele Bürger haben zum Staat ein widersprüchliches Verhältnis: Sie beschweren sich über zu langwierige Verfahren – und darüber, dass sie nicht ausreichend beteiligt würden. Sie klagen über zu viel Bürokratie – und zugleich darüber, dass ausgerechnet ihre individuellen Lebensumstände nicht genügend berücksichtigt werden. Das jeweils eigene Anliegen zählt am meisten, das ist menschlich. Eine zunehmend heterogene Gesellschaft wie unsere braucht aber ein Grundverständnis davon, dass der eigene Anspruch dort an Grenzen stößt, wo er auf Ansprüche der anderen trifft, die genauso ihre Berechtigung haben. Gelungene Politik braucht beides: Ausgleich und Balance zwischen verschiedenen Ansprüchen und Führungsstärke, um Menschen zu begeistern und um Mehrheiten zu gewinnen.

Fast zwei Drittel der Deutschen halten heute den Staat für überfordert. Aber ist er das tatsächlich – oder wird er nur von seinen Bürgern überfordert? Letzteres hieße, der Staat leistet nicht unbedingt weniger, aber die Bürger erwarten von ihm immer mehr.

Nehmen wir denn noch ausreichend wahr, dass es eine Wechselbeziehung zwischen den Bürgern und dem Staat gibt? Ein Geben und Nehmen, ein Fördern und Fordern? Je selbstverständlicher die Bürger Verantwortung an staatliche Institutionen abtreten und politische Wohltaten annehmen, desto geringer schätzen sie diese und erheben immer neue Ansprüche.

Die Soziologie kennt für dieses Phänomen den Begriff des Tocqueville-Paradoxon: Mit dem Abbau sozialer Ungerechtigkeiten erhöht sich die Sensibilität gegenüber verbleibenden Ungleichheiten, selbst wenn diese an Dramatik eingebüßt haben. Die Gleichberechtigung von Frau und Mann ist ein Beispiel: Die Debatte um weitere gesetzliche Regelungen für Quoten in einzelnen Sektoren in der Wirtschaft verdeckt, wie weit wir in den vergangenen Jahrzehnten tatsächlich gekommen sind. Damit ist nicht gesagt, dass wir uns mit dem Erreichten zufriedengeben sollten! Aber Disparität wird heute viel eher wahrgenommen und vehementer beklagt.

Ähnlich ist es mit der Bekämpfung von Ungerechtigkeit im Bildungswesen. Es ist richtig, die Bildungschancen benachteiligter Schüler durch Zuschüsse zu erhöhen und Kredite für das Studium zu gewähren. Doch wir sehen auch, je mehr Zuschüsse fließen, desto höher die Erwartung. Es geht längst nicht mehr um Hilfe für das »katholische Arbeitermädchen vom Lande«, das in den Sechzigerjahren zum Inbegriff des Bildungsnotstands in der damaligen Bundesrepublik wurde, oder um den begabten Einwandererjungen, dessen Elternhaus weder Bücher noch Bildungsideale bietet.

Verantwortliche Politik zieht hier Grenzen und weiß den dringenden Bedarf von leistungshemmenden Zuwendungen zu unterscheiden – andernfalls gäbe sie die zivilgesellschaftliche Selbstwirksamkeit preis und würde den Staat in die Rolle des umfassenden Versorgers drängen. Diese Gefahr bestände etwa bei einem bedingungslosen Grundeinkommen, das keine Leistungsanreize setzt. So wichtig es ist, im Sozialstaat für alle Menschen ein menschenwürdiges Auskommen zu sichern, so ungelöst bleibt das Problem, dass eigene Leistung und Gestaltung für die Lebenserfüllung mindestens so wichtig sind wie materielle Werte.

Wenn wir uns um mehr und neue Dynamik bemühen wollen, braucht es zunächst die Einsicht, dass gerade die Neigung, Regelungen bis ins Kleinste auszudifferenzieren, die Gefahr des Stillstands birgt. Der römische Leitsatz *Summum ius – summa iniuria* beweist sich auch heute noch: Je umfassender rechtliche Regelungen in allen Bereichen immer noch genauer steuern, justieren und austarieren, umso exzessiver und widersprüchlicher die Auslegung und umso enger die Handlungsräume, die das Recht doch eigentlich schützen soll. Am Ende ist dann tatsächlich alles so detailliert, dass Bestimmungen kaum mehr nachvollzogen, geschweige denn durchgesetzt werden können, dass die Ordnung erstarrt und Lähmung droht. Staat und Gesellschaft liegen dann wie Gulliver in Fesseln!

Mehr Gelassenheit könnte uns helfen, unsere politische Gestaltungskraft zurückzugewinnen. Dabei geht es auch um die Einsicht in die Grenzen staatlicher Politik, schließlich brauchen Bürger eigene Freiräume, um sich zu entfalten. Und der Staat, darauf besinnen wir uns noch zu selten, kann nicht alles für alle erledigen. Wir haben hohe Ansprüche – das ist gut, aber es fällt uns schwer, mit dem Nichtperfekten zu leben. Über unseren Drang, alles wasserdicht und bis ins Kleinste zu regeln, haben wir verlernt, mit Unzulänglichkeiten umzugehen. Auch das widerspricht der menschlichen Natur und birgt im Extrem sogar eine Gefahr: Der Anspruch, stets das Perfekte zu erreichen, mündet letztlich im Totalitären, vor dem uns unsere historische Erfahrung warnt und vor dem uns das Grundgesetz eigentlich bewahrt.

Die Corona-Pandemie hat gezeigt, wie viel Dynamik tatsächlich möglich ist, dass selbst in einer Extremsituation die *checks and balances* funktionieren und welche Gestaltungsmacht die Politik eben doch hat – auf Bundes- wie auf Landesebene. Fehler bleiben nicht aus; wir wissen im Rückblick um Versäumnisse – bei Vorkehrungen für Reiserückkehrer im Sommer, bei Lockerungen im Herbst, bei der Vorbereitung digitalen Schulunterrichts, vor allem beim Schutz von Alten- und Pflegeeinrichtungen beziehungsweise pflegebedürftiger Menschen zu Hause. Die Konsequenzen treffen unser Land in einer zweiten Welle der Pandemie hart. Entscheidend für das demokratische System und das Vertrauen, das die Menschen in dieses System haben, bleibt jedoch, ob und wie wir aus diesen Fehlern lernen.

Föderalismus heißt Wettbewerb

Die Bundesländer spielen in der deutschen Politik, auch wenn der Föderalismus immer wieder heftiger Kritik ausgesetzt ist, eine besondere Rolle: Sie garantieren Nähe zu den Menschen, Verbundenheit. Eigenständige Länder und starke Kommunen stehen für die Unverwechselbarkeit der jeweiligen Region und spiegeln den Reichtum unserer Kultur. Sie vermitteln gerade angesichts der Globalisierung und der Heterogenität der Gesellschaft Bindungen und werden deshalb einerseits geschätzt. Andererseits gibt es den Wunsch nach stärkerer Vereinheitlichung – nicht nur im Bildungswesen. Aber Zentralismus schafft andere Probleme und vor allem viel weniger Bürger- und Problemnähe. In Frankreich wird das zentralistische System als ein Hauptproblem in der Pandemiebekämpfung gesehen und man sieht eher mit Bewunderung auf die deutsche Ordnung.

In der Pandemie haben wir erlebt, dass dank unserer föderalen Struktur angepasste Reaktionen auf unterer Ebene möglich waren. Die Länder haben rasch gehandelt, aufflammende lokale Infektionen konnten oft auch in den Kommunen eigenständig bekämpft werden. Man kann das Infektionsgeschehen eben nicht generell über einen Kamm scheren, dafür ist die Lage in einem Dorf im Schwarzwald und in Berlin-Mitte zu unterschiedlich. Dezentral getroffene Schutzmaßnahmen sind für die Bürger oftmals leichter nachvollziehbar als »von oben« erlassene allgemeingültige Restriktionen – wobei auch dies nicht ohne Widersprüche bleibt. Denn ein Flickenteppich unterschiedlicher Regelungen in den Ländern stößt immer wieder an die Grenze der Akzeptanz in der Gesellschaft, zumal wenn der eigene Urlaub oder die Familienfeste zu Weihnachten davon betroffen sind. Auch dieses Dilemma haben wir in der Corona-Bekämpfung erlebt: Die Deutschen verlangen einheitliche Regelungen im ganzen Land, obgleich der Föderalismus doch eigentlich eine hohe Flexibilität bietet und die Politik dem Infektionsgeschehen entsprechend über härtere Einschränkungen oder Lockerungen entscheiden kann.

Aus meiner Sicht hat sich die oft kritisierte föderale Staatsstruktur, die als unabänderliches Prinzip im Grundgesetz festgeschrieben ist, in den mehr als siebzig Jahren ihres Bestehens generell bewährt. Aber sie ist kein starres Konstrukt, sondern muss politisch ausgestaltet und immer wieder neu justiert werden. Dazu gehört auch, dort gegenzusteuern, wo es bei der praktischen Umsetzung auf Bundesebene getroffener Entscheidungen in den Ländern erkennbar klemmt. Es ist in Zeiten der Digitalisierung schlechterdings nicht zu vermitteln, wenn während des Teil-Lockdown staatliche Hilfen an Unternehmen und Selbstständige über Wochen nicht ausgezahlt werden konnten, weil es für deren Berechnung an den erforderlichen Software-Schnittstellen zwischen Bund und Ländern gefehlt haben sollte. Bei der Entwicklung und Umsetzung einer einheitlichen Software, die die Ausführung von Beschlüssen des Bundes sicherstellt, müssen wir besser und entschieden schneller werden.

Im real existierenden Föderalismus – das war Gegenstand zweier Föderalismusreformkommissionen – ist der Raum für eigene Gestaltung der Landesgesetzgeber eher gering. Insbesondere die Regierungschefs der Länder kompensieren das durch stärkere Mitwirkung an bundespolitischen Entscheidungen. Der damalige Verfassungsgerichtspräsident und spätere Bundespräsident Roman Herzog hatte das schon im Jahr 1992 beim vierzigjährigen Jubiläum des Landes Baden-Württemberg beklagt. Das führt zu diffusen Verantwortlichkeiten, miteinander verschränkten Verhandlungsebenen und einer intransparenten föderalen Finanzverflechtung: Es braucht die Rückbesinnung auf alte und bewährte Grundsätze wie das Haftungsprinzip: Wer politisch handelt, muss dafür auch Verantwortung tragen. Entscheidungs- und Finanzierungszuständigkeiten sollten nicht zu weit auseinanderfallen. Wer für ein Politikfeld zuständig ist, sollte die Verantwortung für die Finanzierung tragen und über Art und Umfang der Aufgabe weitgehend selbst bestimmen.

Wo dieses Prinzip verletzt ist, werden Anreize falsch gesetzt. Die Ökonomen sprechen von *moral hazard*. Alle sind für alles zuständig, aber niemand ist für irgendetwas verantwortlich. Notwendig sind deshalb klare Abgrenzungen – nur so bleiben politische Entscheidungen sichtbar, erfahrbar und durchsetzbar. Eine Reform der Bund-Länder-Finanzbeziehungen unter Einbindung der kommunalen Ebene mit einer klareren Zuordnung von Aufgaben und Einnahmen, bei der auf der Einnahmeseite Kommunen und auch Ländern das Recht eingeräumt würde, in begrenztem Umfang Hebesätze etwa auf die Einkommensteuer und Körperschaftsteuer einzuführen, könnte dazu beitragen. Und die Länder sollten sich auf den Wettbewerb einlassen, ohne den Föderalismus nicht sinnvoll ist. Wir haben es in der Pandemie gesehen: Der Vergleich zeigt, was die bessere Lösung ist, welche Politik das Vertrauen der Bürger eher rechtfertigt als andere. Der Begriff des Wettbewerbsföderalismus darf deswegen auch nicht als Schimpfwort aufgefasst werden – was leider zu oft geschieht.

Für Max Weber war Herrschaft im Alltag letztlich Verwaltung. Wenn das stimmt, dann muss Verwaltungshandeln mehr sein als der Vollzug tatsächlicher oder auch nur antizipierter rechtlicher Zwänge. Eine gute Verwaltung übernimmt Verantwortung, reagiert auf Anliegen der Bürger und versteht sich als Problemlöser. Dafür braucht sie Ermessensspielräume – und den Mut der Angehörigen des öffentlichen Dienstes, diese auch so weit wie möglich zu nutzen: In der einen Kommune mag es sinnvoll sein, endlich ein Schwimmbad zu bauen, und in einer anderen, die Turnhalle zu renovieren – entschieden werden muss vor Ort und nicht nach festgelegten Schemata.

In den vergangenen Jahren sind die Spielräume der Verwaltung durch eine exzessive Rechtsprechung immer enger geworden. Dabei würden wir alle profitieren, wenn die Judikative mehr Freiheiten einräumte und die Verwaltung freier entscheiden könnte. Wenn der Eindruck entsteht, Verwaltung ergeht sich nur noch darin, Gesetze und Verordnungen zu vollziehen, womöglich in Erwartung ohnehin folgender Klagen, dann fördert das wechselseitige Lähmung. Die Rechtsprechung hat mit der immer detaillierteren Überprüfung von Ermessensentscheidungen dazu einen problematischen Beitrag geleistet. Wenn Lehrer sich nicht mehr trauen, leistungsschwachen Schülern die Versetzung zu verwehren, weil sie Klagen der Eltern fürchten, hat nicht die Schule, sondern die Gesellschaft ein Problem.

Auf Bürgernähe kommt es dabei an und auf Verlässlichkeit. Das bedeutet für die Politik, dass sie mehr Zurückhaltung darin üben sollte, große Dinge anzukündigen, um stattdessen mehr Kraft darauf zu verwenden, das Notwendige oder sogar Überfällige umzusetzen – so wie eine Wahlrechtsreform, die diesen Namen auch verdient. Alle politisch Verantwortlichen sollten die Klage darüber ernst nehmen, dass der Bundestag keine Entscheidung zustande gebracht hat, die der Bedeutung der Aufgabe gerecht wird. Jeder von uns spürt doch, dass die Zahl der Abgeordneten nicht ständig steigen darf und es unerträglich ist, wenn vor der Wahl offenbleibt, wie groß das nächste Parlament sein wird. Jeder weiß auch, dass es nur gemeinsam mit den politischen Konkurrenten gelingen kann, einen langfristig tragbaren Kompromiss zu erzielen. Wenn wir ihn trotzdem nicht zustande bringen, wächst bei immer mehr Bürgern der Verdacht, dass hier demokratische Prinzipien versagen.

Max Weber formulierte am Ende seines berühmten Vortrags vom Januar 1919 über »Politik als Beruf« den Grundsatz, verantwortliche Politik bedeute das »starke langsame Bohren von harten Brettern«. Führungspersönlichkeiten, die davor nicht zurückschrecken und dazu begabt sind, die »außeralltäglichen, nicht jedem anderen zugänglichen Kräfte« auch in der Gesellschaft zu entfalten, verfügen über Charisma. Diesen Begriff nutzt Weber als Etikett für Menschen, denen es gegeben ist, andere in ihren Bann zu ziehen und eine folgsame oder gehorsame Anhängerschaft zu formieren, bereit dazu, sich freiwillig zu unterwerfen. Das sind nicht mehr unsere Worte: Wir wollen selbstbewusste Bürger, keine Untertanen. Unsere repräsentative Demokratie lässt nicht nur zu, dass Bürger den Volksvertretern Entscheidungsgewalt geben, sondern sie basiert auf dem Gedanken, dass Führungspersönlichkeiten auf Zeit Autorität verliehen wird.

Das gerät in der ätzenden Pauschalkritik derer, die gegen »die Politik« ganz allgemein wettern und der Attraktivität politischer Wahlämter erheblich schaden, aus dem Blick. Führungspersönlichkeiten mit einem ausgeprägten Verantwortungsbewusstsein und charismatischen Eigenschaften im Weber'schen Sinne braucht es trotzdem – in Politik, Wirtschaft, Wissenschaft. Und es braucht das von ihm beschriebene Staatsbewusstsein einer Gemeinschaft, die »durch eine Idee, den Glauben an tatsächlich geltende oder gelten sollende Normen und Herrschaftsverhältnisse von Menschen über Menschen« zusammengehalten wird.

»Wahlen allein machen noch keine Demokratie«, hat Barack Obama gesagt. Wenn wir das Prinzip der parlamentarischen Repräsentation stärken wollen, dann müssen wir uns wieder mehr um die Kultur der großen strittigen Debatte im Plenum kümmern – um die schon in der Antike beschriebene Faszination, die von leidenschaftlicher Rede und Gegenrede ausgeht. Politisches Handeln vollzieht sich immer auch durch die Kraft des Wortes, durch Sprache. Allerdings verändern Worte allein die Welt nicht. Die Wirkung einer Debatte ist nicht voraussetzungslos. Meist dienen Reden eher der Selbstvergewisserung und Selbstbestätigung denn dem Umsturz oder der Veränderung. Aber sie können Kräfte freisetzen. Eine Rede kann in eine Richtung weisen, Orientierung geben, an den Redner binden und Vertrauen stärken – sie ist Ausdruck der politischen Kultur in unserem Land. Sorgfalt und Energie auf die Rede im Parlament und den Kontakt zu Bürgern im Wahlkreis zu verwenden, ist unerlässlich, denn die sozialen Medien können reale Begegnungen nicht ersetzen.

Wenn das Parlament *der* Ort der Bündelung und Konzentration auf die wichtigen Fragen unserer gesellschaftlichen Zukunft sein will, sind verantwortlich handelnde Akteure nötig, die neben der Vertretung legitimer Interessen ihrer Wähler und Parteien immer auch das auszuhandelnde Gemeinwohl im Blick behalten. Und nötig ist auch mehr Verständnis in der Öffentlichkeit für die Komplexität der Aufgabe von Parlamentariern, bei der Vielzahl von Interessen, Meinungen und Befindlichkeiten am Ende zu Entscheidungen durch Mehrheiten zu kommen, Entscheidungen, die der Bevölkerung das Vertrauen geben, dass ihre Anliegen berücksichtigt werden. Das ist das Prinzip der Repräsentation. »Die Erziehung zur Demokratie wird eine der praktischen Herausforderungen der Demokratie selbst«: Das hat der Staatsrechtler Hans Kelsen zu Beginn des 20. Jahrhunderts über das Wesen und den Wert der Demokratie geschrieben. An

Bedeutung hat der Satz nicht verloren: Demokratie erfordert Übung, auch Geduld und Wissen. Das kann über die sozialen Medien verbreitet werden. Demokratisches Handeln aber lernt nur, wer sich beteiligt.

Populismus und Partizipation

Auch in Deutschland begegnet uns die populistische Anmaßung, *das* Volk in Stellung zu bringen: gegen politische Gegner, gegen vermeintliche und tatsächliche Minderheiten, gegen die vom Volk Gewählten. Aber niemand hat das Recht zu behaupten, er allein vertrete *das* Volk. Der Souverän ist keine Einheit, sondern eine Vielheit widerstreitender Kräfte. So etwas wie ein Volkswille entsteht erst in der Debatte. Und nur durch Mehrheiten – die sich ändern können. Demokratische Reife beweist deshalb eine Nation dann, wenn sie sich ihrer Fundamente sicher ist, die Vielheit annimmt und trotzdem zu gemeinsamem Handeln kommt: durch Kompromiss und für alle tragbare Entscheidungen, die allerdings nie auf Ewigkeit angelegt sind. Denn Mehrheit sichert noch keine Freiheit. Das sieht man überall dort, wo die Demokratie gegen den Rechtsstaat ausgespielt wird – auf Kosten der Rechte, die den Einzelnen vor der Mehrheit schützen.

Auch wenn immer wieder das Gegenteil behauptet wird: Bei uns darf und kann alles diskutiert werden – auch vieles, was jenseits der Schmerzgrenze des Anstands liegt. Es ist Zeichen unserer Liberalität und Rechtsstaatlichkeit. Wenn sich hingegen der Eindruck verfestigt, bestimmte Positionen dürften nicht vertreten werden, dann bemächtigen sich Populisten dieser Argumente und treiben die Gesellschaft auseinander. Meinungsfreiheit sichert nur, wer sie konsequent anwendet. Die Fähigkeit, andere, womöglich sogar abwegige Meinungen auszuhalten, mit ihnen fair umzugehen und in einen sachorientierten, produktiven Streit zu treten, hat viel mit Bildung zu tun – auch daran können Schulen und Universitäten arbeiten. In der freiheitlichen Gesellschaft ist unabdingbar, sich nicht allein über die eigene Peergroup zu definieren, sondern sich eine eigene Meinung zu bilden und für sie zu streiten, ohne dem Gegenüber das Recht auf eine andere Argumentation, auf Widerspruch abzusprechen.

Wir können die Debattenkultur verbessern, wenn wir mehr Toleranz üben. Wenn wir alle bereit sind, ausgetretene Pfade zu verlassen, wenn wir den Blick wieder weiten und sorgsam mit unserer Sprache umgehen. Auch die Redefreiheit verlangt demokratische Tugend: Sie wird unter Verweis auf die *political correctness* eingeschränkt, wenn ein selbst ernannter vermeintlich progressiver Mainstream darüber befindet, was diskutiert werden darf und was nicht. Wenn ich für Gleichberechtigung eintrete, kann ich dennoch Vorbehalte gegenüber dem Gendersternchen haben, das Binnen-I ablehnen oder mich für den grammatikalischen Unterschied zwischen dem Leser und dem Lesenden stark machen.

Im modernen Verfassungsstaat ist es das *Recht,* dem wir uns gemeinsam unterwerfen, das alle gesellschaftlichen Gruppen überwölbt. Vor diesem Recht sind wir alle gleich, und sich das vor Augen zu führen, kann davor schützen, sich anzumaßen zu wissen, was für alle gut sei. Eine Hochschule wird auch einem Poeten oder Wissenschaftler, der mit seiner Kunst oder seinen Thesen provoziert, Raum für Veröffentlichung, Forschung und Lehre bieten – ebenso, wie es jedem freisteht, die Werke abzulehnen. Wir waren in den vergangenen Jahren im öffentlichen Diskurs bisweilen zu arglos in der Prioritätensetzung, haben den Bürgern zu wenig zugetraut und nicht aufmerksam genug zugehört. Das hat destruktive Kräfte freigesetzt und die Stimmung aufgeheizt. Es hat Menschen ermutigt, die für eine vermeintlich gute, aber eben auch nicht unangefochtene Sache eintreten, ihre Anliegen für die einzig wahren zu halten.

»Politik beruht auf der Tatsache der Pluralität der Menschen«, hat Hannah Arendt vor mehr als siebzig Jahren geschrieben. Sie konnte nicht vorhersehen, was das im 21. Jahrhundert bedeuten würde, wie stark die Vielfalt der Interessen unsere offene Gesellschaft kennzeichnet, wie stark Differenzen sind – und wie sehr das gerade die Parlamente herausfordert. Bewährte demokratische Verfahren sind in Misskredit geraten und werden verunglimpft. Misstrauen prägt den Diskurs und die öffentliche Debatte, die doch eigentlich schlechthin konstitutiv für die Bildung einer politischen Gemeinschaft ist. Volksvertretungen wie der Deutsche Bundestag haben in diesen Debatten eine immense Integrationsverantwortung und die Aufgabe, sich immer wieder selbst die Frage zu stellen, ob sie die Gesellschaft ausreichend repräsentieren. Ob das parlamentarische System die Vielfalt an gesellschaftlichen Interessen und Meinungen abbilden kann, ob die Partizipationserwartungen der Bevölkerung ausreichend bedient werden. Hier ist in den vergangenen Jahren viel in Bewegung geraten – bis hin zum Selbstversuch einer digitalaffinen Partei in Deutschland, dem Ideal des *plébiscit de tous les jours* via internetgestützter permanenter Abstimmungen zu ganz neuer Bedeutung zu verhelfen. Er ist gescheitert.

Dennoch wird intensiv weiter über neue Verfahren der Bürgerbeteiligung diskutiert, manches auch erprobt. Dazu gehören Bürgerräte, also mehrtägige Bürgerforen, auf denen über aktuelle politische Fragen wie Deutschlands Rolle in der Welt offen debattiert wird. Die nach dem Prinzip der Repräsentativität ausgelosten Bürger beraten mit Experten, sie tauschen sich aus und fassen am Ende ihre gewonnenen Erkenntnisse in Handlungsempfehlungen für die Politik zusammen. Den gewählten Repräsentanten erwächst damit keine Konkurrenz außerhalb der Verfassung, sondern sie erhalten ein fundiertes, sorgsam erarbeitetes Meinungsbild aus der Bevölkerung. Bürgerräte sind nicht mit Plebisziten zu vergleichen, weil sie nicht nur momentane Stimmungen abbilden, sondern auf sorgfältiger Erörterung aufbauen. Sie können dazu beitragen, den Kontakt zwischen Gewählten und Wählern zu intensivieren, und politische Abwägungsprozesse nachvollziehbar machen. Die bisherige Erfahrung zeigt, dass diese Verfahren dazu beitragen können, das Vertrauen in die Demokratie zu stärken.

Kein politisches System sollte statisch in einem Zustand verharren, sondern so lebendig bleiben wie die Menschen, die sie tragen. Unsere parlamentarische Demokratie hat sich grundsätzlich bewährt, aber zeitgemäße Veränderungen und Verbesserungen sind möglich. Deshalb ist es richtig, über geeignete neue Verfahren für mehr Partizipation zumindest nachzudenken. Die Erfahrung zeigt allerdings, dass das Bedürfnis, beteiligt zu werden, oft stärker ausgeprägt ist als die Bereitschaft, sich zu beteiligen. Bereits etablierte Mitsprachemöglichkeiten wie die Sozialwahlen oder die Wahlen zu Mitarbeitervertretungen und Betriebsräten werden vielfach nicht wahrgenommen, und auch die Beteiligung an Volksabstimmungen ist meist sehr gering. Neue Beteiligungsformate sollten grundsätzlich nicht als Ersatz, sondern als Stärkung der repräsentativen Demokratie verstanden werden, die am ehesten nachhaltige Entscheidungen in unserer Freiheitsordnung sicherstellen kann. Der Ort, an dem öffentlich Meinungsverschiedenheiten auch über zentrale ethische Fragen ausgetragen und am Ende per Mehrheiten entschieden werden, ist das Parlament.

Abgeordnete müssen sich dabei immer bewusst sein: Wie im Parlament diskutiert wird, kann Auswirkungen haben auf die öffentliche Debatte, zumal in Gesellschaften, die immer heterogener, unübersichtlicher und konfliktreicher werden. Das, was wir *die* Öffentlichkeit nennen, ist so vielfältig wie die Gesellschaft selbst und hat sich inzwischen in weiten Teilen ins Internet, in die sozialen Medien verlagert, wo die politische Auseinandersetzung weniger zu Versachlichung als vielmehr zu Verunsicherung und Desintegration beiträgt. Gültige Regeln aus der analogen Welt im Netz durchzusetzen, ist nicht trivial, die Mechanismen der Selbstregulierung greifen jedenfalls nicht.

Jeder – ohne Ansehen seiner Person, seiner Position oder seines Sachverstands, seiner Absicht oder seiner Integrität – ist virtuell mit der gleichen Autorität ausgestattet und kann online Anhänger mobilisieren. Journalistisch aufbereitete Information und unreflektierte Äußerungen stehen nebeneinander – Wahrheiten, Halbwahrheiten, Unwahrheiten. Die Wissenschaft hat inzwischen nachgewiesen, dass sich auf Twitter falsche Behauptungen viel weiter und schneller verbreiten als korrekte Informationen.

Die sozialen Medien, die technisch die Teilhabe aller an Diskursen möglich machen, erschienen zunächst wie eine große Verheißung für die Demokratie. Aber sie haben sich als gigantisches Geschäftsmodell und als *Super-Spreader* für *Fake-News* erwiesen. Wenn allein die Zahl der Follower zum Ausweis von Autorität wird, trägt das nicht dazu bei, den politischen Diskurs zu versachlichen. Hier zählt nicht mehr die Auseinandersetzung mit dem Argument des anderen, sondern allein die Bestätigung der eigenen Position. Demokratische Willensbildung braucht demgegenüber Kommunikation in einem offenen Raum – und das über die Grenzen der Komfortzone, in der sich Gleichgesinnte gegenseitig applaudieren, hinweg.

Für jede Demokratie wird die Zersplitterung ihrer Öffentlichkeit deshalb zu einer Herausforderung. Der Bedeutungsverlust der Zeitungen und der öffentlich-rechtlichen oder privaten Sender gegenüber den freien Angeboten im Netz vertieft diese noch weiter. Das Internet befeuert eine Entwicklung, in der abgeschottete Gruppen allenfalls noch übereinander, aber nicht mehr miteinander kommunizieren. Das hat Konsequenzen für die Öffentlichkeit und ihr Verhältnis zur Politik: Traditionell bündelt sie innerhalb nationaler politischer Gemeinschaften die Aufmerksamkeit eines anonymen und zerstreuten Publikums für ausgewählte Mitteilungen, sagt Jürgen Habermas. Er konstatiert, dass die digitale Kommunikation über das Internet zwar einen

Zuwachs an Egalitarismus beschere, der jedoch teuer bezahlt sei: mit dem Verlust an Kraft, »einen Fokus zu bilden«. Fokussierung braucht es aber, um politische Fragen zu beantworten. Erst recht angesichts der verwirrenden Fülle an Informationen, mit denen wir täglich konfrontiert sind. Ohne Auswahl und Reduktion auf das Wesentliche droht jeder Gesellschaft die Orientierung verloren zu gehen.

Unsere Demokratie ist voraussetzungsvoll, sie ist Versprechen und Aufgabe in einem. Was sie einlösen kann, muss ihr aufgegeben werden. Es ist immer neu auszuhandeln. Jeder Entscheidung folgt auch die Kritik daran – bis hin zum gesellschaftlichen Stimmungswandel. Wir haben es mit den Flüchtlingen aus Syrien und dem Irak erlebt: Sie wurden zunächst offen empfangen, bis die Stimmung von Hilfsbereitschaft in Misstrauen und teils offene Ablehnung kippte. Was als Hilfsangebot eines sicheren, stabilen und starken Staats begann, der aus seiner Geschichte gelernt hat, wandelte sich in ein verbreitetes Gefühl der Überforderung und beschleunigte die Polarisierung der Bevölkerung. Daraus können wir lernen, bei allen politischen Entscheidungen Kritik immer mitzudenken, uns Begrenzungen aufzuerlegen, offen zu diskutieren und Maß und Mitte zu halten.

Gegen Populisten und Demagogen hat die Politik in der freiheitlichen Gesellschaft eine Chance, wenn sie offen kommuniziert, wenn sie, wo erforderlich, eine Debatte anstößt und führt, die vom Respekt vor der Meinung des anderen und der Kenntnis des Gegenstands getragen ist. Und wenn sie die Mittel des Rechtsstaates einsetzt, das Gewaltmonopol des Staates verteidigt und dort Grenzen setzt, wo gemeinschaftliche Belange bedroht werden. Wir haben alle Freiheit, aber nicht zur Zerstörung unserer freiheitlichen Ordnung.

Wie notwendig die eindeutige Grenzsetzung ist, wie konsequent der Staat das Recht durchsetzen muss, haben Gewaltexzesse mit extremistischem Hintergrund gezeigt. Sie tragen zur

Verunsicherung bei: islamistische Attentate, linksextreme Übergriffe, die Morde des sogenannten NSU, die Überfälle von Halle und Hanau, die Ermordung Walter Lübckes und die Bedrohungen, denen Menschen ausgesetzt sind, die sich für unser Gemeinwohl engagieren.

Die Sicherung des gesellschaftlichen Friedens ist Aufgabe des Rechtsstaates, der sich immer wieder neu beweisen muss. So wie sich auch die offene Gesellschaft und die parlamentarische Demokratie stets neu bewähren müssen. Die erzwungene Zäsur der Pandemie hat uns viel gelehrt: Wir haben in einem Akt gesamtgesellschaftlicher Solidarität gemeinsam die Zahl der Ansteckungen verringert. Dennoch haben wir Tote zu beklagen – und jeder einzelne Sterbefall ist tragisch.

Wir waren vielfach auf Improvisation angewiesen. Das ist in unserem überregulierten System ungewöhnlich, und nicht alle hatten Verständnis dafür, dass so vieles erst ausprobiert werden musste. Politisch Verantwortliche und jeder einzelne Bürger waren mit Dilemmasituationen konfrontiert: Ist es wichtiger, Schüler im Elternhaus vor Ansteckung zu schützen – oder zählen für ihre Entwicklung der Präsenzunterricht und das gemeinsame Lernen mehr als das Risiko, dass sich in Schulen Infektionsherde bilden? Zahlt der Staat, also die Gemeinschaft, Corona-Tests – oder derjenige, der sich einem besonderen Risiko aussetzt? Wie lange können Kurzarbeitergeld und andere staatliche Unterstützungsleistungen gezahlt werden, ab wann wird die Gesellschaft über Gebühr belastet? Welche Restriktionen sind der Wirtschaft zuzumuten? Wie viel sind uns Kunst und Kultur, Sportwettkämpfe, Großveranstaltungen oder Gottesdienste wert, können wir darauf verzichten, müssen sie weiter eingeschränkt bleiben – oder sollte nicht vielmehr ein Appell an die Vernunft die Eigenverantwortlichkeit wecken und Aushandlungsprozesse anregen?

Über lebenspraktische Fragen wie diese können wir offen diskutieren. Auf viele Fragen werden wir auch künftig keine eindeutigen Antworten geben – und wie auch immer politisch entschieden wird: Die Entscheidungen werden auch auf Ablehnung stoßen. Doch dass die Krise das grundsätzliche Vertrauen in die Politik gestärkt hat, macht Mut, wenn damit eine Stärkung des gesellschaftlichen Zusammenhalts verbunden ist. Es würde die These Niklas Luhmanns bestätigen, der Vertrauen als »Mechanismus der Reduktion sozialer Komplexität« beschrieben hat.

Die Corona-Pandemie hat Alltagssorgen und elementare, ethische Fragen der Gesellschaft wieder in den Vordergrund gerückt, auch Zusammenhänge von Verantwortung füreinander, von Anstand und Mitgefühl mit Schwächeren in ein neues Licht. Wir haben den Wert unserer Grundrechte neu vermessen – daraus lassen sich politische Schlussfolgerungen ziehen. Die Welt nach Corona wird letztlich nicht in erster Linie vom Virus bestimmt, sondern von unserer Reaktion darauf: ob wir alte Fehler wiederholen oder ob wir aus Fehlern lernen. Ob der Mut der Politik für neue Grenzsetzungen ausreicht – damit das Leben der liberalen Gesellschaft in Freiheit gelingt.

»Wollen wir Einzelne von ihrer
Verantwortung wirklich freistellen?«
»Nein, man muss sie stärken
in ihrer Verantwortung.«

*Wolfgang Schäuble und Ralf Fücks über politische
Allmachtsfantasien und Ohnmachtsgefühle, über
Gewissen und die Versuchung des Autoritären*
Moderation: Tina Hildebrandt

Wir wollen über demokratische Politik und ihre Handlungsspielräume sprechen. Herr Schäuble, Herr Fücks, wer oder was bestimmt diese Handlungsspielräume heute?

Fücks: Die öffentliche Debatte über Handlungsmöglichkeiten der Politik schwankt oft zwischen Allmachtsfantasien und Ohnmachtsfantasien.

Schäuble: Ich bin in freiheitlich-demokratischen Verhältnissen aufgewachsen, ich kann mich in Allmachtsfantasien schlecht reinversetzen!

Fücks: In der einen Sicht ist Politik für alles zuständig, soll alles regeln, möglichst auf Knopfdruck: Klimawandel, Corona, Globalisierung, Kinderarmut und Altenpflege. Auf der anderen Seite gibt es in den Politikwissenschaften seit ein paar Jahren einen Theoriestrang, der von einem immer kürzeren Gestaltungshebel der Politik ausgeht, vor allem als Folge der Globalisierung. Demnach geht das Heft des Handels über auf andere Akteure: globale Finanzmärkte, Internetkonzerne und die Wissenschaft mit ihren permanenten Innovationen, denen die Politik hinterherläuft. Ich glaube, beides ist ein gefährlicher Irrtum. Die Allmachtsfantasie überfordert die Politik tendenziell und führt zu Enttäuschungen und populistischen Vereinfachungen. Die Ohnmachtserzählung unterschätzt, was Politik ausrichten kann.

Schäuble: Auch vermeintlich Allmächtige sind übrigens irgendwann alle sehr getrieben. Wer glaubt, alle Macht zu haben, ist von Risiken umgeben – mein Mitleid hält sich aber in Grenzen. Dieses unglaublich glückliche Dreivierteljahrhundert seit 1945 führt nach meiner Beobachtung bei den Menschen zu der Erwartung erstens, dass die Politik sie in Ruhe lässt, und zweitens, dass sie alle Probleme löst. Beides kann die Politik natürlich nicht gleichzeitig leisten. Deshalb sollte man vor allem in Wahlkämpfen nicht zu viel versprechen. Politik in der Demokratie beginnt damit, dass man immer wieder erklärt: Wir können schon vieles, aber wir können nicht alle Probleme lösen. Das liegt auch in euch selber.

Fücks: Globalisierung, digitale Revolution, Klimawandel, Migration sind fundamentale Veränderungen, die sehr schnell und parallel ablaufen. Wenn wir das Zutrauen in die liberale Demokratie bewahren und von den Ereignissen nicht überrollt werden wollen, kommt es entscheidend auf Gestaltungsfähigkeit an. Gleichzeitig sind wir in einer Konkurrenz um Handlungsfähigkeit mit autoritären Systemen wie China. Welches System ist am Ende leistungsfähiger? Die Frage stellt sich neu. Gegenüber der Sowjetunion, also in der alten Systemkonkurrenz, war das eigentlich immer klar.

Ist die Politik dazu verdammt, diesen rasanten Entwicklungen hinterherzulaufen?

Schäuble: Politik muss nach meinem Verständnis immer ein bisschen hinterherlaufen. Denn wenn sie vorausmarschiert, ist sie nicht freiheitlich. Das ist wichtig! Politik muss Entwicklungen ermöglichen, aber im Wesentlichen muss sie den Rahmen setzen und anpassen. Nun haben wir atemberaubende Beschleunigungen im wissenschaftlich-technischen Fortschritt. Ich gebe zu: Ich habe immer mehr Schwierigkeiten, das nachzuvollziehen. Früher gab es Universalgelehrte, die – zumindest vermeintlich – noch alles gewusst haben, was zu der jeweiligen Zeit zu wissen war. Wir wissen von immer mehr immer weniger oder umgekehrt: immer mehr von immer weniger. Aber wenn man sich mit Geschichte beschäftigt, sieht man zweierlei: Vieles kommt ganz anders als erwartet und Menschen können unglaublich viel verändern.

Sind diese Möglichkeiten zur Veränderung größer geworden oder kleiner?

Schäuble: Zunächst sind sie durch die Globalisierung größer geworden, weil wir viel unmittelbarer Einfluss auf die ganze Welt haben. Aber wer Einfluss auf die ganze Welt nimmt, teilt die Einflussmöglichkeiten auch mit sehr viel mehr Akteuren. Der Ökonom Dani Rodrik, auf den ich auch in den Essays zu sprechen komme, hat das wunderbar beschrieben: Man kann nicht gleichzeitig nationale Souveränität, Demokratie und offenen Welthandel haben. Sondern man muss entweder wählen – dafür bin ich gar nicht – oder von allem gewisse Abstriche machen.

Herr Fücks, sind Sie einverstanden damit, dass die Politik hinterherlaufen sollte?

Fücks: Politik hat immer ein reaktives Element. Eine utopische Politik, die versuchen würde, die Zukunft komplett vorwegzunehmen, hätte auch für mich etwas Abschreckendes und Bedrohliches. Die Idee der offenen Gesellschaft bedeutet auch: Die Zukunft ist offen. Aber gerade in Zeiten fundamentaler Veränderung braucht Politik starke Zukunftserzählungen. Wie sieht eine umweltfreundliche, klimaneutrale Ökonomie aus, die Wohlstand und individuelle Freiheit mit der Bewahrung der Ökosysteme in Einklang bringt? Was für Ideen haben wir von einem gemeinsamen Europa, die nicht auf den europäischen Zentralstaat hinauslaufen? Wir müssen wieder eine Idee von Fortschritt entwickeln. Zum ersten Mal seit Gründung der Bundesrepublik sind wir in einer Phase, in der die Mehrheit der Bevölkerung davon ausgeht, dass die Zukunft für die nächste Generation trüber sein wird. Für Demokratien ist es gefährlich, wenn die Zuversicht verloren geht, dass man die Dinge zum Positiven verändern kann. Wir brauchen wieder mehr Zukunft in der Politik – ohne falsche Eindeutigkeit oder Gewissheit.

Schäuble: Könnte es nicht sein, Herr Fücks, dass diese wachsende Sorge, ob es den Kindern mal besser geht, mehr mit der Bewertung unserer Gegenwart zu tun hat? Und dass das besser werden wird, wenn wir uns der Begrenztheit unserer Gegenwart wieder bewusster werden? Der Pessimismus, den Sie beschreiben, kommt vielleicht auch durch eine Art von Sättigung. Und diese Sättigung wiederum kommt auch daher, dass wir einen Großteil der Probleme verdrängen, die die Welt hat. Wir haben uns in unserem Wohlstand eingerichtet, der auf der Globalisierung beruht, und gleichzeitig die Globalisierung verdrängt. Und jetzt sehen wir plötzlich: Nee, das geht nicht.

Nicht übertreiben, das ist bei Ihnen ein starkes Motiv. Es ist auch das Prinzip, auf dem Ihre Partei basiert. Es gibt immer mehr Leute, darunter auch Ihr Gesprächspartner aus dem ersten Kapitel, Rutger Bregman, die sagen: Wenn die Wirklichkeit so übertreibt, dann kommen wir mit Maß und Mitte nicht mehr weiter.

Schäuble: Deshalb müssen wir korrigieren, Gegenpunkte setzen. Maß und Mitte ist kein Zustand, sondern immer ein Fixpunkt, auf dem man sich hin orientieren muss. Nur so wird es werthaltig. Das ist dann, wenn man so will, christlich-demokratische und konservative Politik.

Fücks: Die Versuchung zur Radikalität wächst. Dass wir radikale Antworten auf radikale Herausforderungen brauchen, ist nicht nur bei *Fridays for Future* populär. Richtig ist, dass wir fundamentale Veränderungen brauchen, eine Abkehr von fossilen Energien, einen Sprung in eine Solar-Wasserstoff-Ökonomie, ein anderes Verhältnis zur Natur, das nicht mehr auf Raubbau, sondern auf Kooperation beruht. Das ist eine grundlegende Veränderung der industriellen Moderne. Trotzdem steckt in Forderungen nach radikalen Lösungen eine Gefahr. Wer radikalisiert, verliert politisch. Er gewinnt keine Mehrheiten, weil die Mehrheit aus guten Gründen skeptisch ist gegenüber Ideen, die alles umkrempeln wollen, die ganze Gesellschaft und den ganzen Menschen. Nicht nur das Ökosystem, auch unsere Gesellschaft ist ein sehr komplexes, verwundbares Gebilde, in das man behutsam eingreifen muss. Sonst ruft man heftige Krisen und Verwerfungen hervor. Veränderungen müssen reformatorisch sein, evolutionär. Das heißt, sie müssen im laufenden Betrieb erfolgen …

(Schäuble nickt heftig)

Fücks: … und es braucht immer die Abwägung von Zielkonflikten zwischen Ökologie, wirtschaftlicher Leistungsfähigkeit und sozialer Teilhabe. Es gibt kein Prinzip, das man absolut setzen kann über alle anderen.

Herr Schäuble, Sie waren in vielen Ämtern, an vielen neuralgischen Stellen an Themen und auch Zeiten. Wie macht man das konkret? Wie findet man heraus, wie weit man gehen kann? Wie haben Sie das gemacht in Ihren vielen Jahren?

Schäuble: Das hat etwas mit Verantwortung zu tun. Ich habe es immer entlastend gefunden, wenn ich eingebunden war in diese institutionellen Zusammenhänge und nicht allein Entscheidungen treffen musste. Denn das kann ganz schön belastend und schwierig sein. Im Zusammenhang mit Corona sprechen wir gerade vom Vorsorgedilemma. Als Innenminister habe ich das auch erlebt. Da muss man ständig mit Wirklichkeiten umgehen, von denen man hofft, dass sie nicht eintreten. Man muss als Innenminister notfalls ein Flugzeug mit einer Bombe an Bord abschießen können. Ich bin immer noch der Meinung, dass man das unter extremen Voraussetzungen auch machen müsste. Ich würde es aber nicht regeln. Ich bin ja auch skeptisch, ob wir eine Triage-Gesetzgebung brauchen, was viele Ärzte verlangen.

Sie meinen ein Gesetz, das regelt, nach welchen Kriterien und in welcher Reihenfolge Patienten im Fall einer medizinischen Notlage versorgt werden.

Fücks: Die Ärzte wollen Rechtssicherheit, sie wollen sich schützen vor Klagen.

Schäuble: Davor muss man sie schützen. Aber in Wahrheit steckt dahinter auch oft, dass man die Verantwortung nicht tragen will. Denn das kann verdammt schwer sein. Auch ein Arzt kann in schwere Gewissensentscheidungen kommen. Diese Verantwortung kann ich ihm nicht abnehmen. Ich will das auch nicht. Dafür bilden wir ihn aus, dafür bezahlen wir ihn hoch. Ich bin allerdings dafür, dass wir ihn rechtlich hinterher schützen und unterstützen. Diese Klagerei gegen alles Mögliche halte ich für völlig überzogen.

Fücks: Das finde ich einen sehr interessanten Punkt, ob die Politik bestimmte Fragen offenlassen muss, ob sie Grauzonen akzeptieren muss.

Schäuble: Ich würde das nicht als Grauzone bezeichnen.

Fücks: Ob sie in existenziellen Entscheidungssituationen Raum lässt für individuelle Verantwortung.

Schäuble: Lassen Sie es uns undramatischer ausdrücken: Wollen wir Einzelne von ihrer Verantwortung wirklich freistellen?

Fücks: Nein, man muss sie stärken in ihrer Verantwortung.

Schäuble: Man muss aber auch sagen: Du hast die Verantwortung. Du entscheidest. Das kann auch einen Architekten betreffen, einen Anwalt oder Wirtschaftsprüfer. Deren Arbeit ist heute oft lausig geworden, weil sie umstellt sind von rechtlichen Fallen.

Lassen Sie uns auf zwei Motive kommen, die sich bei Ihnen beiden treffen: Knappheit und die »Versuchung des Autoritären«, wie Sie, Herr Fücks, es formulieren. Sie warnen, es liege nahe, unter Berufung auf eine humane Zukunft die Freiheit der heutigen Generation einzuschränken. Herr Schäuble, Sie sind eigentlich ein Fan von Knappheit. Sehen auch Sie die Gefahr, dass aus einer realen Knappheit an Ressourcen ein Untergraben der freiheitlichen Ordnung resultiert – unter Berufung auf die Freiheit?

Schäuble: Darüber muss die heutige Generation selber entscheiden: Was ist im Interesse der nächsten Generation das Richtige? Das ist nicht von vornherein klar. Das ist das Ergebnis eines Ringens verschiedener Interessen. Man würde sich unter ökologischen Gesichtspunkten viel mehr wünschen, aber man kriegt angesichts der Widerstandskräfte und auch der Trägheit einer freiheitlichen Gesellschaft weniger hin. Das macht die Politik scheinbar mühsamer, aber in Wahrheit demokratietauglich und tolerant. Deswegen rate ich, uns selber nicht zu viel zu versprechen. Wenn du Ministerpräsident in Stuttgart bist, kannst du noch so grün sein – du musst halt auch an die Interessen der Automobilindustrie und der Beschäftigten denken. Und das ist gut so. Das ist der politische Prozess.

Die Beharrungskräfte sind größer als die Versuchung des Autoritären?

Fücks: Diese Versuchung kommt vor allem aus einer apokalyptischen Vorstellung der Zukunft. Klimawandel ist die Mutter aller Katastrophen, auf die gedanklich mit einem Notstandsregime reagiert wird. Wenn Sie die Antwort auf Erderwärmung, Artensterben, die Wasserkrise in weiten Teilen der Welt und den Verlust fruchtbarer Böden vor allem in der Einschränkung suchen, in weniger Produktion, weniger Konsum, weniger Mobilität, landen Sie fast zwangsläufig bei autoritären Konsequenzen. Dann geht es primär um die gerechte Verwaltung des Mangels. Und Mangelverwaltung hat immer eine Tendenz zum Autoritären. Deshalb ist es umso wichtiger, dass wir den Zusammenhang bewahren zwischen freiheitlichen Demokratien mit ihrem Pluralismus, ihren abwägenden Prozessen und Kompromissen und ihrer Innovationsfähigkeit. Das ist letztlich die große Wette: dass liberale Demokratien eben doch die kreativere Gesellschaftsform sind, die bessere Lösungen findet als autoritäre Regimes mit ihrem harten Zugriff von oben. Ich glaube an eine überlegene Qualität von offenen Gesellschaften.

Schäuble: Ich glaube das auch. Aber wir brauchen noch ein paar mehr Anstöße. Wir machen manches schon ganz gut, aber im Augenblick sind wir nicht so sicher auf der Siegerseite. Die Amerikaner leisten sich eine Krise und die Chinesen schließen ein großes Freihandelsabkommen. Und ziemlich viele Leute in der westlichen Welt glauben inzwischen, dass man in Ostasien mit der Pandemie besser fertigwird als in unserem Teil der Welt. Ich finde zum Beispiel, dass wir bei der Corona-App schon überlegen müssen, ob wir es mit dem Datenschutz nicht ein bisschen übertreiben. Wir schränken momentan sehr vieles ein, außer den Datenschutz.

Wir erleben auch jenseits der ökologischen Frage illiberale Tendenzen. Es gibt Regierungen wie die von Viktor Orbán, der für Ungarn eine illiberale Demokratie anstrebt. Sie, Herr Fücks, haben geschrieben: »Wir erleben eine antiliberale Zeitenwende, das kurze Jahrhundert des demokratischen Aufbruchs in Europa ist vorüber.«

Fücks: Das habe ich 2017 geschrieben, als es Einschläge hagelte: Trump war gewählt, der Brexit beschlossen, in ganz Europa kochte der Populismus hoch, in Russland, der Türkei und Ungarn regierten autoritäre Nationalisten. Das hatte starke Züge einer antiliberalen Konterrevolution. Seither sind zum Glück die Gegentendenzen wieder stärker geworden. Ich sehe mit Freude, dass der Geist der Freiheit eben nicht auf ganzer Linie im Rückzug ist, sondern sich überall wieder regt, ob in Belarus oder in Hongkong und auch in den westlichen Gesellschaften. Es gibt eine Rückbesinnung auf die Werte der offenen Gesellschaft. Dass Trump abgewählt wurde, war eine historische Entscheidung. Ich würde deshalb kein neues Zeitalter des Autoritarismus ausrufen, aber doch das Zeitalter eines neuen Systemwettbewerbs, der nicht entschieden ist.

Schäuble: Übrigens ist die Sache auch in den Vereinigten Staaten von Amerika nicht entschieden. Joe Biden hat gewonnen, aber 70 Millionen US-Amerikaner haben Trump gewählt. Und wir würden einen schweren Fehler machen, wenn wir die alle für Analphabeten halten würden.

Fücks: Sicherheit ist ein Schlüssel, um das Zutrauen in offene Gesellschaften und liberale Demokratien wieder zu stärken. In Zeiten stürmischer Veränderungen braucht es nicht nur ein Mindestmaß an sozialer Sicherheit, sondern auch an gesellschaftlicher Solidarität und an Kontrolle über das eigene Leben. Auf das Tempo der Veränderung reagieren viele Menschen mit einem verstärkten Sicherheitsbedürfnis, vor allem die, die sich auf der Verliererseite dieser Veränderungen sehen.

Sehen sie sich da nur oder sind sie es auch?

Fücks: Es gibt einen Teil unserer Gesellschaften, der ist kosmopolitisch, mehrsprachig, bewegt sich in internationalen Netzwerken und schwimmt wie ein Fisch im Wasser der technischen und kulturellen Veränderungen. Er begreift sie als Erweiterung der eigenen persönlichen Möglichkeiten. Ein anderer Teil sieht stärker die Verlustseite. Das ist nicht nur Einbildung – es gibt reale Verlierer des Strukturwandels. Deshalb müssen wir die Balance zwischen Sicherheit und Freiheit, zwischen Individualismus und

Solidarität neu austarieren. Wir müssen liberale Antworten auf konservative Bedürfnisse finden. Wenn wir das unterschätzen, dann wird sich die Gegenbewegung radikalisieren.

Die Pandemie, die wir seit Beginn des vergangenen Jahres erleben, wird gerne als Katalysator beschrieben, der zutage fördert, was sich schon vorher an problematischen Schieflagen entwickelt hatte. Teilweise ist das verbunden mit der Hoffnung, dass nun der Primat der Politik wieder zum Tragen komme. Sie, Herr Fücks, haben von »der Stunde der Politik« gesprochen. Ist es vielleicht auch die Stunde der Wahrheit? Weil wir sehen, dass der Staat auf seinen verschiedenen Ebenen gar nicht in der Lage ist, die von ihm beschlossenen Maßnahmen zu kontrollieren, sondern wie eine Versicherung davon lebt, dass im Grunde der Schadensfall nicht überall gleichzeitig eintritt?

Fücks: Auf alle Fälle war Corona die Stunde der Exekutive. Die Regierungen haben das Heft des Handelns in die Hand genommen und ihre Befugnisse gegenüber dem Parlament bis zum Rand strapaziert …

Bis an den Rand oder auch darüber hinaus?

Fücks: Viele Entscheidungen mussten rasch getroffen werden. Sie wurden zumeist gut begründet und nachträglich in den Parlamenten debattiert. Im Großen und Ganzen funktionieren die *checks and balances*. Dazu gehört, dass die Parlamente ihr Primat zurückfordern. Aber eine Tendenz zur gouvernementalen oder exekutiven Demokratie ist unverkennbar. Das war auch in der europäischen Finanzkrise schon so.

Schäuble: Zunächst konnten wir uns gar nicht vorstellen, dass so etwas passiert wie eine Pandemie. Wir waren nur begrenzt vorbereitet. Das Parlament muss die Grundlage für politische Entscheidungen liefern. Ich habe mich dafür eingesetzt, dass das Parlament die unterschiedlichen Meinungen stärker sichtbar macht, dass wir darüber streiten und am Ende mit Mehrheit entscheiden. Aber handeln muss die Exekutive. Deswegen gibt es das Instrument der Verordnungsermächtigung. Exekutive ist bei uns übrigens nicht nur die Bundesregierung, das ist ein Verhandlungsprozess. Inzwischen geht es fast zu wie in der Europäischen Union im Rat der Staats- und Regierungschefs – die Ministerpräsidentenkonferenz ist nichts anderes. Das ist institutionell begrenzt befriedigend, aber nach dem Grundgesetz haben die Länder die Zuständigkeit. Wir haben jedenfalls gesehen, dass unsere Gefährdungen viel größer sind, als wir uns wünschen. Dasselbe kann uns morgen mit einer großen Naturkatastrophe oder mit einem Terroranschlag passieren.

Noch nie hat die Politik so messbar einen Einfluss auf die Wirtschaft gehabt. Betriebsschließungen, Firmenpleiten sind die Folgen von politischen Entscheidungen, wenn auch aus übergeordneten guten Gründen. So einen unmittelbaren Durchgriff der Politik hat es kaum je gegeben, oder?

Schäuble: Ja, das stimmt. Eine Pandemie ist offenbar eine nie da gewesene Herausforderung.

Was macht das mit der Politik? So viel Wirkung ist sie ja gar nicht gewohnt.

Schäuble: Zunächst mal macht es sie demütig. Aber zugleich macht es sie wichtiger. Es gab zwischenzeitlich fast die Idee: Alles wäre viel besser, wenn nur die Politik nicht wäre. Ja, es ist nicht so. Leider. Oder: Gott sei Dank!

Fücks: Politik ist eine Grundbedingung aller Gesellschaften, und moderner Gesellschaften allzumal. Das ist ja der Witz: Mit der Moderne und der Globalisierung nimmt die Gestaltungsfähigkeit der Politik vielleicht ab – aber die Politikabhängigkeit unserer Gesellschaften noch zu.

Schäuble: Ja, klar!

Eignet sich die Krise als Blaupause? Es gibt Menschen, die sagen: Warum machen wir nicht mal einen Lockdown fürs Klima – geht doch!

Schäuble: Ein Lockdown fürs Klima wird es nicht weit bringen. Wir müssen versuchen, das Klima unter den Bedingungen der Globalisierung zu retten. Aber ich finde auch: Wenn wir hinterher so weitermachen wie zuvor, dann haben wir eine Gelegenheit, die in der Bewältigung der Krise liegt, vergeudet. Und das dürfen wir nicht. Damit sage ich ausdrücklich nicht, dass die Krise etwas Gutes ist. Aber dass sie uns zum Umdenken zwingt.

Fücks: Ich würde sogar sagen, die Corona-Krise zeigt, wie wir den Klimawandel nicht erfolgreich bekämpfen können: durch Stilllegung des wirtschaftlichen und sozialen Lebens. Die globale Wirtschaftskrise im Gefolge der Pandemie führt zu einem vorübergehenden Rückgang der Emissionen von vielleicht sieben bis acht Prozent, begleitet von massiven wirtschaftlichen und sozialen Verwerfungen. Zum ersten Mal seit dreißig Jahren nimmt der Hunger wieder zu. Das kann kein Modell für die Klimapolitik sein. Wenn Corona etwas zeigt, dann vor allem das: Es braucht für die Handlungsfähigkeit von Politik einen Verständigungsprozess mit der Gesellschaft. Wenn die Bevölkerung nicht mitgeht, können sie nichts erzwingen.

3

Grenzen des Wachstums?
Über nachhaltiges Wirtschaften in Zeiten der Globalisierung

»Alles ist Wechselwirkung«: Dieser Gedanke Alexander von Humboldts ist noch heute aktuell. Früher als viele andere hatte der große deutsche Forschungsreisende und Naturkundler verstanden, wie eng die Welt miteinander verwoben ist. Manchem gilt er deshalb als der erste Globalisierungstheoretiker. Die Quintessenz seiner Erkenntnisse liest sich als frühe Vorwegnahme dessen, was die Welt von heute maßgeblich bestimmt: Interdependenz. Alles hängt mit allem zusammen – und das in noch ganz anderen Dimensionen als zu Zeiten der Gebrüder Humboldt. Die waren Zeitgenossen der Französischen und der beginnenden industriellen Revolution gewesen und damit Zeugen gewaltiger ideeller, politischer wie materieller Veränderungen.

Auch wir leben in einer Epoche des rasanten Wandels. Die Digitalisierung revolutioniert unser Weltverständnis grundlegend. Mit der Globalisierung rückt uns die Welt spürbar näher, tagtäglich. Unsere vertraute Um-Welt verändert sich dadurch, und wir erfahren auf vielfältige Weise gerade erst, was Globalisierung wirklich heißt. Pandemien, Klimawandel, demografische Entwicklung und Migration oder Terrorismus: in der globalisierten Welt gibt es keine Inseln mehr. Staaten und Gesellschaft sind – ob sie es wollen oder nicht – Teil eines weltumspannenden sozialen, ökonomischen, politischen und ökologischen Geflechts.

Die Globalisierung ist trotz aller Risiken, die unseren Blick auf sie bestimmt, ein weltweites Wohlstandsprojekt. Der Prozess der Globalisierung schafft ungekannte Freiheiten und bietet Milliarden Menschen neue Chancen, sich mit der Dynamik freier Märkte aus eigener Kraft aus der Armut zu befreien. Die absolute Armut ist zwischenzeitlich stark zurückgegangen, auf vielen Kontinenten wachsen die besser gebildeten Mittelschichten. Gleichzeitig leiden viele Menschen unter dem wirtschaftlichen Strukturwandel und dem verschärften internationalen Wettbewerb. Das ist die Kehrseite: soziale Unterschiede und Ungleichheiten zwischen den westlich-europäischen Gesellschaften und anderen Regionen der Welt – wobei die subjektive Wahrnehmung von Ungleichheit durch die globale Verfügbarkeit von Informationen im Internet noch beträchtlich verstärkt wird, auch innerhalb unserer Gesellschaft.

Wir spürten bereits vor der Pandemie, dass trotz unseres Wohlstands die Unzufriedenheit wuchs. Obwohl es unserem Land objektiv so gut ging wie nie zuvor und die meisten Menschen dies auch so sahen, beherrschte viele die Sorge, ihren Kindern und Enkeln werde es schlechter gehen. Der Pessimismus nahm zu. Die immense Beschleunigung des Wandels auf allen Ebenen wird von vielen als Entfremdung wahrgenommen, als Auflösung des Bekannten, Hergebrachten, Vertrauten. Unbegrenzte Freizügigkeit weckt Unbehagen, und die Freiheiten, die wir in unseren offenen Gesellschaften durch die Globalisierung und die neuen Kommunikationsmittel haben, können überfordern. Es gibt eben doch das Bedürfnis nach Zugehörigkeit, den Drang, sich mit einer größeren Gemeinschaft zu identifizieren. Das ist keine Frage des Entwicklungsstandes eines Landes, das ist eine anthropologische Konstante. Das Gefühl, entwurzelt zu sein, Veränderungen nicht zu verstehen und sie nicht zu wollen, ist deshalb ein Problem, das sich bei uns genauso stellt wie in Ländern, denen es materiell objektiv schlechter geht als uns.

Wohlstand und auch Armut sind wie das Glück sehr relative Begriffe. Der Hinweis auf unseren materiellen Wohlstand, erst recht im internationalen Vergleich, entkräftet deshalb die Kritik nicht und löst kein Problem. Den materiellen Wohlstand weiter zu mehren, macht allein auch noch nichts besser – so wie die bloße Forderung nach Verzicht keinen Lösungsansatz bietet, weder um Mehrheiten in wohlhabenden Gesellschaften für den notwendigen Wandel zur Sicherung unserer Lebensgrundlagen zu organisieren, noch um global den Ansprüchen derer gerecht zu werden, die aus ihrer Armut heraus nach mehr Wohlstand streben.

Ungerechtigkeiten und Benachteiligungen auszugleichen, ist Aufgabe des Sozialstaats. Doch nicht alles ist materiell lösbar. Das ist eine Fehleinschätzung, der die Politik allzu gerne erliegt. Sekundiert von der gängigen Annahme unter Ökonomen, Menschen seien als bloße Egoisten nur an der Maximierung ihres eigenen materiellen Nutzens interessiert. Sie wird vom früheren Direktor des Kieler Instituts für Weltwirtschaft und Präsident der Global Solutions Initiative Dennis Snower gehörig gegen den Strich gebürstet. Der Wirtschaftswissenschaftler sieht den Menschen nicht nur nach Geld und materiellem Wohlstand streben, sondern auch nach der Befähigung, seine Umwelt aus eigenen Kräften zu gestalten und innerhalb einer sozialen Gemeinschaft zu leben, Sinnvolles zu tun. Wirtschaftlicher Wohlstand, warnt er, könne sich vom sozialen Wohlstand entkoppeln.

Dann wachse zwar die Leistung der Volkswirtschaft, aber viele hätten nichts davon – während gleichzeitig das Gemeinschaftliche verloren gehe. Demgegenüber brauche es den gestalterischen Willen, eine Balance zwischen Wohlstandsmehrung und gerechter Verteilung zu finden. Zwischen unaufhaltsamer Veränderung und notwendigem Halt. *Greed is dead* postulieren der britische Entwicklungsökonom Paul Collier und sein Kollege John Kay.

Das selbstreferenzielle Individuum mit seiner Gier nach dem ganz Eigenen, dem Besonderen, als Folge einer übersteigerten Globalisierung sehen sie nicht zuletzt durch die Erfahrung in der Pandemie vor die Sinnfrage gestellt – und mit ihr die ökonomische Sichtweise.

Ich teile die Auffassung dieser Ökonomen, dass wir uns verstärkt um einen erweiterten Wohlstandsbegriff bemühen sollten, der eine ökonomische Sichtweise erlaubt, in der das Individuum eben nicht nur getrieben wird vom Eigennutz und dem Wunsch nach materiellen Gütern und Dienstleistungen. Glück und Zufriedenheit der Menschen entscheiden sich doch nicht alleine an der Frage, welche Smartphone-Generation man besitzt oder wie viele und welche Autos in der Garage stehen. Auch nicht daran, wie viele Reisen man sich leisten kann, in die exotischsten Länder der Welt. Und nicht einmal daran, wie viele »Likes« man in sozialen Medien sammelt. Glück und Zufriedenheit der Menschen entscheiden sich daran, ob sie ihr Leben so führen können, dass sie mit sich im Einklang sind. Dass sie Bindungen erfahren, sich verwurzelt fühlen, sich geborgen fühlen, die eigenen Kinder in Sicherheit wissen.

Deshalb plädiere ich dafür, die Erfahrung der Pandemie dazu zu nutzen, uns zu fragen: Was haben wir in der Vergangenheit übertrieben? Wo sollten wir maßvoller werden? Was können wir für die Zukunft besser machen? Das sind Fragen an jeden Einzelnen von uns und an die Gesellschaft insgesamt. Wir haben jetzt die Gelegenheit, unser Verhalten zu ändern und unser Wirtschaftsmodell kritisch zu überprüfen, um die Exzesse der Globalisierung zu korrigieren.

Das Pendel schlägt zurück

Die Pandemie macht uns auf schmerzhafte Weise klar, dass der Raubbau an der Natur zu weit gegangen ist. Jetzt schlägt das Pendel zurück. Es ist ja nicht nur der Klimawandel, sondern mindestens genauso der Verlust an Artenvielfalt, der die Resilienz schwächt. Deshalb sollten wir bei der Wiederbelebung unserer Wirtschaftssysteme besonderes Gewicht auf deren soziale und ökologische Nachhaltigkeit legen. Erst wenn wir uns der Verantwortung im Kampf gegen den Klimawandel und für den Erhalt der biologischen Vielfalt wirklich stellen, werden wir unserem Anspruch gerecht, die Globalisierung nach unseren Werten und unseren Ordnungsvorstellungen mitzugestalten.

Das beginnt mit der Aufgabe, mit uns selbst ehrlich ins Gericht zu gehen. Die Diskrepanz zwischen hehrem Anspruch und grauer Wirklichkeit zeigt sich beispielhaft und zugleich in extremer Form im Umgang mit unseren Wohlstandsresten, dem Müll. Wir Deutschen haben ein fast romantisches Naturbewusstsein für Wald, Fauna und Flora, aber wir produzieren Abfall in unglaublichen Mengen. Immerhin: Wir trennen ihn vorbildlich und sind Weltmeister im Recycling. 68 Prozent aller Siedlungsabfälle – also Sperrmüll, Klärschlämme, Wertstoffe und Hausmüll – werden laut der europäischen Statistikbehörde Eurostat wiederverwertet. Das ist oberhalb des europäischen und weit über dem amerikanischen Durchschnitt. Aber fragen wir uns, wohin die nicht recyclebaren Reste gehen? Am Ende exportieren wir sie in andere Weltregionen – und empören uns dann über die Vermüllung der Meere.

Ich erinnere mich auch noch gut an die seit den Achtzigerjahren leidenschaftlich geführten Debatten über Müllverbrennung. Damals haben wir unsere Wohlstandsrückstände nach Sizilien oder Süditalien geschafft und uns dann später bei den Italienern beschwert, dass dortige Deponien überquellen und der Unrat auf Straßen und in der Natur überhandnimmt. Wie wollen wir angesichts einer solchen Verantwortungslosigkeit vor uns selbst bestehen?

Wir müssen das, was von unserer Produktion übrig bleibt, schon selbst beseitigen und uns dazu noch stärker auf das Ziel der Kreislaufwirtschaft rückbesinnen. Der Beirat für Globale Umweltveränderungen der Bundesregierung diskutiert in diese Richtung. Unter dem Stichwort *Blue Economy* werden seit einem Jahrzehnt zukunftsweisende Ideen entwickelt, wie Emissionen und Abfälle als Ressourcen genutzt werden können. Setzen wir sie endlich konsequent um.

Als der *Club of Rome* 1972, dem Jahr, in dem ich erstmals in den Bundestag gewählt wurde, seinen ersten Bericht zu den Grenzen des Wachstums vorlegte, warnte er nicht allein vor den langfristigen Folgen von Industrialisierung, zunehmendem Rohstoffverbrauch und massiver Umweltverschmutzung, sondern auch vor einer stetig wachsenden Weltbevölkerung und dem damit einhergehenden Bedarf an Nahrungsmitteln. Das schien damals vielen alarmistisch, übertrieben und weit weg. Mir auch. Klaus Töpfer, der frühere Bundesumweltminister und spätere Exekutivdirektor des Umweltprogramms der Vereinten Nationen mit Sitz in Nairobi, spricht von einer »Wohlstandslüge«, mit der sich die westlichen Gesellschaften über Jahrzehnte wohlgefühlt hätten. Jetzt spüren wir, dass unser einseitig an ökonomischen Kategorien ausgerichtetes Wachstumsmodell ohne grundlegende Innovation nicht mehr trägt.

Unser technisches Können und unser ökonomisches Wollen, vor allem aber unsere Ignoranz gegenüber Fehlentwicklungen haben uns an Grenzen geführt, die zu überschreiten längst die Lebensgrundlage der Menschheit gefährdet. Das setzt uns unter Druck, ökologisch und ökonomisch, sozial und politisch, kulturell und moralisch. Unsere Art zu leben und zu wirtschaften ist mit den endlichen Ressourcen unseres Planeten nicht mehr vereinbar. Aus unserem technischen Können und unserem ökonomischen Wollen begründet sich aber gleichzeitig auch mein Optimismus, dass es gelingen kann, selbst bei weiterem Bevölkerungswachstum nachhaltiges Wachstum so zu organisieren, dass sich steigende Ansprüche von dann bis zu zehn Milliarden Menschen befriedigen lassen: durch Innovationen, die auch unter den Bedingungen von Nachhaltigkeit mit der demografischen Entwicklung Schritt halten. Gerade bei alternativen Energieträgern wie etwa dem Wasserstoff sehen wir, dass die Klimakrise ganz neue Kräfte in der Forschung von Wirtschaft und Industrie freisetzt. Weil man erkannt hat, dass hier, und nur hier, das Geschäft der Zukunft liegt.

Aktuell nutzt die Menschheit die Vorräte der Erde fast doppelt so intensiv, wie es ihre Ökosysteme hergeben. Die erzielten Profite sind dabei global ungleich verteilt, ebenso die ökologischen und ökonomischen Folgekosten. Das »Global Footprint Network« berechnet jährlich den Tag, an dem weltweit alle erneuerbaren Ressourcen der Erde für das laufende Jahr aufgebraucht sind. Danach lebt die Menschheit auf Pump. 2020 war das am 22. August. Dass der »Erdüberlastungstag« damit drei Wochen später lag als im Jahr zuvor, war allein die Folge des Lockdowns, der den Holzverbrauch und CO_2-Emissionen aus der Verbrennung fossiler Brenn- und Treibstoffe gesenkt hatte.

Ich verstehe zwar, dass sich ungeduldige Klimaaktivisten deshalb bestärkt fühlen und schnellere, tiefere Einschnitte zum Schutz des Klimas fordern – eine realistische, klimafreundliche Zukunftsperspektive lässt sich daraus jedoch nicht ableiten, dafür sind die Auswirkungen der weitreichenden Corona-Maßnahmen auf Wirtschaft und Gesellschaft viel zu radikal. Aber die Verantwortung für den Raubbau an der Natur ist auf diese Weise für alle sichtbar geworden. Und die Frage, was und wie viel wir täglich konsumieren müssen, stellt sich nach der coronabedingten Enthaltsamkeit neu.

Jeder muss für sich beantworten, zu welchen Einschnitten in seinem Lebenswandel er persönlich bereit ist. Eine bloße Forderung nach Verzicht bietet jedenfalls keine dem Menschen gemäße politische Antwort. Vielmehr brauchen wir innovative Lösungen, die mit weniger Verbrauch endlicher Ressourcen und unter Einhalten sozialer Mindeststandards bei der Produktion die menschlichen Bedürfnisse nach Wohlstand befriedigen. Mit anderen Worten: Es muss nicht unbedingt um *weniger* gehen, sondern darum, es *anders* als bisher zu machen.

Das setzt dann allerdings zwingend eine größere Technologieoffenheit voraus, als gerade wir Deutsche sie zuletzt gezeigt haben – und die allein der Markt, nicht Dirigismus fruchtbar machen kann. Der Staat hat regulierend einzugreifen, indem die Politik Ziele formuliert und den Rahmen vorgibt, in dem Wachstum geschaffen werden soll. Doch dazu, wie diese Wohlstandsziele erreicht werden, braucht es keine bürokratischen Vorgaben, das sollte dem Markt und damit dem Wettbewerb der besten Ideen überlassen bleiben.

Ein entscheidender Faktor für die Überlebensfähigkeit der Menschheit liegt in der demografischen Entwicklung und in unseren Antworten auf die mit dem Wachsen der Weltbevölkerung verbundenen Fragen von Ernährung, natürlichem Wohlstandsstreben und steigendem Energiebedarf. Der Welthungerindex zeigt, dass sich die globale Ernährungssituation in den vergangenen zwei Jahrzehnten insgesamt verbessert hat. Es ist vielerorts gelungen, die Armut zu verringern und erfolgreich globale Programme zur Versorgung mit Nahrungsmitteln zu finanzieren. Erfolge sind also möglich, darauf verweisen fortschrittsoptimistische Wissenschaftler wie Steven Pinker oder Andrew McAfee.

Dennoch stieg die absolute Zahl der hungernden Menschen 2018 auf weltweit über 820 Millionen Menschen. Das bedeutet nach einem Jahrzehnt der Hoffnung, in dem wir – trotz wachsender Weltbevölkerung – weniger Hunger auf der Welt hatten, den dritten Rückschlag in Folge. Und bereits jetzt zeichnet sich infolge der Pandemie ab, dass durch Engpässe bei der Versorgung und steigende Lebensmittelpreise die lebensbedrohliche Mangelernährung in vielen Teilen der Welt weiter ansteigen wird.

Die Bekämpfung des Hungers verdeutlicht die Ambivalenz, mit der wir es global zu tun haben – und ist ein Beispiel für Fehlentwicklungen. Die Landwirtschaft ist produktiver denn je. Theoretisch könnte jeder auf der Welt satt werden. Allein in Deutschland landeten nach Schätzungen des WWF im vergangenen Jahr 18 Millionen Tonnen Lebensmittel im Müll. Weltweit sprechen wir von 1,3 Milliarden Tonnen pro Jahr. Überproduktion, Fehlallokation und auch Handelsbeschränkungen sind verantwortlich für diese unhaltbaren Widersprüche. Wohlstandsabfälle sind aber nicht die Lösung für das Hungerproblem, sondern innovative Produktion.

Die derzeitige Art der weltweiten Nahrungsmittelproduktion begünstigt geradezu, dass Menschen in Armut und Not geraten: durch große Investoren und Agrarunternehmen, die sie von ihrem Land verdrängen, durch den existenzvernichtenden Preisdruck auf den Weltmärkten, durch die ökologischen Folgen von Monokulturen, Pestiziden und Überdüngung. Allein die Landwirtschaft verursacht weltweit rund ein Zehntel aller schädlichen Treibhausgase. Der Welthungerindex erweitert den Blick auf das globale System, mit dem wir Nahrung herstellen und verteilen: Ihm sind zwischen 21 und 37 Prozent der auf den Menschen zurückgehenden globalen Nettoemissionen zuzuschreiben.

Die 17 Zielvorgaben, die sich die Vereinten Nationen in der Agenda 2030 für nachhaltige Entwicklung gesetzt haben, sind eben kaum unter einen Hut zu bringen. Nachhaltigkeit verbietet in ihrer Komplexität die Konzentration auf nur *ein* Problem; sie erfordert vielmehr vernetztes Denken und das Abwägen von Zielen, was zwangsläufig deren wechselseitige Begrenzung zur Folge hat.

»Unter der Annahme, dass es keine größeren Veränderungen in der Art und Weise gibt, wie Wirtschaft definiert ist und verfolgt wird«, schreibt der *Club of Rome* in einem Band zu seinem fünfzigjährigen Bestehen, komme es zu massiven Widersprüchen zwischen den wirtschaftlichen, gesellschaftlichen und ökologischen Entwicklungszielen. Einerseits soll der weltweite Hunger auf null reduziert, andererseits sollen der Klimawandel bekämpft und die Ozeane als intakte Lebensräume erhalten werden. Auch das Ziel, die Ökosysteme an Land zu schützen, um Wüstenbildung, Fruchtbarkeitsverlust und Artensterben entgegenzuwirken, steht oft in Konflikt mit der Produktionsweise der modernen Agrar- und Bauindustrie.

Die Widersprüche der Nachhaltigkeitspolitik

Widersprüche erschweren viele Ansätze in der Nachhaltigkeitspolitik. Inzwischen wird immer lauter die Frage gestellt, ob wir mit dem Ausstieg aus der Atomenergie nicht ein probates Mittel aus der Hand gegeben haben, unsere Klimaziele zu erreichen. Wegen fehlender Großspeicher, um die Schwankungen bei erneuerbarer Energie abzufedern, müssen klimaschädliche Kohle- und Gaskraftwerke einspringen, teilweise mit Importen aus dem Ausland. Wissenschaftler mahnen, dass uns nicht allein der Klimanotstand, sondern der Versorgungsnotstand drohe, weshalb bei allen unbestreitbaren Risiken und Folgeproblemen wie dem anfallenden radioaktiven Müll die Atomkraft als klimafreundliche Technologie bis zu einer wirklich sicheren Alternativversorgung weitergenutzt werden sollte – zumal deutsche Atomkraftwerke im internationalen Vergleich zu den sichersten gehören. Paul Colliers und John Kays Urteil über die deutsche Energiepolitik ist hier eindeutig: Während die Sicherheit der Deutschen durch das Abschalten ihrer Kernkraftwerke keinen Deut gestiegen sei, haben die notwendigen zusätzlichen Kohleemissionen reale Konsequenzen für die Klimaschäden und Lebensbedingungen der Menschen in Afrika.

Auf andere Widersprüche des Umweltschutzes macht der US-amerikanische Schriftsteller Jonathan Franzen aufmerksam, wofür er regelmäßig Shitstorms erntet. Der passionierte Vogelliebhaber prangert an, dass der Schutz des Klimas durch Großprojekte wie den Ausbau der Windenergie auf Kosten der Artenvielfalt gehe. Er plädiert zudem eindringlich dafür, den Blick von der noch immer abstrakt bleibenden Klimakatastrophe der Zukunft auf die Zerstörung unserer Umwelt in der Gegenwart zu lenken.

Tatsächlich fühlen wir uns als moderne Menschen der Natur doch vor allem dann nahe, wenn wir Dürresommer erleben, in den Städten die Waldbrände riechen, in den Gärten die Bienen vermissen und uns mit plötzlicher Wasserknappheit konfrontiert sehen. Das Tempo, in dem sich unsere Umwelt verändert, wird immer höher, und wir unterschätzen diesen Wandel noch immer drastisch. Wir machen die Erfahrung, dass sich Prognosen immer schneller überleben, auch die gesetzten Ziele sich als unzureichend erweisen. Man muss Franzens leidenschaftliche Suada gegen bewegte Klimaschützer, die nicht akzeptieren wollten, dass der Klimawandel unaufhaltsam geworden sei, nicht teilen, um seinem wesentlichen Anliegen etwas abzugewinnen: Er mahnt, wir sollten uns schon heute auch darauf vorbereiten, was wir machen, wenn wir die gesetzten Klimaziele oder – was sich bereits abzeichnet – notwendigerweise noch ambitioniertere Klimaziele *nicht* erreichen.

Die Komplexität der Herausforderung ist atemberaubend. Jeder Fortschritt bei den Entwicklungszielen ist wichtig und notwendig. Wir sollten diese Ziele aber verstärkt vernetzt denken: Es ist kurzsichtig, den Welthunger mit Maßnahmen zu bekämpfen, die langfristig nicht tragfähig sind, weil sie Fortschritte beim Klimaschutz oder der Biodiversität konterkarieren. Paul Collier, mit dem ich 2017 als Finanzminister bei der *Compact for Africa*-Initiative der deutschen G-20-Präsidentschaft eng zusammengearbeitet habe, wünscht sich mehr Realismus und Empathie in der Entwicklungszusammenarbeit: »Unter Leitung der Romantiker würde die Welt verhungern. Unter Leitung der Ignoranten würde sie verdorren.«

Er hat recht. Die Menschheit kann in ihrem Umgang mit der Welt, ihren Ressourcen, ihren Problemen nicht einfach weitermachen wie bisher. Es hilft aber auch nichts, über den Schutz der Umwelt und Natur gerechtfertigte Bedürfnisse und berechtigte Wünsche der Menschen zu vergessen. Gerade nicht die der Ärmsten, denen es am Notwendigsten fehlt.

Noch einmal: Der Schutz unserer natürlichen Lebensgrundlagen wird angesichts der Zunahme der Weltbevölkerung um weitere zwei Milliarden Menschen bis 2050 nur dann gelingen, wenn wir globale Antworten darauf finden, wie der berechtigte Drang der Menschen in allen Weltregionen, durch Wachstum zu Wohlstand zu kommen, mit dem Nachhaltigkeitsgedanken wirkungsvoll zu verbinden ist. Deshalb werden wir auch sehr viel stärker außerhalb unseres Landes, außerhalb Europas investieren müssen. Das könnte auch helfen, die beträchtlichen deutschen Leistungsbilanzüberschüsse, die schon lange als ein Problem für die Welt angesehen werden, abzubauen.

Die großen Aufgaben sind heute grenzüberschreitend. Uns geht es nur dann auf Dauer gut, wenn wir mithelfen, den Wohlstand der Menschen in unserer Nachbarschaft zu mehren, in Süd- und Mitteleuropa, im Nahen Osten, vor allem auch in Afrika. Das ist kein Altruismus. Es liegt in unserem Eigeninteresse, anderen bei ihrem Streben nach materieller Sicherheit und beim Klimaschutz zu helfen. Wir müssen uns deshalb als fähig erweisen, das, was zur Bewahrung unserer natürlichen Lebensgrundlagen an nachhaltigem Wachstum notwendig ist, aus unserem Wohlstand heraus auch in anderen Regionen anzuregen.

Das bedeutet, neben aktiver Nothilfe in Hungerregionen oder Katastrophengebieten die Menschen in die Lage zu versetzen, sich selbst zu helfen, eigenständige Strukturen zu schaffen, Abhängigkeiten aufzulösen, die nachhaltige Entwicklung ausbremsen. Hilfe zur Selbsthilfe – das geht am besten, wenn wir Probleme dort lösen, wo sie entstehen. Ein Schlüssel liegt im Prinzip der Subsidiarität: Hilfe nur und nur so lange, wie es den Partnerländern nicht möglich ist, die anfallenden Aufgaben selbst zu übernehmen. Und direkte Hilfe nur an jene, die verlässlich sind. Ein anderer Schlüssel fordert von uns Europäern, unsere Handelsgewohnheiten selbstkritisch zu hinterfragen. Schließlich exportieren wir unsere Überschüsse in alle Welt und erschweren es so den Menschen vor Ort, eigene Existenzen aufzubauen. Statt die Märkte rund um den Globus mit subventionierten Agrarerzeugnissen unter Preisdruck zu setzen, sollten wir unsere Märkte öffnen. Das ist ein Gebot der Fairness. Der Kapitalismus, wie wir ihn derzeit betreiben, geht auf Kosten der Schwachen. Unter dem Stichwort »freier Welthandel« beuten wir Arbeitskräfte in Ländern wie Bangladesch in einer menschenunwürdigen Weise aus. Auch wenn die WTO nun versucht, Standards für bessere Arbeitsbedingungen einzuziehen – Fakt ist, dass wir, also der Westen, diese Menschen zu inakzeptablen Löhnen für uns arbeiten lassen.

Gleichwertigkeit der Lebensverhältnisse, was immer das im Detail bedeutet, ist nicht nur eine innerdeutsche Frage, sondern ein globales Problem, vielleicht *die* Menschheitsfrage schlechthin. Gleichwertig bedeutet dabei nicht identisch, und wenn wir Diversität als schützenswert ansehen, heißt das, dass wir auch in der globalen Nachhaltigkeitspolitik nicht überall die gleichen Maßnahmen anwenden können, sondern gesellschaftliche und kulturelle Unterschiede anerkennen und beim Mitteleinsatz beachten müssen.

Der althergebrachte Wachstumsbegriff, der die Ökologie und das Soziale nicht mitdenkt, wird selbst von Ökonomen kritisch hinterfragt. Gleichzeitig gilt auf längere Sicht: Ohne Wachstum und Investitionen geht es nicht. Vor allem Afrika braucht sehr viel mehr wirtschaftliche Dynamik und nachhaltige Perspektiven –

auch weil die europäischen Länder auf Dauer mit Flüchtlingsbewegungen, wie wir sie 2015 erlebt haben, überfordert wären und weil sich wirksamer Klimaschutz nicht allein im nationalen Rahmen eines Landes mit einem Anteil von knapp zwei Prozent an den schädlichen Emissionen erreichen lässt. Die Nachhaltigkeitsziele hängen entscheidend von den künftigen Schritten in anderen Regionen ab, von unserer Bereitschaft, auch dort massiv zu investieren und zu helfen. Globale Verantwortung heißt, nicht nur den eigenen Vorteil in den Blick zu nehmen, sondern allen Chancen einzuräumen.

Die Nationale Akademie der Wissenschaften Leopoldina hat 2020 in ihrer Stellungnahme zur deutschen EU-Ratspräsidentschaft weitreichende Vorschläge zur Energiewende und Klimaneutralität in Europa vorgelegt – und darin mit Empfehlungen zum Auf- und Ausbau von Wasserstofftechnologien auch aufgezeigt, wie Investitionen in nachhaltige Energie und die Wahrnehmung größerer Verantwortung Europas für die Regionen in unserer Nachbarschaft zu verbinden wären. Schließlich ließe sich in den Staaten Nordafrikas und des Nahen Ostens Wasserstoff über Sonne und Wind kostengünstig herstellen, was sowohl unserem Energiebedarf zugutekäme als auch unseren Nachbarn dringend notwendige neue Entwicklungsmöglichkeiten eröffnete.

Der Staats- und Umweltrechtler Dietrich Murswiek, mit dem ich nicht immer übereinstimme, hat es auf den Punkt gebracht: Für den Planeten sei es völlig gleich, ob CO_2 in Deutschland oder anderswo eingespart werde. Im Ausland in die Vermeidung von CO_2-Emissionen zu investieren, sei deshalb kein moralisch verwerflicher »Ablasshandel«, sondern rationale Umweltpolitik. Investitionen in Solar- oder Wasserkraftwerke in Südeuropa, Afrika, Südamerika oder Asien, wo der Nachholbedarf in der Industrialisierung und damit der Energieverbrauch hoch sei, würden ein Vielfaches mehr an CO_2-Einsparungen erbringen als milliardenschwere Maßnahmen in Deutschland – auch wenn man sich mit dem Erreichen nationaler CO_2-Neutralität als »Moralweltmeister« gerieren könnte.

Der Zeitdruck, unter dem wir stehen, erfordert ein entschlossenes Umdenken und Umlenken in globalem Maßstab, eine »Zivilisationswende«. Das ist ein Vorhaben ohne historisches Vorbild. Und eines, das unsere Ordnung herausfordert, wie der Politikwissenschaftler Peter Graf Kielmansegg betont. Denn die immensen Erwartungen, die in der Fixierung auf ein einzelnes Thema wie den Klimawandel geschürt würden, stünden im Widerspruch zu der schwerfälligeren Art und Weise, wie der demokratische Verfassungsstaat arbeitet und entscheidet. Kielmansegg mahnt deshalb zu Recht, dass es uns gelingen muss, die Herausforderungen ernst zu nehmen, ohne sie ins Apokalyptische zu übersteigern. Das unbedingte Verfolgen eines Zieles birgt eben immer die Gefahr zu Übertreibungen und macht gleichzeitig blind für komplizierte Zusammenhänge.

Die schwedische Schülerin Greta Thunberg will, dass wir angesichts des Klimawandels in Panik geraten. Ihr Name ist längst zu einer Marke geworden; sie wurde zur Symbolfigur einer Bewegung, die es tatsächlich geschafft hat, die breite Öffentlichkeit aufzurütteln und junge Menschen in vielen Teilen der Welt zusammenzubringen – für ein Ziel. Das ist eine bemerkenswerte Leistung – aber als Ratschlag hilft Panik nicht weiter. Angst ist auf Dauer kein guter Ratgeber in der Politik. Klären wir deshalb besser nüchtern: Was ist das Ziel von Entwicklung? Was ist sinnvoll, was realistisch?

Die Rolle der Wissenschaft und ihr spannungsreiches Verhältnis zur Politik wird dabei gerade auch von Wissenschaftlern zunehmend selbstkritisch hinterfragt. »Aus Fakten allein folgt keine Politik«, sagt etwa Wolfgang Merkel vom »Wissenschaftszentrum Berlin«, und er betont zu Recht, dass Wahrheit kein Legitimationsmodus der Demokratie sei. Anders ausgedrückt: Die Politik ist kein Befehlsempfänger der Wissenschaft. Dass allerdings, wie Merkel ausführt, oftmals dieselben Wissenschaftler, die danach trachteten, die Politik zu verwissenschaftlichen, diese auch moralisieren, ist ein Befund, der alle Seiten nachdenklich machen sollte. Wer der wissenschaftlichen Meinung nicht folgt, gelte in dieser Haltung zwangsläufig nicht nur als zu Recht unvernünftig, sondern werde gleichzeitig auch noch moralisch verurteilt – mit fatalen Folgen für den öffentlichen Diskurs. Es braucht eben wissenschaftliche Expertise und das politische Gespür für die richtige Balance, um nicht in die eine oder andere Richtung zu übertreiben. Um die Menschen nicht zu überfordern.

Die Klimadebatte hat viele Menschen mobilisiert. Auch Paul Collier setzt auf die Macht der Bürger als treibende Kraft des weltweit notwendigen Wandels – eine Macht, die auf »vernünftigen Prinzipien einer ethischen Ökonomie beruhen muss, nicht auf dem Traum von einer heilen Welt«. Dazu gehört die Einsicht, dass wir nicht warten dürfen, bis wir eine hundertprozentige Lösung gefunden haben. Wenn wir in der Fixierung auf ein Thema nach Perfektion streben, werden wir mit ziemlicher Sicherheit scheitern – und nicht einmal das Machbare umsetzen. Stattdessen sollten wir uns auch in unserer Nachhaltigkeitsstrategie an Karl Poppers Grundgedanken vom *Piecemeal engineering* erinnern: Lieber einen nicht perfekten Schritt in die richtige Richtung gehen, als auf der Suche nach dem vollkommenen Weg am Ende gar nichts zu verändern. *Second Best* ist auch beim Kampf gegen den Klimawandel besser als *nothing*. Deutschland kann und sollte hier konsequenter vorangehen.

Manche behaupten trotzdem, das nütze ja nichts, weil Deutschland nur zwei Prozent des CO_2-Ausstoßes weltweit verursacht – allerdings bei einer Bevölkerungszahl, die gerade einmal einem Prozent der Weltbevölkerung entspricht. Die Erfahrung lehrt, dass es immer Argumente gegen Reformen gibt. Sie verhindern aber nur, dass sie *überhaupt* begonnen wird.

Dabei wäre ein Anfang wichtig, wenn nicht global, dann wenigstens supranational, in der Europäischen Union. Europa hat politisches Gewicht und wirtschaftlichen Einfluss. Es kann als Vorreiter manches bewirken. Bei den Verhandlungen der EU mit den Staaten der Mercosur über ein Abkommen, das den Handel regeln soll, ist der Ausgang zwar offen, aber die Europäer zeigten wenigstens ihren Willen, Einfluss auf globale ökologische Fragen wie die Schonung des Regenwaldes im Amazonasgebiet zu nehmen. Der Rückzug der USA aus dem Pariser Klimaschutzabkommen erhöht die Verantwortung der Europäer noch, ihre Vorreiterrolle wahrzunehmen und ihre ökonomische Stärke für ökologische Ziele einzusetzen.

Um in der Klimapolitik nachhaltig Erfolg zu haben, braucht es den Willen und die Fähigkeit, Beschlüsse nicht nur zu fassen, sondern auch umzusetzen. Hier stoßen wir in Deutschland oft an Grenzen. Das liegt nicht nur, aber auch an uns selbst. Wir wollen einerseits den großen Wurf, zum Beispiel im Bereich der Energiewende, mobilisieren andererseits aber Widerstand vor Ort, sobald notwendige Infrastrukturreformen Unannehmlichkeiten bedeuten.

Denken wir nur an die Offshore-Technologie bei den Windkraftanlagen, wo wir große Kapazitäten haben. Der Ausbau der Überlandleitungen scheitert aber an lokalem Protest. Wenn es uns jedoch nicht gelingt, übergeordnete Ziele gegenüber Partikularinteressen durchzusetzen, wird ein großes Projekt wie die Energiewende misslingen. Klimaschutz ist nicht zum Nulltarif zu haben. Politische Führung verlangt Ehrlichkeit gegenüber den Bürgern – und Überzeugungskraft. Denn *kein* Klimaschutz wird teurer.

Haben wir wirklich verstanden, dass der Schutz unserer natürlichen Lebensgrundlagen nicht alles ist, ohne sie jedoch alles nichts wäre? In der Art, wie wir leben, wirtschaften, uns fortbewegen, würden wir zu tatsächlich grundstürzenden Anpassungen gezwungen, wenn wir jetzt keine besseren Lösungen finden als bisher. Mit staatlichen Investitionsmitteln allein ist das nicht zu schaffen, ich kann jedenfalls keinen Sinn darin erkennen, unbegrenzt Geld in die Märkte zu pumpen, wo es der Wirtschaft doch nicht an Liquidität fehlt.

Geldpolitik kann Innovationen nicht ersetzen – zumal Geld, wenn es unbegrenzt verfügbar scheint, notwendige Strukturanpassungen in Unternehmen eher verschleppt denn fördert. Und weil Politik zu kurzfristiger Interessenmaximierung neigt, setzt unbegrenzte Liquidität Fehlanreize. Nachhaltigkeit ist jedenfalls kein allein ökologisches Prinzip, sondern lässt sich auch auf die Finanzen anwenden. Wer mehr Geld ausgibt, als er einnimmt, gefährdet die »Schwarze Null«, ohne dadurch die »Grüne« zu erreichen. »Grüne Null« und »Schwarze Null« bilden für mich keinen Gegensatz, so wenig wie »Sozial« und »Marktwirtschaft«.

Für das Umsteuern der Wirtschaft bleibt die Internalisierung externer Kosten von zentraler Bedeutung. Erst allmählich sickert in das Bewusstsein, dass das Gut »Umwelt« im Markt keinen Preis hat, frei zugänglich und daher dem Anschein nach »umsonst« ist. Deshalb wird die Natur genutzt, ausgebeutet, zerstört, und das nicht selten maßlos. Es gibt aber einen Hebel: Wenn die Kosten aus dem Verbrauch dieser Ressource ausgewiesen werden, ziehen Unternehmer und Konsumenten den Umweltverbrauch in ihre Budgets mit ein und gehen sparsamer damit um. Dann wird vermieden, was bisher noch zu oft passiert: der Verbrauch einer Ressource über das sozial und ökologisch vertretbare Maß hinaus.

Internalisierung der Kosten ist eine Leitplanke, die nicht gängelt und einengt, sondern den Markt lenkt und ihm erlaubt, seine auf Freiheit beruhende Dynamik zu entfalten. Das lässt Nachhaltigkeit zu, ist ökonomisch und ökologisch effizient und schützt das Klima besser als Vorschriften und Planvorgaben. Mit der CO_2-Bepreisung ist ein erster Schritt auf den Weg gemacht, um den Verbrauch von Ressourcen stärker zu belasten. Nachhaltig wirksam wird dies aber erst, wenn der Preis spürbar erhöht wird, und hier besteht viel Luft nach oben.

Wer allerdings *nur* dem Markt vertraut, macht den Markt hypertroph, sodass er sich am Ende selbst zerstört. Die schwere Krise auf den internationalen Finanzmärkten, wo für Investitionen nicht mehr entscheidend ist, ob sie Fortschritt bringen, sondern nur ob sie den kurzfristigen Gewinn mehren, hat vor zehn Jahren gezeigt, zu welchen Erschütterungen es in der global vernetzten Wirtschaft kommen kann und wohin ein ungebremster Markt führt: in den Crash. Wir denken dabei schnell an die Verantwortung der Banken, aber ausgelöst wurde er durch den Menschen, sein maßloses Streben nach immer mehr. Immer mehr Geld, immer mehr Wohlstand.

Die Überlegenheit der Sozialen Marktwirtschaft

Das Verlangen ist menschlich, und mein einleitend formulierter Gedanke kommt hier zum Tragen: Freiheit ohne Grenzen gefährdet ihr eigenes Fundament. Freiheit braucht Regeln und auch jemanden, der dafür sorgt, dass die Regeln eingehalten werden. Das wusste Ludwig Erhard, der bereits in den 1960er-Jahren mit wachsender Sorge sah, dass immer weniger Menschen sich an diesen Teil der Sozialen Marktwirtschaft halten wollten. Grenzenloser Erfolg erweist sich auch hier als zweischneidig, indem er dazu verleiten kann, zu überziehen, den Maßstab zu verlieren. Zu glauben, die Regeln gälten nur für andere, nicht für einen selbst.

Die Grundfrage bleibt deshalb, wie wir in einer marktwirtschaftlichen Ordnung erreichen, dass Freiheiten verantwortlich genutzt werden. Die Soziale Marktwirtschaft ist anderen Systemen deswegen überlegen, weil sie die Effizienz von Markt und Wettbewerb mit sozialer Chancengleichheit verbunden hat.

Das war und ist richtig – und es ist nachhaltig. Ich bin deshalb überzeugt, dass sie auch in der sich rasant ändernden Welt die beste Wirtschaftsform ist, um das Ziel zu erreichen, Ökologie und Wohlstand in die richtige Balance zu bringen. Das hat mit dem ethischen Fundament unserer Wirtschaft und einem realistischen Anthropozentrismus zu tun.

Oswald von Nell-Breuning hat davon gesprochen, dass die Soziale Marktwirtschaft auch deswegen anderen Ordnungen überlegen sei, weil sie der Natur des Menschen entspricht. Sie nimmt auf die Doppelnatur des Menschen Rücksicht und überfordert niemanden moralisch. Sie darf den Menschen im Übrigen auch nicht unterfordern. Wer keine Chance hat, die eigene Leistungsfähigkeit unter Beweis zu stellen, wird unzufrieden und verliert die Kraft zur Sinnstiftung. In der Sozialen Marktwirtschaft bleibt der Mensch frei, sich so zu entfalten, wie er ist, er wird aber auch in die Pflicht genommen. Unsere Wirtschaftsordnung trifft Vorkehrungen für einen verantwortlichen Umgang mit Freiheit innerhalb des Marktgeschehens, und sie braucht korrigierende Elemente außerhalb des Marktgeschehens, um der Gefahr von Übertreibungen entgegenzuwirken – also Grenzen, Regeln und Gegengewichte. Es komme darauf an, hier die Balance zu halten, Maß und Mitte zu wahren.

Auch diejenigen, die gern von der sozialen Verantwortung der Marktwirtschaft reden, versuchen ja immer wieder, sich der notwendigen Regelsetzung zu entziehen. Das sehen wir im offenen Welthandel. Die Freiheit des Zahlungsverkehrs stößt da an Grenzen, wo Missbrauch durch die Versuchungen von Steueroasen möglich ist. In Wahrheit sind das Regulierungsoasen, die exemplarisch für den Übergang von einem überzogenen Finanzmarkt zu schwerer Kriminalität stehen. Dass wir das zulassen, kann so nicht weitergehen. Die notwendige, weil den Markt schützende Regulierung kann dabei nicht an nationalen Grenzen haltmachen, sondern unsere vernetzte Welt braucht internationale Vereinbarungen und Institutionen wie die WTO zur globalen Regelung der Handels- und Wirtschaftsbeziehungen.

Den Handlungsbedarf hat Martin Wolf 2019 in einem bemerkenswerten und in vielem an die Werke Wilhelm Röpkes und Alexander Rüstows erinnernden Essay in der *Financial Times* benannt. Wolf sagt, dass der zeitgenössische Kapitalismus vor sich selbst gerettet werden müsse. Zu sehr würden ein überbordender, inhärent unproduktiver und letztlich nur sich selbst dienender Finanzsektor und eine in vielen Belangen zu einseitig gewerblichen Interessen nutzende Gesetzgebung in den westlichen Gesellschaften zu einem schwachen Wettbewerb, zu niedriger Produktivität, zu steigender Ungleichheit und letztlich zu größerer Skepsis gegenüber der Demokratie führen. Das stand so in der in London für die ganze Welt verlegten *Financial Times* und nicht etwa im *Neuen Deutschland*.

Die Konzentration nur auf *ein* Ordnungsprinzip oder Ziel wirkt immer zerstörerisch. So wie die 17 Zielvorgaben der Vereinten Nationen für nachhaltige Entwicklung sich gegenseitig beschränken und so wie die soziale Marktwirtschaft Balance braucht, so muss der freie Welthandel seine Grenzen finden, wo er etwa zu Umweltzerstörung oder menschenunwürdiger Versklavung führt. Und auch die Freiheit des Zahlungs- und Devisenverkehrs kann am Ende nicht den kriminellen Missbrauch von Steuer- und Regulierungsoasen rechtfertigen.

So wenig es funktionieren wird, allein dem Markt zu vertrauen, so wenig bringt es, Marktgesetze zu ignorieren. Der Wirtschaftsnobelpreisträger Paul Krugman fordert deshalb ökologische Lösungen, die mit den Marktgesetzen kompatibel sind. Sonst richte man mehr Schaden an, als Nutzen zu stiften. Wir benötigen Regeln und Begrenzungen, die den Gesetzmäßigkeiten des Marktes entsprechen, den Ausgleich von Regulierung und Deregulierung gleichermaßen, um die ökologische mit ökonomischer Nachhaltigkeit dauerhaft zu vereinen. Regeln schaffen Verlässlichkeit und sie stiften Vertrauen.

Das hatte auch John Maynard Keynes im Sinn, als er 1926 seine einflussreiche Vorlesung über »das Ende des *Laissez-Faire*« hielt. Es sei Zeit, sich von einer Wirtschaft an der langen Leine zu verabschieden, lautete damals sein Fazit. Der Staat solle eine ordnende Funktion ausüben und jene Entscheidungen treffen, die niemand treffen könne außer dem Staat. Nach Keynes soll der Staat deshalb, um Schlimmeres zu verhindern, Schwankungen im Konjunkturverlauf ausgleichen und im Zweifel fehlende Nachfrage substituieren – notfalls auch durch Defizite. Aber wenn die Zeiten wieder normal sind, muss der Staat genauso versuchen, wieder zu einem ausgeglichenen Haushalt zu kommen. Diese Keynes'sche »Schuldenbremse« wird im Gegensatz zum populäreren Gedanken vom *deficit spending* meistens ignoriert. Geld ausgeben ist leichter als sparen. Das führte langfristig zu Staatsschuldenkrisen in vielen Ländern, unter denen auch wir in Europa noch immer leiden.

Schon vor der Pandemie mit ihren Auswirkungen auf die öffentlichen Haushalte war die globale Staatsverschuldung auf rund 250 Billionen US-Dollar angeschwollen, was etwa dem Dreifachen der Wirtschaftsleistung aller Staaten der Erde entspricht. Die Staatsschulden in Japan machten 237 Prozent der Wirtschaftsleistung des Landes aus. Die US-amerikanische Verschuldung hatte die 100-Prozent-Marke überschritten, in China hat sie sich seit 2008 verdoppelt.

Trotzdem wurden die Bedingungen für die Kreditvergabe weiter gelockert. Etliche Volkswirtschaften – Russland, Indien, Chile – senkten ihre Leitzinsen, Brasilien setzte die geplante Erhöhung aus. Und im Euroraum, wo es nichts zu senken gab, wurde innerhalb der EZB immer wieder über eine Ausweitung der Aufkaufprogramme für Staatsanleihen nachgedacht. Als ob unsere Wachstumsprobleme in Deutschland und in der EU durch Haushaltsrestriktionen oder Liquiditätsengpässe begründet gewesen wären!

Das billige Geld sei das moderne Opium für das Volk, wird mancherorts behauptet – oder doch eher für Politiker? Der Traum vom scheinbar unbegrenzt verfügbaren Geld birgt jedenfalls erhebliche Risiken für die Gesellschaft und für die Stabilität unserer Freiheitsordnung. Profiteure der staatlichen Verschuldung sind die Vermögenden.

Das billige Geld vergrößert die Unterschiede zwischen Arm und Reich und zerstört Vertrauen in die Wirtschaftsordnung wie in die Politik. Wir sollten aber nicht vergessen, dass Vertrauen auch im digitalen Zeitalter eine zentrale Voraussetzung für die Stabilität von Währungen ist. Dem Dollar fällt das leichter als anderen Währungen, schon gar dem Euro. Barry Eichengreen hat den Dollar als das *exorbitant privilege* der USA bezeichnet. Dahinter steht die politische, militärische und wirtschaftliche Potenz der Weltmacht. Mit seiner Leitwährungsfunktion erweist sich der Dollar auch in Krisenzeiten – oder sogar gerade dann – als monetärer *safe haven* für internationale Anleger. Der Euro hängt dagegen mehr noch als andere Währungen wegen seiner fragilen Konstruktion als »Währung ohne Staat« viel stärker vom Vertrauen der Finanzwelt ab. Und Vertrauen muss ständig neu verdient werden – durch Einhaltung von Regeln und durch eine klare stabilitätspolitische Ausrichtung der Zentralbank.

Ob die Nullzinspolitik im Euroraum dazu in Widerspruch steht, fragen nicht nur die deutschen Sparer seit geraumer Zeit. In der Eurokrise musste die EZB eine entscheidende Rolle spielen, wegen der fragilen Struktur des Euro und weil die Mitgliedstaaten ihrer finanz- und strukturpolitischen Verantwortung nur sehr begrenzt gerecht wurden. Aber die Versuchung der Mitgliedstaaten, diese politisch kurzfristig oft unpopuläre Verantwortung nicht wahrzunehmen, wurde durch die Geldpolitik der EZB eher noch gefördert. Es ist ein Beispiel für fehlgeleitete Anreize, von *moral hazard*.

Wenn Geld nicht begrenzt bleibt, büßen die Instrumentarien der Geldpolitik an Wirksamkeit ein und am Ende fehlt die Begründung für staatliche Notenbanken. Wer in der Geldpolitik ein Allheilmittel sieht oder glaubt, sie als Wunderwaffe einsetzen zu können, riskiert die Autonomie der Notenbank, die eine Begrenzung des Mandats erfordert. Das Urteil des Bundesverfassungsgerichts zu den Ankäufen der EZB im Mai 2020 hat unterstrichen, dass unabhängige Institutionen, die nur über das erforderliche Mindestmaß an demokratischer Legitimation und Kontrolle verfügen, sich streng auf ihr Mandat begrenzen müssen und es nicht weit auslegen dürfen. Dass also ein unauflöslicher Zusammenhang zwischen der Unabhängigkeit der EZB und der Begrenzung ihres Mandats besteht.

Mit der Komplexität der Stabilitätspolitik hat sich Milton Friedman eingehend befasst. Er führt aus, welche Folgen ein zu schnelles Wachsen der Geldmenge haben kann. Friedman war skeptisch gegenüber der europäischen Gemeinschaftswährung und prophezeite 1999, die erste globale Rezession werde den Euro auseinandertreiben. Er irrte sich zum Glück. Es stimmt allerdings, dass die Währungsunion als ein ambitioniertes Experiment ohne eine gemeinsame einheitliche Finanz- und Wirtschaftspolitik gestartet ist. Weil dies politisch noch nicht erreichbar war, hat man Regeln für nationale Politiken vereinbart. Die Praxis zeigt, dass in den vergangenen Jahren die Länder, die sich an die vereinbarten Regeln gehalten haben, am erfolgreichsten gewesen sind. Regelgebundene Politik ist und bleibt eben eine wichtige Erfolgsgrundlage.

Natürlich kommt es auch immer wieder anders, als man denkt. Die Politik muss dann Entscheidungen treffen, die Lehrbuchwissen widersprechen. Das war so bei der deutschen Einheit 1990 mit der schnellen Wirtschafts-, Währungs- und Sozialunion, und es war so bei der Schaffung der Europäischen Währungsunion. Beide Entscheidungen waren ökonomisch so problematisch wie politisch notwendig und richtig. Hätten wir die DM nicht zum 1. Juli in der DDR eingeführt, wären noch viel mehr insbesondere jüngerer und gut ausgebildeter Menschen damals in den Westen gegangen. Und Jacques Delors hatte in den Achtzigerjahren recht, dass der erreichte Stand wirtschaftlicher und politischer Integration in der damaligen EG nicht ohne weitere Integrationsdynamik erhalten werden konnte – auch wenn er vor dem Ende des Ost-West-Konflikts die disruptive Entwicklung durch Digitalisierung und Globalisierung gewiss nicht vorhergesehen hat.

It's the implementation, stupid!

Heute zwingt uns die Bewältigung der gravierenden Folgen der Pandemie zu massiven staatlichen Ausgaben. Die geschnürten Hilfspakete und Wiederaufbauprogramme sind als wirtschaftlicher Impuls, um die Krise zu bekämpfen, notwendig. Sie schaffen Optimismus und das ist nicht wenig. Denn Wirtschaftspolitik ist, wie wir seit Ludwig Erhard wissen, zum großen Teil Psychologie. Immer wieder wurde ich im Zuge der Debatte über die wirtschaftlichen Maßnahmen zur Überwindung der Corona-Folgen nach der Kehrtwende der deutschen Politik gefragt. Dabei ist es weniger eine Kehrtwende als vielmehr eine neue Situation.

Ich bin ein großer Anhänger der skizzierten Lehre von Keynes, wonach der Staat bei einem so schweren Einbruch der Nachfrage eingreifen muss, in wirtschaftlich guten Zeiten die Schulden aber auch wieder abbauen muss. Wenn in Deutschland in der Vergangenheit nicht so gut gewirtschaftet worden wäre, gäbe es jetzt nicht die notwendigen Handlungsspielräume, um die uns andere beneiden. Die Regel zur Schuldenbegrenzung im Grundgesetz stammt übrigens nicht von mir, um einer weit verbreiteten Fehlannahme entgegenzutreten, sondern von Peer

Steinbrück, meinem Vorgänger als Bundesfinanzminister. Die Schuldenbremse ist kein christdemokratischer Fetisch, aber sie hat einen ordnungspolitischen Sinn, den wir für die Zukunft nach Corona nicht ignorieren sollten.

Der Einbruch der Weltwirtschaft macht deutlich, dass die Zusammenarbeit in Europa unverzichtbar ist, und der nach zähen Verhandlungen im Sommer 2020 gefundene Kompromiss hat zumindest gezeigt, dass Europa handlungsfähig ist. Dabei hat mich an der intensiven Debatte um das 750-Milliarden-Euro-Hilfsprogramm der EU weniger die Höhe gestört, als dass so wenig darüber gesprochen wurde, was denn eigentlich mit dem Geld gemacht werden soll. Sinnvoller wäre es gewesen, von den Mitgliedstaaten konkrete Vorschläge abzufragen, wie die Hilfen zielgerichtet in echte und gemeinschaftliche, wirklich nachhaltige Zukunftsprojekte investiert werden sollen. Danach hätte man die Finanzierung sicherstellen können.

So besteht die Gefahr, dass die Gelder in den Mitgliedstaaten eher den *status quo* erhalten, als dass sie durch Innovationen die Resilienz der europäischen Wirtschaft stärken. Dass sie dem Prozess »schöpferischer Zerstörung«, der nach Schumpeter den Kapitalismus innovativ antreibt, in die Speichen greifen – und das in einer allgemeinen Transformationsphase, in der die digitale Vernetzung und neue Technologien eigentlich auf allen Märkten weitreichende Anpassungen der Unternehmen verlangen, um dauerhaft zukunftsfähig zu bleiben. Der Wirtschaftsethiker Nils Ole Oermann und der Unternehmer Thomas Hauser fordern deshalb, statt nachfolgenden Generationen immer weiter Schuldenberge aufzutürmen, um notwendige Strukturanpassungen bei Unternehmen und Strukturreformen bei Staaten allenfalls herauszuzögern, auf Eigenverantwortung zu setzen, mit vollem Risiko für Konkurse und Staatsbankrotte. Kapitalismus ohne Konkurs, lautet ihr Fazit, sei »wie Christentum ohne Hölle oder – weniger theologisch – Sonne ohne Regen«.

Schon vor der Krise war unser größtes Problem nicht, dass wir zu wenig investive Mittel in den Haushalt gesteckt haben, sondern dass diese Mittel nicht schnell genug abgerufen wurden. Beispiele dafür gibt es zuhauf. Das gilt für Deutschland genauso wie für Europa. Der Mangel an Investitionen etwa in Ländern des Mittelmeerraums lag auch in Zeiten der Eurokrise nie an fehlenden Mitteln, sondern war die Folge davon, dass diese Mittel nicht abgeflossen sind. Diese Länder haben oft am wenigsten von den Strukturfondsmitteln des europäischen Haushalts in Anspruch genommen.

Wer mehr Investitionen will, um mehr Wachstum zu erzielen, muss an den wirklichen Problemen ansetzen; das ist die Bürokratie, das sind die Planungs- und Genehmigungsverfahren, das ist in Deutschland unser lähmender Perfektionismus. Vor diesem Hintergrund mahne ich in Abwandlung eines bekannten Wahlkampf-Slogans von Bill Clinton schon lange: »It's the implementation, stupid!« Denn wenn wir bei der Umsetzung nicht erkennbar besser werden, droht der Wettbewerbsfähigkeit unserer Wirtschaft Schaden – und längerfristig der Demokratie ein Glaubwürdigkeitsverlust gegenüber anderen, gerade autoritären Modellen, die global um Einfluss kämpfen und mit einem einfachen Effizienzversprechen für sich werben.

Kreditfinanzierte Fiskalmaßnahmen werden die Wachstumspotenziale jedenfalls nicht ausschöpfen. Wenn am Ende des Jahres in den Haushalt eingestellte Mehrausgaben für Investitionen nicht abgeflossen sind, dann mag das zwar die Sachverständigen in manchen internationalen Institutionen befriedigen, an der Realität aber hat sich nichts geändert. Und so werde ich nicht müde, auch internationale kritische Stimmen darauf hinzuweisen, zunächst die Realität anzuerkennen. Ohne Kenntnis der Wirklichkeit lässt sich vom Katheder herab leicht eine Meinung vertreten, aber anders, als manche Ökonomen glauben, entsteht Wirtschaftswachstum nicht allein dadurch, dass Staaten möglichst viel Geld ausgeben. Der Grundpfeiler unserer Volkswirtschaft und unseres Wohlstandes sind wettbewerbsfähige, innovative und verantwortlich handelnde Unternehmen.

Deshalb sollten wir uns gerade in Zeiten, in denen immer höhere, fast astronomisch hohe Summen aufgerufen werden, erinnern, worauf es ankommt: Potenzialwachstum ist eng mit einer verstärkten Arbeitsleistung verbunden, quantitativ und vor allem qualitativ. Innovation und Produktivitätsfortschritt sind der Schlüssel zum Wachstum. Jedenfalls sind Arbeitszeitverkürzungen allein kein Mittel gegen Arbeitslosigkeit. Dabei ist schon heute der im internationalen Vergleich geringe Workload in unserem Land auffallend. Die geringe Arbeitsleistung, die vor der Pandemie Deutschland im OECD-Vergleich den letzten Platz zuwies, hat mit einer veränderten Work-Life-Balance zu tun.

Freizeit gilt als Wert an sich, was ich gar nicht kritisieren will. Solche Prioritäten verstärken aber zusammen mit dem Problem der Überalterung unserer Gesellschaft und dem Zuzug zwar junger, aber oft unzureichend ausgebildeter Arbeitskräfte die Wachstumsschwäche in Deutschland. Wir sollten uns der Konsequenzen bewusst sein und nicht der Illusion erliegen, wir könnten daran allein mit konjunkturstimulierenden Maßnahmen etwas ändern. Sie schützen nicht vor Trägheit und Selbstzufriedenheit. Es braucht für Nachhaltigkeitsinnovation die kreative Leistung unternehmerisch handelnder Wirtschaftsakteure und dazu Rahmenbedingungen, die sie ermöglichen und fördern.

So banal es klingt: Wir müssen zunächst erwirtschaften, was wir mit welchen guten Gründen auch immer verteilen wollen – und das zunehmend in globaler Konkurrenz und unter ungleichen Bedingungen. Vor dem Hintergrund der atemberaubenden technischen und wissenschaftlichen Entwicklungen stehen wir vor der gemeinsamen Aufgabe, die Soziale Marktwirtschaft unter den Bedingungen von Globalisierung und Digitalisierung neu zu justieren, in allen unseren Entscheidungen Nachhaltigkeit als eine zentrale Dimension mitzudenken. Wir haben stärker als bisher die drei Aspekte der Nachhaltigkeit – wirtschaftlich, sozial, ökologisch – miteinander zu verbinden. Nur wenn wir qualitativ besser und innovativer werden als andere, wenn wir die große Kraft des wissenschaftlichen und technischen Fortschritts mobilisieren, werden wir unsere Probleme lösen und nachhaltiges Wachstum sichern können.

Qualifizieren wir deshalb die Menschen so, wie es der Arbeitsmarkt verlangt, und fördern wir die kreativsten und klügsten Köpfe. Geld für ein paar Tausend neue Stellen im Gesundheitswesen sind schnell angekündigt. Aber woher die Arbeitskräfte zur Umsetzung vollmundiger Versprechen eigentlich kommen sollen, bleibt unklar. Deshalb sind vor allem Investitionen in die Ausbildung nötig – und in Bildung. Eine Bildung, die Offenheit für die Ansprüche einer digital vernetzten, globalisierten Welt genauso lehrt, wie sie das Bewusstsein für die eigene Herkunft schärft, für Werte und Überzeugungen, die uns als Europäer von allen anderen unterscheiden.

Auf bisherigen Erfolgen dürfen wir uns nicht ausruhen. Der Erfolg birgt bekanntlich Gefahren, in der Wirtschaft wie in der Politik. Er kann träge und behäbig machen. Aus einstigen Weltmarktführern können minderbedeutende oder gar unwirtschaftliche Unternehmen werden, aus einstigen Vorzeigestaaten »kranke Männer« mit Reformstau. Die Politik hat deshalb die richtigen Rahmenbedingungen zu schaffen. Der Staat kann dabei nicht von der Verantwortung entbunden werden, als Hüter und Gestalter unserer Ordnung über Ordnungen für die ganze Welt nachzudenken. Eine Balance auf nationaler Ebene erweist sich nur dann als stabil, wenn sie in ein globales Gleichgewicht eingebettet ist. Denn wir sind in einem solchen Maß weltweit verflochten, dass vieles, was heute reguliert werden soll, nur global wirkungsvoll zu machen ist.

Die Verhinderung der Klimakatastrophe, der Kampf gegen

digitale Oligopole, eine zunehmend usurpatorische Vormacht des Finanzmarkts: Diese und andere Herausforderungen brauchen globale Vereinbarungen, grenzübergreifende Spielregeln, um ein nachhaltiges Systemversagen zu vermeiden. Wir brauchen Wachstum auf internationaler Ebene, das noch mehr Menschen zugutekommt. In der globalisierten Welt werden Wohlstand und Stabilität für die Besitzenden, zu denen wir uns zählen dürfen, nur zu bewahren sein, wenn die Spaltungen und die daraus resultierenden Konflikte nicht immer größer werden, sondern beherrschbar bleiben. Wenn Chancen eröffnet werden und Aufstiegsversprechen realistisch sind.

Leben ist Veränderung, Wandel, Bewegung. Der Globalisierung können wir nicht rückwärtsgewandt widerstehen. Aber wir sollten sie in produktive Bahnen lenken, sie steuern. Das ist mühsam, aber indem wir uns in vermeintlich bequemere Zeiten zurückträumen, am Hergebrachten festhalten, können wir unsere Zukunft nicht gestalten. Die Bedingungen, unter denen wir in einer sich verändernden Welt leben wollen, können wir selbst schaffen.

Wir Europäer haben die Globalisierung nicht nur maßgeblich mit vorangetrieben, wir sind auch hochgradig abhängig vom freien, regelbasierten Austausch in der vernetzten Welt. Und wir profitieren davon. »Politisch zu denken, bedeutet, die Welt in ihrer Ambivalenz, Widersprüchlichkeit und Komplexität verstehen zu wollen.« So hat es Navid Kermani einmal treffend formuliert.

Ambivalenz, Widersprüchlichkeit, Komplexität: Das beschreibt unsere Welt unter den Bedingungen der globalen Vernetzung und der Digitalisierung besser denn je. Der unaufhaltsame Wandel fordert den Willen, sich der Komplexität dieser Welt des 21. Jahrhunderts zu stellen, sich ihr auszusetzen, sie auszuhalten. Vieles spricht dafür, über nationale Grenzen hinauszudenken und den Multilateralismus zu stärken. Das Umfeld ist dafür momentan schwierig. Wir brauchen starke Institutionen der *Global Governance,* damit wir die hochkomplexen Aspekte von Nachhaltigkeit weltweit besser koordinieren können. Ein handlungsfähiges Europa ist dabei unsere einzige Chance, um unsere Vorstellungen von der Ordnung, in der wir leben wollen, relevant zu halten. Das kann uns niemand abnehmen – und wir, die wir so stark von der Globalisierung profitieren, sollten uns nicht länger wegducken. Wer, wenn nicht wir, wäre besser dazu in der Lage, Nachhaltigkeit im 21. Jahrhundert zu gestalten? Und wann, wenn nicht jetzt?

»Unsere Ziele erreichen wir nur mit einer größeren Technologieoffenheit, die allein der Markt fruchtbar machen kann.«
»Es braucht ein neues evolutionäres Denken, jenseits der gängigen Alternativen von Staat oder Markt.«

Wolfgang Schäuble und Maja Göpel über Globalisierungsfolgen, Wachstum und Wohlstand und das Spannungsverhältnis von Wissenschaft und Politik
Moderation: Rainer Hank

Herr Schäuble, warum haben Sie Maja Göpel gefragt, mit Ihnen über die Thesen Ihres Buches zu Wirtschaft und Umwelt zu diskutieren?

Schäuble: Ich habe nach kompetenten Gesprächspartnern gesucht, die ich schätze, gerade weil sie nicht hundertprozentig mit mir übereinstimmen. Ich bin neugierig auf andere Perspektiven. Wenn es um Probleme der Ökonomie und Nachhaltigkeit geht, kommt man fast zwangsläufig auf Frau Göpel und ihr Buch »Unsere Welt neu denken«.

Frau Göpel, Sie haben Wolfgang Schäubles Buch »Grenzerfahrungen« gelesen, vor allem das Kapitel »Grenzen des Wachstums«. Bevor wir ins Detail gehen: Was ist Ihr Fazit?

Göpel: Bei allem Respekt vor dem Buch und vor Ihnen als Autor, Herr Schäuble, von meinem Standpunkt als Wissenschaftlerin aus betrachtet fehlt mir zuweilen die wissenschaftliche Evidenz für Ihre Thesen. Auch ist mir aufgefallen: Es wird in diesem gesamten Kapitel nicht *eine einzige* Frau zitiert – mit Ausnahme von Greta Thunberg. Aber Greta wird lediglich mit dem einen Satz erwähnt, dass die Menschen Panik kriegen sollen, ein Satz, der vielleicht nicht ganz glücklich gewählt war. Greta Thunberg hat aber so viele schlaue Sachen gesagt, die im Buch nicht vorkommen. Ad hoc könnte ich Ihnen eine ganze Reihe von Wissenschaftlerinnen nennen, die sehr differenziert über nachhaltiges Wirtschaften forschen und lehren. Gerade bei Fragen zu Care und Ökologie sind Frauen vergleichsweise stark – und darum geht es ja bei nachhaltigem Wirtschaften. Ich bin mir sicher: Hätten Sie in diesem Kapitel auch ein paar Frauen zitiert, hätte sich der gesamte Blickwinkel verändert.

Schäuble: Ich verstehe Ihre Kritik, aber ich habe ja kein wissenschaftliches Buch geschrieben, sondern einen Essay über »Grenzerfahrungen« in unterschiedlichen gesellschaftlichen Feldern. Bei Greta Thunberg, vor der ich großen Respekt habe, finde ich es bemerkenswert, dass ein so junges Mädchen eine so gewaltige Wirkung erzielt. Deshalb habe ich sie erwähnt. Im Übrigen zitiere ich in meinem Essay Ökonomen, die männlich sind und trotzdem ein sehr differenziertes Verständnis von Wachstum und Wohlstand haben. Sicher werde ich aber niemals abzählen, ob ich ungefähr gleich viel Männer und Frauen im Text zitiere. Und jetzt diskutiere ich ja auch gerne mit Ihnen.

Die Globalisierung bezeichnen Sie, Herr Schäuble, als ein »weltweites Wohlstandsprojekt«. Stimmen Sie zu, Frau Göpel?

Göpel: Niemand würde bestreiten, dass Lebenserwartung, Gesundheitsversorgung und Bildungsstand in vielen Ländern der Welt wirklich zugenommen haben. Und natürlich hat sich auch der Wohlstand gemessen am Pro-Kopf-Einkommen verbessert. Aber wissen wir denn, ob eine ähnlich positive Entwicklung für den Wohlstand der Menschen nicht auch stattgefunden hätte, wenn wir kontrafaktisch eine andere, bessere Form der Globalisierung gehabt hätten mit deutlich weniger negativen Effekten? Denken Sie nur an die enormen Ungleichheiten nicht nur zwischen Ländern, sondern auch innerhalb von Ländern, die eben auch eine Folge der faktischen Globalisierung sind. Das sagen Sie ja auch selbst, Herr Schäuble.

Schäuble: Eben. Ich sage gerade nicht, alles wird gut, sondern weise darauf hin, dass die sozialen und ökonomischen Unterschiede zwischen den westlich-europäischen Gesellschaften und anderen Regionen der Welt nicht kleiner, sondern größer geworden sind. In dieser Hinsicht ist mir Ihr Ansatz, Frau Göpel, zuweilen zu »national-ökonomisch«.

Göpel: Sie müssen sehen, dass ich mein Buch »Unsere Welt neu denken« explizit für den deutschen Debattenraum geschrieben habe. Wir hier in Deutschland tragen eine besondere Verantwortung für die Transformation unserer Wirtschaft und Umwelt nicht zuletzt angesichts unserer volkswirtschaftlichen Stärke und dem extrem hohen ökologischen Fußabdruck. In vielen meiner anderen Publikationen finden sie ergänzend auch eine globale Perspektive.

Schäuble: Global gesehen stelle ich fest, dass unser Wohlstand eine große Attraktivität ausübt – besonders auf diejenigen, die ihn nicht haben. Das habe ich übrigens schon vor dreißig Jahren bei der Wiedervereinigung erlebt: Freiheit materialisiert sich eben auch im Wohlstand und Konsum. Die Asiaten sind heute fasziniert vom Habenwollen, von der vermeintlichen Überlegenheit von Hollywood und Coca-Cola.

Sind wir Egoisten, weil wir immer mehr haben wollen?

Schäuble: Ich glaube, wir sind beides: Egoisten und Altruisten. Auf der einen Seite wollen wir immer mehr haben und insofern sind wir natürlich Egoisten. Wir beschäftigen uns lieber mit uns selbst als mit anderen. Jemand, den ich geschätzt habe, hat einmal gesagt, er möchte vor seiner Frau sterben. Ich kann den Wunsch inzwischen gut nachvollziehen. Wenn man alt genug wird, dann ist das so. Ich empfinde das aber als ausgesprochen egoistischen Wunsch. So ist der Mensch. Aber das ist nicht alles. Menschen machen doch auch gerne Geschenke an andere und wollen, dass ihre Geschenke beim Empfänger gut ankommen. Es gilt der biblische Satz »Geben ist seliger als nehmen«. Ein wenig egoistisches Eitelkeitsinteresse steckt da natürlich auch drin.

Göpel: Menschen sind sozialisierte Wesen. Wir haben viele Potenziale in uns, und welche davon bestärkt und normalisiert werden, ist in unterschiedlichen Gesellschaften und Gruppen und Zeitpunkten unterschiedlich ausgeprägt. Auch möchte ich dafür einstehen, dass es einen mitmenschlichen Anteil ohne Eitelkeit gibt. Der tritt oft eher spontan in Aktion: Wer überlegt in dem Moment, wo er ein Kind vor dem Ertrinken rettet oder zur Oma ins brennende Haus stürzt, ob es dem Ego nachher hilft? Umgekehrt machen wir es in unseren Gesellschaften des Statuskonsums und der angefeuerten Konkurrenz künstlich schwer, Dinge zu teilen, abzugeben oder zu verzichten. Die Idee von Anstand statt Anreiz klingt altmodisch, und es gilt heute fast als naiv oder dämlich, ehrlich Steuern zu zahlen. Das war aber nicht immer so. Deshalb sind Rahmenbedingungen der Einzelentscheidungen so wichtig und wir sollten fragen: Was wollen wir erhalten und was soll entstehen können? Und dann suchen, welches ökonomische Instrumentarium und Governance-Regime hilft unter heutigen Bedingungen dabei, das gut hinzubekommen. Dazu braucht es ein neues evolutionäres Denken, jenseits der gängigen Alternativen von Staat oder Markt. Ich hoffe, dass wir die Corona-Krise, in der uns so viele Selbstverständlichkeiten weggebrochen sind, wirklich nutzen für Neudenken und mutiges Neugestalten von Rahmenbedingungen.

Soll man Corona etwas Positives abgewinnen?

Schäuble: Wir haben in diesen schweren Zeiten der Pandemie gemerkt, dass wir so nicht weitermachen können. Da bin ich ganz bei Ihnen, Frau Göpel. Irgendwas läuft offensichtlich schief. Insofern liegt in dieser Krise bei all ihren Zumutungen auch eine Chance. Sie gibt den Anstoß umzudenken. Sie trägt im Übrigen auch dazu bei, das Positive besser in den Blick zu bekommen: Unser Gesundheitssystem ist besser als andere in Europa. Das hat uns Corona vor Augen geführt. Vorher hat man uns immer gesagt, wir hätten hierzulande die miserabelste Gesundheitsversorgung. So schlecht sind wir dann offenbar auch wieder nicht im Vergleich zu anderen.

»Grenzen des Wachstums« ist das Kapitel überschrieben, das wir diskutieren: eine berühmte Formel des »Club of Rome« aus den Siebzigerjahren. Was bedeutet sie heute?

Schäuble: Mich hat in der ökologischen Diskussion stets der Hinweis auf die Tatsache überzeugt, dass wir mehr Ressourcen verbrauchen, als sich auf natürlichem Weg erneuern. Das ist eine Grenze, die man sehen muss. Man kann diese Grenze durch Innovation, durch technische oder wissenschaftliche Entwicklung viel weiter nach hinten verlegen, als es sich der *Club of Rome* in seinen frühen Jahren vorstellen konnte. Aber es bleibt dabei: Ressourcen sind nicht beliebig und in jeder Beziehung vermehrbar. Es sei denn, wir sagen, na gut, wenn wir die Erde erst mal hinter uns haben, dann haben wir ja noch den Weltraum.

... aber wir haben doch nur den einen Planeten ...

Schäuble: ... sagen Sie das nicht. Längst beschäftigen sich Wissenschaftler mit der Architektur im Weltraum. Demnächst werden wir wahrscheinlich die Entsorgung unseres atomaren Mülls in den Weltraum verlagern und ähnliche Dinge mehr. Heute jedenfalls wissen wir: Wir haben es mit dem Wachstum übertrieben und wir müssen es korrigieren. Ich war nie ein Anhänger eines entgrenzten Kapitalismus. Die Soziale Marktwirtschaft, die wir hier in Deutschland haben, achtet auf die Begrenzung beider Elemente, des Marktes und des Sozialen. Sie ist dem Menschen gemäß, sie wahrt Maß und Mitte.

Haben wir es mit dem Wachstum übertrieben?

Göpel: Was ich mir wünschen würde, ist, dass wir definieren, was wir meinen, wenn wir den Begriff Wachstum verwenden. Mir fallen sehr unterschiedliche Definitionen ein, die klassischerweise benutzt werden und die man unterscheiden muss. Die erste Bedeutung ist jene des *Club of Rome*. Da geht es um den materiellen Durchsatz der Ökonomie: was wir aus dem Planeten rausnehmen und was wir dem Planeten an Müll zufügen. Die zweite Definition setzt Wachstum einfach mit dem Bruttosozialprodukt (BIP) äquivalent. So wird es meist in den Medien gebraucht. Diese Verwendung des Begriffs Wachstum führt zu der paradoxen Konsequenz, dass wir unökonomisches Wachstum als Wachstum bezeichnen. Damit meine ich: Das BIP ist auf dem ökologischen Auge weitgehend blind und erfasst nicht, ob und wie schnell die Erde überhaupt das generieren, absorbieren oder substituieren kann, was wir brauchen, um die Produkte weiter herstellen zu können, die wir in Anspruch nehmen. Das BIP kann immer nur rückwärts gucken und sieht nur das, was einen Preis hat. Es trifft keine Aussagen über den natürlichen Kapitalstock und seine Qualität. Und es macht natürlich auch viele Bilanzierungsfehler, weil sich nicht immer unterscheiden lässt, ob sich hinter einem gezahlten Preis positive Entwicklungen oder Aufräumarbeiten nach einer Naturkatastrophe befinden. Das ist diesem Indikator schlicht egal. Deshalb wird es Zeit, die Grundlagen menschlichen Wohlergehens und hoher Lebensqualität besser und expliziter zu fassen und zu messen, als das BIP es macht. Denn dafür wird der Begriff Wachstum auch gerne noch benutzt und Kritikern vorgeworfen, sie wollten Menschen in ihren Potenzialen beschneiden. Dabei trägt ein Großteil der sorgenden und kreativen Tätigkeiten, von denen wir alle sagen, dass sie wirklich wichtig sind, nichts zum BIP bei, weil dafür nicht bezahlt wird. Wir brauchen ein Fortschrittsmodell, in dem hohe Lebensqualität bei geringem ökologischem Fußabdruck im Zentrum steht. Das bedeutet neu ausgerichtete Rahmenbedingungen, Anreize, Investitionen und Geschäftsmodelle. Ob das BIP dann weiterwächst oder schrumpft, sollte nicht Ziel, sondern empirisches Ergebnis dieses zukunftsorientierten Haushaltens sein.

Also weg vom unfruchtbaren Entweder-Oder?

Göpel: Ich habe den Eindruck, wir könnten in der Debatte sehr viel dazugewinnen, wenn wir nicht mehr schreien »Wachstum ja, nein«, sondern wirklich einfach sagen, was wir erreichen wollen, was passieren und nicht passieren soll. Zum einen, dass wir die planetaren Grenzen einhalten, damit wir nicht für uns wirklich irreversible Veränderungen und Gefahren vom Zaun brechen, die dann auch im Zweifel ökonomisch nicht mehr kalkulierbar sind. Und zweitens würde ich sagen, menschliches Wohlergehen hat nicht immer nur mit mehr haben zu tun, sondern eben mit ganz anderen Qualitäten, mit der Frage, wie wir leben wollen. Dazu gehört zum Beispiel auch die Art, wie wir uns stressen und uns Algorithmen anpassen und immer mehr in die Tage quetschen. Wann mache ich eigentlich gute Erfahrungen, die in mir auch ein erfüllendes und sinnstiftendes Erleben ermöglichen? Wann bilde ich mich tatsächlich ganzheitlich in einem Schulsystem, wo ich im Konkurrenzdruck mit Noten durchgeprügelt werde? Welche Fähigkeiten brauchen wir für die kooperative Bewältigung der Herausforderungen des 21. Jahrhunderts? Wie können wir Geschäftsmodelle entwickeln, in denen menschliche Entwicklung und Regeneration der Ökosysteme zusammenfallen? Wir sollten wirklich besser definieren und messen: Kommen wir mit den aktuellen ökonomischen Praktiken an die wünschenswerten, ultimativen Ziele und erodieren wir nicht die ultimativen Grundlagen unserer Existenz? Ich kann nicht verstehen, warum diese überbordende Wachstumsstory bei uns so totalitär geworden ist.

Schäuble: Ich stimme Ihnen zu, dass sich einiges ändern muss. Wir brauchen innovative Lösungen, um mit weniger Ressourcenverbrauch und unter Einhaltung sozialer Mindeststandards die menschlichen Bedürfnisse nach mehr Wohlstand zu befriedigen. Doch diese Ziele erreichen wir nur mit einer größeren Technologieoffenheit, die allein der Markt fruchtbar machen kann. Wir sollten deshalb die technologischen Erfolge der letzten Jahrzehnte nicht unterschlagen, in denen es gelungen ist, das Wachstum vom Ressourcenverbrauch zu entkoppeln.

Göpel: Erst einmal ist das nur gutes Wirtschaften, wenn ich versuche, effizient statt verschwenderisch mit dem umzugehen, was ich habe. Das Problem bleibt ja weiterhin, dass wir die ökologischen Kosten des Wachstums nicht ehrlich beziffern. Natürlich gibt es tief in der Erde immer noch mehr Ressourcen, die wir theoretisch explorieren könnten: Darüber stehen aber Wälder, Graslünder, alles Mögliche, worin die Biodiversität haust, was unser Wasser reinigt, das CO_2 bindet. Das ist genau das Problem, an welchem die Ökologen sich mit den Umweltökonomen schlagen, weil die Umweltökonomen im Zweifel eben einzelne Stücke Natur und deren monetären Werte betrachten und die Ökologen ein interdependentes Netzwerk des Lebens. Du kannst nicht einfach überall alles rausreißen und davon ausgehen, dass es woanders genauso wieder anwächst. Wenn die Bäume viel CO_2 absorbieren, da aber nicht hinpassen oder als Monokultur gepflanzt werden, dann kann der Boden erodieren, und wir haben solche Brandenburger Agrarwüsten, die schnell abbrennen und keine Wasserspeicherung im Boden mehr erlauben. Das heißt, dieses Ökologische ist leider ein bisschen komplexer, als eine Reihe von gern zitierten Ökonomen denken, die ja auch keine Naturwissenschaftler sind. Da wäre es, glaube ich, schon wichtig, dass wir in einer Ernsthaftigkeit mit denjenigen sprechen, die sich mit Erdsystemen auskennen. Und die kommen eben zu dem Schluss, dass die Entkopplung zwischen materiellem Wachstum und Ressourcenverbrauch sich relativ verbessert hat, aber durch den sogenannten Rebound-Effekt konterkariert wird. Das bedeutet, dass Effizienzsteigerungen nicht dazu führen, weniger statt mehr Ressourcen zu verbrauchen. Wir hören eben gerade nicht auf, megaschwere, fette Autos zu bauen.

Schäuble: Na ja, vielleicht können wir auch sagen, wir haben lediglich einen, wie Sie es sagen, relativen Fortschritt. Zwar ist der Fortschritt schwer zu bestreiten. Aber es war offenkundig nicht genug. Sonst hätten wir die heutigen ökologischen Krisen nicht. Deswegen komme ich zu dem Ergebnis, dass wir mehr tun müssen. Aber wir sollten auch nicht resignieren. Wir *können* mehr machen. Soll ich jetzt verzweifeln und sagen, ich bin eh so alt, sollen die Jungen mal gucken? Nee, wir müssen und wir können gemeinsam mehr erreichen.

Nämlich?

Schäuble: Es gibt da ein paar Dinge, von denen ich finde, dass das nicht geht: Zum Beispiel, dass Deutschland in Paris ein Klimaschutzabkommen unterschreibt und wir uns dann selber nicht daran halten. Das finde ich einfach indiskutabel, was ich übrigens auch schon gesagt habe, als ich noch Mitglied der Regierung war. Dass ein Land wie Nigeria die Abkommen vielleicht nicht einhalten kann, mag sein. Aber für uns ist es indiskutabel.

Warum machen wir das dann nicht?

Schäuble: Tja, da kommen wir zur Politik. Und Politik ist bekanntlich ein kompliziertes Geschäft. Sie ist halt leider mehr Kunst als irgendwas anderes, die Kunst des Möglichen.

Göpel: Ich wäre nicht ganz so pessimistisch wie Sie, Herr Schäuble. In uns Menschen ist auch der Wunsch nach dem scheinbar Unmöglichen angelegt. Es ist der Impetus: Das muss doch gehen – oder auch lutherisch: hier stehe ich und kann nicht anders. Dafür gibt es drei unterschiedliche Motivationen: einmal die abwehrende, dies oder jenes »darf nicht sein«. Ich glaube, das war auch bei *Fridays for Future* genau der Punkt, der den Protest in die Breite getragen hat. Es ist der Moment, an dem die Kinder am Abendbrottisch sagen: »Was machst du eigentlich den ganzen

Tag und wie wirkt sich das auf meine Zukunft aus?« Dann die erfinderische: »Das wäre doch gelacht, wenn wir xyz nicht hinkriegten.« Und als Drittes gibt es die Motivation der Imitation, das Nachmachen dessen, was Vorbilder oder soziale Peers machen. Imitation ist etwas für die risikoaverseren Zeitgenossen. Die Kunst der Politik ist für mich das Mobilisieren dieser Motivationen.

Herr Schäuble, Sie schreiben, dass mit Atomenergie die Klimakatastrophe hätte abgemildert werden können. War es ein Fehler, dass wir uns so radikal von der Atomkraft verabschiedet haben?

Schäuble: Ich würde vorsichtiger formulieren: Wir sollten uns zumindest in der künftigen Forschung über neue Nutzungen von Atomstrom nicht vom Rest der Welt abkoppeln. Viele andere Länder halten ja an der Atomkraft fest, und das ist dann wie mit dem Geisterfahrer auf der Autobahn: Wenn alle in der anderen Richtung fahren, muss man sich schon gut überlegen, ob man selbst richtig unterwegs ist.

Göpel: Elon Musk hat gewiss nicht so gedacht, als er angefangen hat, seine Autos zu entwickeln. Sonst gäbe es Tesla heute nicht.

Schäuble: Ebendeswegen glaube ich schon, dass wir bei der Frage, wie wir aus der Energiegewinnung aus fossilen Energieträgern rauskommen, auf Forschungen zur sicheren Nutzung der Kern- und Fusionsenergie nicht verzichten sollten

Der Zug ist doch längst abgefahren.

Schäuble: Der Zug ist zumindest weit weggefahren. Der abrupte Ausstieg war der damaligen Situation nach der Katastrophe von Fukushima geschuldet. Das hatte etwas Zwanghaftes an sich und zeigt, dass Politik immer auch etwas mit der Herrschaft der Mehrheit zu tun hat. Aus meiner Sicht hätte man den Ausstieg langsamer gestalten können. Zum Beispiel so wie in der Schweiz. Da gibt es ein höheres Maß an Rationalität als bei uns, oder anders ausgedrückt: ein geringeres Maß an Irrationalität. In der Schweiz ist natürlich auch nicht alles optimal, aber in dieser Hinsicht ist manches besser.

Göpel: Das ist mir zu eng argumentiert. Wir dürfen auf die Atomkraft nicht nur aus der Klimaperspektive schauen, sondern müssen systemisch vorgehen. Zudem ist es aus der Klimaperspektive inzwischen viel zu spät für eine Rückkehr zur Atomenergie: Ein Neubau von Atomkraftwerken wäre zu teuer und marktwirtschaftlich überhaupt nicht machbar. Über Laufzeitenverlängerungen hätte man vielleicht diskutieren können. Aber auch dafür ist es inzwischen zu spät. Der Ausstieg aus der Atomkraft war ja schon vor Fukushima über eine lange Zeit Konsens gewesen.

Schäuble: Ich rede nicht von den heutigen AKWs. Ich denke an den Bau einer neuen, effizienteren Generation von Kraftwerken mit höchsten Sicherheitsstandards.

Göpel: Glauben Sie es mir: Wir sind zu spät. Es wäre irrsinnig teuer. Und vergessen Sie bitte nicht, dass wir immer noch keine Lösung für den Atommüll haben. Stattdessen erleben wir gerade wieder dieses Desaster mit der Suche nach einem Endlager. Außerdem würde eine neue Atomkraftdebatte nur davon ablenken, dass wir uns ganz und gar auf die Erneuerbaren konzentrieren sollen.

Schäuble: Bei den Erneuerbaren stoßen wir ja auch an Grenzen. Wir kriegen die erneuerbare Energie ja gar nicht transportiert, weil wir die Leitungen vom Norden in den Süden nicht genehmigt und durchgesetzt bekommen. Ein paar einzelne Windräder im Schwarzwald lösen unser Energieproblem nicht. Wir bräuchten dann schon die größeren Windparks. Das aber möchten die Anlieger nicht und wehren sich. Ich kann das sogar verstehen.

Soll die Politik den Menschen eine bestimmte Technologie vorschreiben und sie in die E-Mobilität zwingen?

Schäuble: Zwang widerspricht meinen ordnungspolitischen Vorstellungen zutiefst. Politik setzt die Rahmenbedingungen, sollte aber keine Einzelvorschriften machen. Ich bin aber schon der Meinung, dass die Politik die Menschen darauf hinweisen soll, die ökologischen Folgen ihres Verhaltens stärker zu berücksichtigen. Sie muss auch dafür sorgen, dass sich in den Preisen für Autos die negativen externen Effekte fossiler Brennstoffe spiegeln. Mit der CO_2-Steuer und dem Emissionshandel machen wir das ja auch.

Was ist schlimmer: der Klimawandel oder der Schwund der Artenvielfalt?

Göpel: Ich glaube, der Verlust der Artenvielfalt ist fast das noch größere Drama. Dabei hängen die Lösungen oft eng zusammen: Wenn wir zum Beispiel am Amazonas irgendwann nicht mehr ausreichende Waldflächen haben, wird durch die Entwaldung nicht nur das CO_2 freigesetzt und die Senken verschwinden, es verdunstet auch nicht mehr genug Wasser, dadurch findet die Wolkenbildung nicht statt, es regnet nicht mehr ab und es gibt keinen Regenwald mehr. Das zerstört dann Orte, an denen besonders viele einzigartige Pflanzen und Tiere leben. Deshalb braucht es jetzt dringend ausgewiesene Schutzgebiete zur Rettung der Artenvielfalt.

Schäuble: Auch mir bereitet die Artenvielfalt noch mehr Sorgen als der Klimawandel. Ich glaube, wir müssen ein stärkeres Bewusstsein dafür schaffen, was es wohl bedeutet, wenn verschiedenen Pflanzenarten unwiderruflich aus der Welt verschwinden. Ich vermute, es sind auch hier die Beschleunigung der Globalisierung und der technologische Fortschritt, die solche irreversiblen Prozesse zur Folge haben. Deshalb frage ich Sie, Frau Göpel: Wäre es aus Ihrer Sicht denn möglich, für den Erhalt der Artenvielfalt einen ähnlichen politischen Rahmen zu schaffen, wie wir es beim Klima mit der CO_2-Bepreisung gemacht haben? Das wäre noch nicht die Lösung, würde das Thema Artenvielfalt für die Politik aber handhabbar machen.

Göpel: Genau das versuchen wir gerade. Das Stichwort heißt integrierte Landnutzung. Dazu gab es Ende 2020 vom »Wissenschaftlichen Beirat Globale Umweltveränderungen« ein Gutachten unter dem Motto »Landwende im Anthropozän«. Dort empfehlen wir unter anderem einen massiven Ausbau der Renaturierung von Landökosystemen und die Förderung einer auf Vielfalt beruhenden Landwirtschaft.

Schäuble: Das müsste dann aber überall in der Welt gelten. Ich kann ja die Artenvielfalt des Amazonas-Regenwalds nicht im Schwarzwald erhalten, sondern das muss man dann schon am Amazonas vor Ort machen.

Die Energiewende und die Maßnahmen gegen den Klimawandel kosten uns viel Geld. Corona und die Folgen kosten ebenfalls gigantische Summen. Gibt es beim Geld inzwischen keine Grenzen mehr?

Schäuble: Mir wird es da schon ein bisschen schwindelig. Ich kann mir nicht vorstellen, was Geld noch für eine Funktion haben sollte, wenn es in der Finanzpolitik keine Grenzen mehr gibt. Angesichts der immensen Ausgabeprogramme, aber auch angesichts der neuen digitalen Währungen ist es die große Frage, ob Geld, wie wir es kennen, ohne Grenzen überhaupt noch Geld ist. Die sozialpolitischen Folgen von alledem sind grauenvoll. Und nicht nur die sozialpolitischen, sondern eben auch die gesellschaftspolitischen Folgen.

Was meinen Sie damit? Die Gefahr einer Inflation?

Schäuble: Das weiß man nicht. Die Japaner haben seit dreißig Jahren hohe Staatsschulden und trotzdem keine Inflation. Warum das so ist, wissen die Ökonomen auch nicht. In Wahrheit wissen die Ökonomen oft wenig und entwickeln dann immer neue Theorien, reden von Helikopter-Geld und Ähnlichem. Ich bin nach acht Jahren als Bundesfinanzminister von den Ökonomen ein bisschen enttäuscht.

Göpel: Ich glaube, wir verabschieden uns gerade von einer einheitlichen Linie der Rolle der Zentralbanken. Wir kriegen das Problem der massiven Staatsverschuldungen nicht gelöst, ohne die Frage zu beantworten, wer darf Geld drucken und unter welchen Bedingungen? Ich finde, es war keine gute Idee, dass wir die Macht, Geld zu drucken, in private Hände gelegt haben. Die Folge sind sehr viele soziale Verwerfungen, da stimme ich Ihnen zu, Herr Schäuble. Jetzt haben wir ja kein Liquiditätsproblem per se, sondern eine sozial wie ökologisch parasitäre Investitionslogik großer Finanzkapitalbesitzer. Wenn man sich anguckt, wie jetzt die Mieten wieder steigen, wie die Bodenpreise steigen, Eigentum konzentriert sich weiter. Das wird hoch prekär, was wir nach Corona haben.

Schäuble: Deshalb lautet eine zentrale These meines Buches:

Ohne Grenzen geht es nicht. Der Wert von Gütern in der Ökonomie bestimmt sich nach der Knappheit. Wenn wir glauben, wir könnten die Grenzen aufheben, täuschen wir uns. Der Glaube, es sei etwas unbegrenzt verfügbar, führt zu gefährlichen Übertreibungen. Vielleicht bin ich ja bloß altmodisch. Aber ich bleibe der Meinung, dass Währungen im Verantwortungsbereich der staatlichen Regulierung und damit auch der Daseinsvorsorge bleiben sollten.

Die Schuldenbremse können wir also vergessen?

Schäuble: Nein, nein, nein! Die Schuldenbremse gilt, und ich bleibe dabei, sie ist richtig. Seit Corona grassiert bei vielen Finanzpolitikern leider das Gefühl, dass Geld überhaupt keine Rolle mehr spielt. Wer die Illusion schürt, Geld sei unbegrenzt, der nimmt der Gesellschaft die Eigenverantwortung.

Göpel: Also während der Pandemie gab es wirklich keine Alternative, als öffentlich Geld in die Hand zu nehmen …

Schäuble: Ja! Unstreitig. Die Schuldenbremse widerspricht ja auch nicht den jetzigen Corona-Hilfsmaßnahmen, sie ist aber grundsätzlich Ausdruck eines zentralen Prinzips öffentlicher Finanzen: Ausgaben müssen begrenzt sein, weil wir eine hohe Verantwortung auch für kommende Generationen haben.

Gilt Ihr Grundsatz, Grenzen zu respektieren, auch innerhalb von Europa, Herr Schäuble?

Schäuble: In Europa leben wir im Spannungsfeld zwischen dem begrenzenden Nationalstaat, der wichtige Bindungen vermittelt, und einer globalen Vernetzung in der Welt, die allen Erdenbürgern viele Vorteile bietet. Europa stellt für unsere Zeit einen vermittelnden Zwischenschritt dar zwischen einer Weltregierung und dem Nationalstaat.

Göpel: Wir brauchen beides: einerseits eine stärkere regionale und lokale Integration. Andererseits können wir uns dann um die wirklichen globalen Themen auf der globalen Ebene kümmern. Beides wäre ganz im Sinne des Subsidiaritätsprinzips, die zu lösende Herausforderung leitet also die Suche nach der sinnvollen Kooperationsebene an. Nationale Grenzziehung hat lange Zeit in unterschiedlichsten Varianten stattgefunden, mal integrierend und mal kolonialisierend. Ich suche danach, was die sinnvollen Grenzen sind und welche Prinzipien innerhalb dieser Grenzen gelten sollten.

Gesellschaftliche Entwicklung ist ein andauernder Such- und Anpassungsprozess. Wir tun uns alle keinen Gefallen, in hermetisch abgeriegelten Boxen und statischen Konzepten zu denken, lauter Kampfbegriffe in Stellung zu bringen und dann zu sagen, die sind auch noch maximal unvereinbar. Wenn wir demokratisch vorankommen wollen, dann geht es immer um den nächstmöglichen Schritt ohne dabei das große Ziel aus den Augen zu verlieren und sich auch an seiner schrittweisen Erreichung messen zu lassen. Es ist meine Hoffnung, dass die Wissenschaft hierzu einen Beitrag leisten kann.

Schäuble: Da bin ich ganz Ihrer Meinung, Frau Göpel. Wenn wir Probleme lösen wollen, dann geht das nur Schritt für Schritt, Versuch und Irrtum. Nicht aufhören zu arbeiten, jeden Tag wieder. Und nicht resignieren.

4

Grenzen der Vielfalt?
Über Nation, Identität und den gesellschaftlichen Zusammenhalt

Seit der Corona-Pandemie reden wir wieder verstärkt über ein *Wir*. Vordergründig geht es dabei um den Schutz vor dem Virus, dahinter liegt aber ein weitergehendes, schon länger spürbares gesellschaftliches Bedürfnis nach Gemeinsamkeit – nach allgemein gültigen Normen und Anstand. Anstand in der freiheitlichen Demokratie meint die moralische Selbstverpflichtung, nicht nur im Sinne des eigenen Vorteils zu handeln, sondern Verantwortung zu übernehmen – für den anderen, für die Mitmenschen. Es geht um Gemeinsinn. Das ist ein knappes und deshalb umso wertvolleres Gut, wie die Pandemie gezeigt hat. Im Unterschied zur Rede vom gesellschaftlichen Zusammenhalt, der das Kollektiv im Auge hat, betont die Kulturwissenschaftlerin Aleida Assmann zu Recht den intrinsischen Charakter des Gemeinsinns, der vom Einzelnen und dem, was er einbringen kann, ausgeht. Diesen Gemeinsinn brauchen wir erst recht in einer Welt, die dem Individuum so viel Raum zur Entfaltung wie nie zuvor gibt – und ihn dabei mit seiner Freiheit alleine lässt.

Die krisenhaften Monate des Shutdown haben uns auf drastische Weise den Wert sozialer Bindungen vor Augen geführt. Haben wir die gegenseitige Hilfe von Freunden, Bekannten, aber auch einander bislang unbekannter Nachbarn nicht gerade deshalb als so befreiend empfunden, weil viele den sozialen Zusammenhalt zuletzt schwinden sahen? Weil im Streben nach immer Mehr der Egoismus jeden Gedanken an das Gemeinwohl dominierte? Schon vor der Pandemie spürten wir doch, dass in unserer Gesellschaft etwas ins Rutschen geraten war, dass bei wachsender gesellschaftlicher Polarisierung oftmals das, was uns trennt, deutlicher erschien als das, was uns vereint: in Denkweisen, Zukunftserwartungen, Lebensstilen, zwischen Stadt und Land, zwischen Kosmopoliten und Heimatverbundenen, zwischen alten und neuen Mittelschichten.

Dabei ist, das legen Umfragen nahe, den Deutschen sozialer Zusammenhalt wichtig – wobei sie allerdings zugleich davon ausgehen, dass ihren Mitmenschen der Zusammenhalt der Gesellschaft sehr viel weniger bedeutet als ihnen selbst. Das Vertrauen in die anderen sinkt offenbar. Ein Austausch über Familien- und Freundeskreise hinaus, so die Sozialwissenschaftlerin Jutta Allmendinger, fände kaum mehr statt, die Menschen hätten sich in ihre Kokons zurückgezogen. Für sozialen Zusammenhalt genügt ein solches *Wir* nicht.

Aber was macht uns eigentlich aus? »Identitätskrise« – diese Diagnose geht in Deutschland immer wieder um. Ich erinnere mich lebhaft an die intensiven Debatten über *deutsche* Identität, als sich die ideologischen Blöcke in Ost und West noch atomar hochgerüstet gegenüberstanden. Und als nach dem Fall der Berliner Mauer zusammenwuchs, was zusammengehört, gewann die Frage, was uns eint, was uns und dieses Land ausmacht, neu an Brisanz. Die grundstürzenden Ereignisse vor drei Jahrzehnten zeigten, dass es auch über die Teilung hinweg ein emotionales Band gegeben hatte, ein Zusammengehörigkeitsgefühl, das sich stärker erwies als etwa der Verfassungspatriotismus, den bundesrepublikanische Intellektuelle an die Stelle eines einheitstiftenden Nationalbewusstseins setzen wollten.

Allein durch den Bezug auf politische Institutionen kann

Identität aber nicht erreicht werden. Der Verfassungspatriotismus kann nicht erklären, warum wir beim Länderspiel Deutschland gegen Frankreich unsere eigene Mannschaft anfeuern, obwohl beide Seiten ähnliche politische Werte vertreten. Wenn wir uns einem Gemeinwesen zugehörig fühlen wollen, muss es etwas geben, was uns auf einer *tieferen* menschlichen Ebene miteinander verbindet.

Deshalb lohnt es, gerade nach der Wir-Erfahrung im Zuge der Corona-Pandemie über Identität nachzudenken, über das, was *heute* ein Gefühl von Zugehörigkeit stiftet – zumal das menschliche Bedürfnis nach Geborgenheit in vertrauten Lebensräumen auch weiterhin auf eine als ungemütlich empfundene Welt voller Konflikte, Krisen und Kriege trifft, die medial stets präsent sind.

Der rasante gesellschaftliche Wandel ist für viele Menschen mit Sorgen vor dem Verlust des Vertrauten, von Heimat verbunden. Sie fürchten, von den Veränderungen überrollt zu werden, einer immer komplexeren Welt ausgeliefert zu sein. Das berührt unser Selbstverständnis als Individuum wie als Nation und verändert das Bild, das wir uns von anderen machen. Vom Theologen Richard Schröder stammt die schöne und zugleich treffende Aussage über das, was uns als Deutsche ausmacht: Deutschsein ist nichts Besonderes, aber etwas Bestimmtes. Aber wissen wir, was dieses Bestimmte ist? Ähnlich der Heimat, die uns gefühlsmäßig fast noch stärker scheint, wenn wir weit weg von ihr sind oder sie verloren haben, stellen wir auch Identitätsfragen vor allem dann, wenn wir uns unserer selbst nicht mehr so ganz sicher sind.

Identität entsteht immer durch die Begegnung mit dem anderen. In einem Gegenüber. Gerade in der Abgrenzung können wir uns selber erkennen. Das gilt im Persönlichen und es gilt für Gruppen, nicht zuletzt für Gesellschaften und Nationen. Selbst- wie Fremdwahrnehmung klaffen dabei oft auseinander. Wie der Blick von außen unser Selbstbild schärfen kann, wie erhellend es ist, mit Fremdwahrnehmungen konfrontiert zu werden, hat vor einigen Jahren der schottische Historiker Neil MacGregor mit seiner großen Ausstellung über Deutschland gezeigt. Sie hat erst im British Museum für Furore gesorgt und verblüffte dann in Berlin durch ihren speziellen britischen Blick. Die besondere Faszination, die ein Bollerwagen deutscher Vertriebener auf die Besucher in London ausgeübt hatte, erklärte MacGregor damit, die Vorstellung, dass 12 bis 14 Millionen Deutsche ihre Heimat verlassen und in die vier Besatzungszonen ziehen mussten, sei für Briten in etwa so, als »würde ganz Australien ins Königreich zurückkommen«. Der britische Ausstellungsmacher bewies *by the way* eindrücklich, dass man die deutschen Merkwürdigkeiten auch mit feinem Humor betrachten kann.

Die neuen Bruchlinien

Wer in einer Gesellschaft die Identitätsfrage stellt, fragt nach dem Zusammenhalt – und umgekehrt: Wo das Gefühl vorherrscht, Bindungen schwinden, werden Identitätsfragen virulent. Wir spüren doch, dass unsere Gesellschaften unter den Bedingungen von Globalisierung und Digitalisierung heterogener, unübersichtlicher und konfliktreicher werden. Soziologen, die sich derzeit so intensiv wie lange nicht mit Spaltungen in unserer Gesellschaft befassen, haben dabei nicht mehr vorrangig ökonomische und soziale Ungleichheiten im Blick. Sie beschreiben eine Zersplitterung der Gesellschaft in verschiedene Lebenswelten – in vorwiegend kulturell bestimmte Lebensstile, die kaum noch kompatibel seien.

Eine ihrer Bruchstellen verlaufe demnach im Verhältnis zur global vernetzten Welt: ob man ihr selbstbewusst zukunftsoffen begegne oder rückwärtsgewandt mit Furcht und Ablehnung. Zwischen den viel zitierten mobilen *»Anywheres«* einerseits, deren Identität auf Bildungs- und Berufserfolgen basiere, und den sicherheitsorientierten, heimatverbundenen *»Somewheres«*

andererseits. Deren Identität gründe in einer Orts- und Gruppenzugehörigkeit. Die Kluft dazwischen scheint tief, manchmal führt sie zu gegenseitiger Verachtung. Dann nämlich, wenn der Überlegenheitsanspruch der einen auf das Gefühl der anderen trifft, missachtet oder ignoriert zu werden.

Gerade die sogenannte »Generation Mitte«, also die 30- bis 59-Jährigen, beklagt, dass der Zusammenhalt immer weiter abnehme. Neben sozialen und kulturellen Aspekten wirken auch politische Einstellungen heute wieder verstärkt polarisierend – und noch immer der ost- bzw. westdeutsche Familienhintergrund.

2019 legten mehrere Studien offen, dass sich ein spezifisch *ost*deutsches Identitätsgefühl verfestigt. Während sich Westdeutsche in erster Linie als *Deutsche* und nicht als Westdeutsche sehen würden, identifizierten sich viele Ostdeutsche nach wie vor mit ihrem früheren Staatsgebiet. Sie sehen sich in erster Linie nicht als Deutsche, sondern als *Ost*deutsche. Ein bemerkenswerter Befund – dreißig Jahre nach der staatlichen Einheit, die vielen inzwischen so selbstverständlich scheint, dass sich das emotionale Band zwischen den Menschen in Ost und West lockert. Selbst junge Menschen, die gar keine Erinnerung an die DDR haben, definieren sich noch – oder sogar wieder – als Ostdeutsche. Legenden über die Treuhand werden wiederbelebt und weitergestrickt. Der Vorwurf, der Osten sei »kolonialisiert« worden, ist wieder lauter zu hören, was ihn nicht stichhaltiger macht.

Wie kann eine ostdeutsche Identität die Wirklichkeit unseres Landes widerspiegeln? Wohin zählt jemand, der seit dreißig Jahren in Passau lebt, aber aus Grimma stammt? Was ist mit Kindern, deren ursprünglich aus Bremen zugezogene Eltern seit Jahren in Greifswald leben? Wir alle sind von unserer Herkunft geprägt. Ich bin zuerst Badener so wie andere zuerst Sachsen, Anhalter oder Thüringer. Die 1990 wiedergegründeten Länder waren für viele Ostdeutsche Heimat, obwohl die SED sie in Bezirke aufgeteilt hatte. Sie haben zur Akzeptanz des zwar von den meisten gewollten, aber fremden bundesrepublikanischen Systems beigetragen. »Unbehaust im vereinigten Deutschland, aber doch in ihrem Land zu Hause«: So hat es Richard Schröder beschrieben. Das gerät in unseren Debatten über den Osten schnell in Vergessenheit.

Der Kalte Krieg hatte das Denken in Ost und West zementiert. Er ist zwar längst Geschichte, wirkt aber fort. Wo sich der Westen vom Osten ideologisch abgrenzte, prägte die Menschen hinter Stacheldraht und Mauer etwas ganz anderes: Viele DDR-Bürger verglichen ihr Leben mit dem der Westdeutschen – zumindest mit dem, was sie darüber wussten. Dessen Freiheiten, Wohlstand und Konsumangebote waren ihnen das Maß der Dinge, wobei gerade der Mangel an eigener Freiheit und eigenen Konsumgütern in der DDR zu dieser Wertschätzung beitrug. Das westdeutsche Gegenüber bestand im Transformationsprozess der Neunzigerjahre fort, jetzt innerhalb der Gesellschaft – und es blieb zwangsläufig prägend, sich weiter damit zu vergleichen. Nicht selten auf Kosten der Selbstachtung.

Frustriert von der medialen Debatte der letzten Jahre fragt die frühere DDR-Athletin und heutige Publizistin Ines Geipel: Wo bleibt die ostdeutsche Glückserzählung? Ich halte das für eine berechtigte Frage. Umfragen sagen uns, dass die allermeisten Menschen in den neuen Ländern froh sind über die Deutsche Einheit. Es gab gleichwohl im Glück der Wiedervereinigung persönliche Tiefschläge, Niederlagen, Demütigungen. Häufig haben die Menschen beides erfahren. Nicht nur die Teilung, sondern auch die Einheitsjahre haben im Privaten und im Berufsleben Spuren hinterlassen. Dazu gehören erfüllte Wünsche und realisierte Träume genauso wie erlittene Enttäuschungen durch den Verlust von Arbeit, von Heimat, von Vertrauen, in sich und in andere.

Im Unterschied zu den meisten Westdeutschen beschritten viele Ostdeutsche neue Lebenswege, gelungene und verschlungene. Die Perspektive ist verschieden, in Ost und West, bei jung oder alt, in der Stadt oder in ländlichen Regionen, von Optimisten und Pessimisten. Jede Erfahrung hat ihren Wert. Und aus all diesen Geschichten setzt sich die Deutsche Einheit als ein vielfältiges, facettenreiches und widersprüchliches Bild zusammen.

Zur Wahrheit gehört, dass sich für viele Westdeutsche vor dreißig Jahren fast nichts änderte. Für die meisten Ostdeutschen ändert sich dagegen auf einen Schlag fast alles. Sie mussten sich anpassen, und das in kürzester Zeit unter schwierigen wirtschaftlichen Bedingungen, deren Ausmaß die meisten damals nicht vorhergesehen hatten. Das ist eine enorme Leistung, die wir gesamtgesellschaftlich noch immer zu wenig würdigen. Denn es könnte dazu beitragen, dass persönliche Enttäuschungen, die es zwangsläufig gab, nicht dazu verleiten, die unerwünschten Folgen der Wiedervereinigung den Westdeutschen anzulasten – ebenso wenig übrigens, wie man im Westen der Versuchung nachgeben sollte, die sogenannten »Kosten der Einheit« für das vermeintliche Grundübel vieler Schwierigkeiten im wiedervereinigten Deutschland zu halten.

Subjektiv empfundene allzu große Unterschiede zwischen den Lebensbedingungen in Ost und West; ein Mangel an westdeutscher Anerkennung ostdeutscher Lebensleistungen; selbst erfahrene und inzwischen über Generationen tradierte Kränkungen im Transformationsprozess der Neunzigerjahre, die sich in der negativen Wahrnehmung der Arbeit der Treuhand manifestieren; schließlich die demografischen Auswirkungen der Abwanderung von Ost nach West – all dies bildet heute ein Gemisch für eine Identität, die die Spaltung zwischen Ost und West eher zementiert als sie zu überwinden hilft. Dafür trägt auch der Westen Verantwortung mit seinem allzu selbstgefälligen Glauben an die Alternativlosigkeit der eigenen Konzepte und Modelle und der allzu überheblichen Erwartung, es gebe keine andere Möglichkeit, als sich diesen im Transformationsprozess zu unterwerfen.

Manch einer im Osten wiederum pflegt bewusst die Wunden und damit den eigenen Opferstatus, statt selbstbewusst darauf zu verweisen, mit der Bewältigung massiver gesellschaftlicher Umwälzungen den Menschen im Westen eine Erfahrung *vorauszuhaben* – einen Vorsprung, der angesichts der uns alle gleichermaßen betreffenden Veränderungen im Prozess der fortschreitenden Globalisierung und Digitalisierung von beiderseitigem Nutzen sein kann.

DDR-Bürger haben 1989/90 Demokratiegeschichte geschrieben, sie dürfen und sollten darauf bestehen, dass ihre Stimmen gehört und ihre Erfahrungen gleichberechtigter Teil der gesamtdeutschen Erzählung werden. Die *eine* ostdeutsche Erfahrung gibt es natürlich nicht, sie sind vielfältig. Und mit einigen dieser Erfahrungen sind Ostdeutsche nicht allein: Auch im Westen erlebten manche den Untergang von Industrien, den Verlust existenzieller Sicherheit. Interessiert man sich im Osten für diese Brüche? Für andere einschneidende kollektive Erlebnisse?

Die Nachfahren der sogenannten Gastarbeiter erinnern daran, dass ihre Eltern und Großeltern die Bundesrepublik mit aufgebaut haben. Dass sie ein wichtiger Teil des Wirtschaftswunders waren. Sie erzählen Geschichten von fehlender Anerkennung und dem Gefühl, ausgeschlossen zu sein, sosehr sie sich auch anstrengen mögen. Kennen Ostdeutsche diese Erzählungen? Erkennen sich darin womöglich manche sogar wieder? Auch Westdeutsche schauen gerne daran vorbei. Wir alle gewinnen jedoch, wenn diese vielen Erfahrungen im Zuge grundstürzender Veränderungen selbstbewusst zum Gegenstand gesellschaftlicher Debatten gemacht würden – insbesondere seit wir sehen, dass die Zumutungen der Globalisierung vor niemandem haltmachen. Es wäre ein nachhaltiger Beitrag zur inneren Einheit unseres Landes.

Unsere Gesellschaft ist heute bunter und vielfältiger. Durch Menschen ganz unterschiedlicher geografischer, kultureller, sozialer und religiöser Herkunft. Je komplexer unsere Gesellschaft ist, desto notwendiger wird die verlässliche Einübung und Beachtung gesellschaftlicher Regeln, übrigens auch die Durchsetzung dieser Regeln – und der Wille und die Eigenleistung, sich auf ein Leben in dieser Gesellschaft einzulassen. Das ist Teil unseres Selbstverständnisses: Unsere Gesellschaft geht vom frei entscheidenden Individuum aus. Leben ist, wie Karl Popper sagte, ein permanentes Lernen durch tägliches Problemlösen und Fragenbeantworten. Die offene Gesellschaft verändert sich selbst und den Einzelnen durch den dauernden Abgleich der menschlichen und natürlichen Wirklichkeit mit der Theorie und unseren subjektiven Vorstellungen. Die offene Gesellschaft ist kein exklusiv westliches Monopol, sie kann eine universelle Art des Zusammenlebens sein.

Vielfalt ist dabei nicht nur ein Wort, um die gesellschaftliche Realität zu benennen. Sie ist ein Wert, der Neugier fordert, Interesse am anderen, Austausch – auch um ihr das Bedrohliche zu nehmen, das manche dabei empfinden. Sich für die Herkunft des anderen zu interessieren, heißt nicht, ihn darauf zu reduzieren. Aber die Herkunft darf nicht dazu missbraucht werden, um herabzusetzen und auszugrenzen. Wenn Hass geschürt und Aggression auf die Straße getragen wird, von wem auch immer, müssen wir entschieden einschreiten, mit rechtsstaatlicher Härte.

Wo Vielfalt herrscht, wird die Frage nach dem Verbindenden wichtiger. Wie wir miteinander leben wollen und mit anderen umgehen: das ist auch eine Frage der Erziehung. In Familien erleben wir das Glück menschlicher Bindungen – und dass Wünsche und Belange der anderen auch belastend sein können. Gemeinsinn lässt sich staatlich nicht erzwingen. Die Politik kann aber Anreize schaffen – und sie sollte sich der Frage stellen: Wie erhalten und wie schaffen wir neue Orte, Zeit und Gelegenheiten, wo sich Menschen aus unterschiedlichen Schichten und Lebenswelten beggnen können? Wo sie miteinander kooperieren müssen, einander kennenlernen und sich miteinander auseinandersetzen? Vereinzelungsorte haben wir doch genug.

Allen Säkularisierungs- und Individualisierungsprozessen zum Trotz, mit denen die traditionellen Vermittler von Identität wie Religion, Nation oder Klasse an Bedeutung verloren haben: Wir kommen ohne Identität nicht aus, weil sie uns »Konturen, Gewohnheiten, Werte, eine Art von Sinn und Ziel« geben, wie der britische Philosoph und Identitätsforscher Kwame Anthony Appiah sagt, der gleichzeitig betont, dass sich Identität auch nicht einfach selbst auswählen ließe, weil eben auch andere, die etwas Bestimmtes in uns sehen, uns entsprechend ansprechen würden. Das gilt für das Individuum wie für Gemeinschaften, deren Identität nur nicht zum Gefängnis werden darf.

Denn Gruppenidentitäten ist immer die Ambivalenz eigen, Zusammengehörigkeit nach *innen* zu schaffen, indem sie die Abgrenzung nach *außen* schärfen. Das eine geht nicht ohne das andere. Davon erzählt nicht zuletzt die gewalttätige Geschichte der Nationen als eine der wirkmächtigsten Fiktionen von Zugehörigkeit. Der Politikwissenschaftler Herfried Münkler hat Mythen untersucht und zeigt, wie die großen Erzählungen unsere nationale Identität geformt haben, mit ihrer nach innen bindend wirkenden, mobilisierenden Kraft durch Ab- und *Aus*grenzung – indem sie dazu zwingt, sich anzupassen.

Identität und mit ihr die Frage, wer eigentlich dazugehört, berührt damit das sensible Verhältnis von Mehrheit und Minderheit. Verantwortlich mit diesem Verhältnis umzugehen, heißt, nicht wie im übersteigerten Nationalismus die Balance zu verlieren. Sonst sind die Folgen verheerend, nach innen wie nach außen.

Wir Deutschen wissen das aus eigener Erfahrung nur zu gut. Die Nationalsozialisten versprachen eine »Volksgemeinschaft«, eine Gemeinschaft, die soziale Ungleichheit, kulturelle Spaltung und die politischen Gegensätze der Weimarer Republik überwinden würde. Der Preis dafür war, dass viele Bürger aus der Gesellschaft ausgeschlossen wurden: politisch Andersdenkende etwa, ethnische und religiöse Minderheiten, vor allem: Juden. Antisemitismus war der Kitt, der die nationalsozialistische Gesellschaft zusammenhielt. Die Illusion einer homogenen Volksgemeinschaft führte nach Auschwitz, in den Völkermord an den europäischen Juden.

Wir haben daraus Lehren gezogen – in einem schmerzhaften, aber unumgänglichen Prozess der historischen und juristischen Aufarbeitung. »Man kann dieses Land nur mit gebrochenem Herzen lieben«, hat Bundespräsident Frank-Walter Steinmeier zum 75. Jahrestag des 8. Mai beides in Worte gefasst: Dass wir die Verbrechen der Nationalsozialisten nicht vergessen dürfen und dass es zugleich auch die *positive* Identifikation mit der Gemeinschaft und dem Staat braucht, in dem wir leben.

In einem Land, das von Zuwanderung geprägt ist, müssen Identifikationsangebote für diejenigen erkennbar sein, die zu uns kommen und hier neuen Halt suchen – und das nicht selten aus Gemeinschaften mit starker eigener Identität. Sonst bestellen andere das Feld. Saša Stanišić, der Träger des Deutschen Buchpreises von 2019, erzählt in seinem autobiografischen Werk »Herkunft« eindrücklich vom »Identitätsstress« derer, die nicht mehr da leben dürfen oder wollen, wo sie geboren wurden. Davon, was einem Abstammung und Familienwurzeln geben, aber auch vorenthalten können.

Deutsche Muslime? Muslimische Deutsche!

Eine freiheitliche, pluralistischer werdende Gesellschaft bleibt nur stabil, wenn sie ein hinreichendes Maß an Zugehörigkeit und Vertrautheit vermittelt – Alteingesessenen wie Zugewanderten. Das ist die Gestaltungsaufgabe, die uns unter den Bedingungen der Globalisierung gestellt ist. Die zunehmende religiöse Pluralisierung unserer Gesellschaft ist als Folge von Wanderungsbewegungen zugleich eine ethnische und kulturelle Pluralisierung.

Seit 2015 hat sich auch die Vielfalt innerhalb der muslimischen Bevölkerung bei uns vergrößert.

Wir haben dabei lange unterschätzt, dass zunehmende religiöse und kulturelle Vielfalt zu Konflikten in der Gesellschaft führt. Und dass sich die Herausforderungen nicht allein durch Verweis auf das Grundgesetz lösen lassen. Wie schaffen wir es, dass Muslime ihre religiöse Identität in den politischen Rahmen Deutschlands integrieren? Dass sie, ob jüngst zugewandert oder längst eingebürgert, sich als selbstverständlich zugehörig zu unserer freiheitlichen, offenen Gesellschaft empfinden? Das Ziel der Deutschen Islamkonferenz, die ich bereits 2006 ins Leben gerufen habe, lautet nach wie vor: aus deutschen Muslimen muslimische Deutsche machen.

Die Herausforderungen sind allerdings nicht geringer geworden. Wir wissen aus Studien, dass sich die größte Gruppe der Muslime bei uns, die Türkeistämmigen, seit einigen Jahren ihrem Herkunftsland wieder stärker verbunden fühlen. Dass fast die Hälfte von ihnen meint, die Befolgung der religiösen Gebote sei wichtiger als die deutschen Gesetze. Und dass ein Drittel für eine Rückkehr der Muslime zur Gesellschaftsordnung aus Mohammeds Zeiten plädiert. Die allermeisten in Deutschland lebenden Muslime schätzen die Demokratie. Und doch haben bei der Abstimmung über die türkische Verfassungsreform über 60 Prozent mit »Ja« votiert – ein weitaus höherer Anteil als in der Türkei selbst. Das wirft Fragen auf, selbst wenn sich nur knapp die Hälfte der Wahlberechtigten am Referendum beteiligt hat.

Auf der anderen Seite wächst in Deutschland die pauschale Ablehnung des Islam. Während nur eine Minderheit dem Islam positive Eigenschaften zubilligt, verbinden die meisten mit der muslimischen Religion die Diskriminierung von Frauen, Fanatismus und Gewaltbereitschaft. Ein Bild, das dem der meisten Muslime von ihrer Religion geradezu diametral entgegensteht. Ein Zerrbild, das sich zum Feindbild zu verfestigen droht. Daran kann niemand, der sich um ein gedeihliches Miteinander in der offenen Gesellschaft sorgt, ein Interesse haben. Am allerwenigsten Muslime selbst. Eine deutliche Grenze gilt es zu jenen zu ziehen, die Muslimen Integrationsbereitschaft und Integrationsfähigkeit per se absprechen. Deren Kritik am Islam sich als Sorge um Demokratie und christliches Abendland tarnt, tatsächlich aber das Ressentiment verhüllt: die Ablehnung einer Gruppe von Menschen aufgrund ihres Glaubens.

Die Schutzpflicht des weltanschaulich neutralen Staates für die Religionsfreiheit besteht unabhängig von jeweiligen religiösen Normen und Wertvorstellungen. Hinnehmen muss und darf er dennoch nicht alles. Das gilt insbesondere dort, wo religiös begründete Verhaltensweisen den unaufgebbaren Prinzipien unserer Verfassung entgegenstehen. »Kein Glaube« – so der vormalige Richter am Bundesverfassungsgericht Dieter Grimm – »muss mit dem Grundgesetz vereinbar sein, aber nicht alles, was ein Glaube fordert, darf unter dem Grundgesetz verwirklicht werden.« Um diese Abgrenzung geht es.

Die Grenzen im Konkreten zu setzen, ist allerdings alles andere als trivial. Abstrakte Antworten gibt es nicht. Lehrerinnen oder Richterinnen mit Kopftuch? Religiös motivierte Beschneidungen? Schwimmunterricht für Mädchen muslimischen Glaubens? Kreuze in Klassenzimmern und Amtsstuben? Das alles sind Konflikte, die immer wieder neu auszuhandeln sind. In der gesellschaftlichen Praxis, durch die Rechtsprechung, durch den Gesetzgeber.

Neben der selbstverständlichen Beachtung von Recht und Gesetz geht es um mehr: Muslime müssen sich wie alle anderen auch klarmachen, dass sie in einem Land leben, das von christlichen Traditionen und den Freiheitswerten der Aufklärung geprägt ist. Es geht um unsere Art zu leben. Wir müssen von Zugewanderten aus anderen Kulturen einfordern, unsere Lebensweise zu respektieren. Dafür brauchen wir aber zu allererst eins: klare Vorstellungen davon, was wir eigentlich meinen, wenn wir von »unserer Lebensweise« sprechen, was uns selbst wichtig ist. Nur wenn wir das selbstbewusst leben, wenn wir es selbst vorleben, können wir es anderen vermitteln.

Integration ist keine Einbahnstraße. Sie braucht die grundsätzliche Offenheit und das Bemühen in der Mehrheitsgesellschaft, Minderheiten einzubeziehen. Und sie braucht die Bereitschaft der Eingewanderten, bei uns anzukommen, die Sprache zu lernen, Teil der Gesellschaft zu werden, die freiheitliche Grundordnung und ihre Werte anzuerkennen: die freie Entfaltung der Persönlichkeit, die Gleichberechtigung von Frauen, die Toleranz gegenüber Andersgläubigen, Andersdenkenden, Anderslebenden.

Allerdings gehören auch nicht alle Normen und Werte, von denen wir überzeugt sind und die von allen akzeptiert werden sollen, seit 70 Jahren zur unbestrittenen bundesdeutschen Leitkultur. Homosexualität war mal ein Straftatbestand. Und erst in den 1970er-Jahren wurden Frauen ihren Ehemännern rechtlich gleichgestellt. Gesellschaftliche Normen ändern sich. Kulturen wandeln sich. Und dieser Wandel benötigt Zeit. Letztlich braucht es eine innerislamische Auseinandersetzung, eine Reformdiskussion unter den Muslimen selbst, um den Islam in unserer Demokratie zu entwickeln. Um einen Islam zu schaffen, der sich in Deutschland zu Hause fühlt. Der dazugehören will. Das ist keine staatliche Aufgabe – und kann es auch nicht sein.

Wir alle könnten sehr viel stärker differenzieren – auch wenn das angesichts der hohen Erregungsfrequenz, der Polarisierung und Radikalisierung unserer Debatten in Sachen Islam schwieriger wird: Wer Probleme benennt, gilt schnell als islamfeindlich, womöglich gar als Rechtsradikaler. Und wer die Daseinsberechtigung des Islam in Deutschland verteidigt, gilt umgekehrt als »Islamversteher«, der vermeintlich der Unterdrückung von Frauen das Wort redet.

Aber niemandem ist mit einer Atmosphäre geholfen, in der

gut integrierte Menschen sich unserer Gesellschaft entfremden, weil das Reden über *den* Islam und *die* Muslime – und das fast ausschließlich in Problemkontexten – dazu führt, dass sie sich angegriffen und abgewertet fühlen. Wenn über die Hälfte der Türkischstämmigen in diesem Land das Gefühl hat, trotz ernsthafter Anstrengungen niemals akzeptiert zu werden, nimmt das auch die Mehrheitsgesellschaft in die Verantwortung.

Viele Musliminnen und Muslime, zahlreiche Menschen aus anderen Kulturen mit einem anderen Glauben, sind längst bei uns angekommen und leben – wie Düzen Tekkal das nennt – ihren *German Dream*. Sie nutzen die Möglichkeiten, die dieses Land jedem bietet: das Leben nach den eigenen Vorstellungen zu gestalten. Das ist erfolgreiche Integration als gelebte Normalität und ein Teil der Wirklichkeit, der in der öffentlichen Wahrnehmung häufig zu kurz kommt.

Wir sollten vor allem auch den Stimmen genau zuhören, die unbequeme Fragen stellen. So wie der Schriftsteller Deniz Utlu, der in der Bahn, in der er nach dem Attentat von Hanau fuhr, keinen Unterschied zu anderen Tagen bemerkt hat, und der deshalb jeden Einzelnen aufforderte, sich zu fragen: »Was geschah im Herzen, als die Nachricht aus Hanau kam? Gar nichts? Etwas? Was genau? Gleichgültigkeit? Angst? Angst wovor? Wut? Wut worauf? ... Hat man im Büro darüber gesprochen, oder war es ein Arbeitstag wie jeder andere auch? ... Jeder kann sich befragen, was die Ermordung dieser Menschen mit ihm oder ihr gemacht hat. Und wenn es nichts macht, wenn diese Gesellschaft zu keiner ehrlichen Trauer fähig ist, dann können wir fragen, weshalb das so ist, und nach unserer Menschlichkeit suchen.«

In schmerzhafter Konsequenz weitergedacht, heißt das: Was wäre eigentlich passiert, wenn es sich in Hanau nicht um einen Mordanschlag auf Muslime, sondern um ein islamistisches Attentat gehandelt hätte? Der Umgang mit Attentaten wie in Hanau fordert Aufrichtigkeit von uns als Gesellschaft – indem wir uns eingestehen, dass wir bei der Integration noch lange nicht da sind, wo wir sein sollten. Integration verlangt allen etwas ab, wenn sie gelingen soll. Und sie verlangt von uns auch auszusprechen, was wir an Integration einfordern und wo die Grenze dessen liegt, was unsere Gesellschaft an Verschiedenheit erträgt – zumal unter den Bedingungen einer Welt im rasanten Wandel, in der wir Fremdheitsgefühle angesichts tiefgreifender Veränderungen der gewohnten Umwelt ernst nehmen sollten, wenn wir auch jene Menschen wirklich erreichen wollen, die Vielfalt mit Skepsis begegnen.

Wer sich angesichts des gesellschaftlichen Wandels auf der Verliererseite wähnt und sich überfordert sieht, ist deshalb noch kein Rassist. Diese Fähigkeit zu differenzieren sollten wir nicht aufgeben, wenn wir uns dem gesellschaftlichen Resonanzraum zuwenden, in dem sich Fremdheitsgefühle erst radikalisieren.

Der gesellschaftlichen Vielfalt und der Bandbreite an legitimen Gefühlen werden wir jedenfalls nicht gerecht, wenn wir Menschen allzu leichtfertig abstempeln – als rechts oder links, als fremd oder rassistisch, als idealistisch oder naiv. Es geht vielmehr darum, genau dort die Grenze zu ziehen, wo der Kern unserer Ordnung verletzt wird: bei der Würde und den Rechten des Individuums. Sie zu schützen, ist Aufgabe des Staates, sie anzuerkennen, ist die Verpflichtung jedes Einzelnen von uns.

Für die innere Stabilität einer Ordnung, der sich Menschen anvertrauen, ist entscheidend, dass diese es vermag, das menschliche Bedürfnis nach Sicherheit zu stillen. Die Menschen haben nur dann Vertrauen, wenn der Staat seiner Verpflichtung gerecht wird, allen den größtmöglichen Schutz zu gewähren, und er damit ein Grundgefühl von Sicherheit vermittelt: denen, die sich – noch immer oder erneut – gesellschaftlich ausgegrenzt sehen, und auch denen, die durch ein empfundenes Übermaß an Veränderungen meinen, zunehmend den Halt zu verlieren. Verunsicherung und gesellschaftliche Konflikte dürfen wir nicht beschweigen, aber wie wir darüber politisch diskutieren, bestimmt mit darüber, rassistischen Taten wie in Hanau oder Halle vorzubeugen – indem wir ihnen den Nährboden entziehen, auf dem sie wachsen. Und Wege für ein menschliches Miteinander zu beschreiten.

Die Migration zwingt uns als Einwanderungsgesellschaft aus der Defensive und in einen Prozess der Verständigung und Selbstverständigung. Migration hat aber viele Facetten. Sie betrifft nicht nur Zuwanderer aus dem Ausland. Migration gibt es auch innerhalb von Staaten und Gesellschaften. Diese Binnenbewegungen sollten wir gerade mit Blick auf die besondere Entwicklung in den ostdeutschen Bundesländern nicht vernachlässigen. Hier lösten Wanderungsbewegungen in den letzten Jahrzehnten gewaltige Veränderungen aus.

Die Abwanderung jüngerer, gut ausgebildeter und bürgerlich geprägter Bevölkerungsgruppen hatte lange vor dem Fall der Mauer begonnen und zur Erosion der DDR beigetragen. Beides – die erhebliche Abwanderung und der spätere Zuzug von Westdeutschen, die Leitungsfunktionen im Osten übernahmen – hat psychologische Auswirkungen. Auch daher rührt das verbreitete Gefühl von Heimatverlust und Zurücksetzung, der Eindruck schwindenden Zusammenhalts. Die unterschiedlichen Erfahrungen, die die Menschen nicht nur vor dem Mauerfall, sondern auch im Transformationsprozess nach der Wiedervereinigung gemacht haben, sind nicht zu übersehen, ebenso die Frage, wie wir uns dieser Realität stellen. Toleranz und die Bereitschaft, die Vielfalt an unterschiedlichen persönlichen und kulturellen Prägungen als Realität anzunehmen, wird eher wachsen, wenn wir uns darüber offen austauschen.

Unsere modernen Gesellschaften verlieren auch deshalb an Zusammenhalt, weil die Menschen heute mobiler sind als früher. Viele leben nicht an ihrem Geburtsort. Arbeit und Wohnung liegen oft weit auseinander. Die Großeltern leben an einem

Ende der Republik, die Enkel am anderen und die mittlere Generation wieder woanders. Das ist Normalität. In den Kommunen erleben wir den beschleunigten Wandel, der auch ein demografischer ist, unmittelbar. Er wird hier konkret, mit all seinen Problemen und Konflikten, wenn sich aus manchen Gegenden die Jüngeren verabschieden und nur die Älteren bleiben. Wenn Menschen an einem Ort arbeiten, am zweiten wohnen und am dritten ihre Familie haben. Wenn sich die Lebensverhältnisse so ungleich entwickeln, dass sich die Spaltung der Gesellschaften in Arm und Reich auf dem Stadtplan ablesen lassen und sich in manchen Stadtvierteln die Probleme ballen – weil dort die Ärmeren, die weniger Gebildeten, die Zugewanderten wohnen.

Unser Grundgesetz postuliert in Artikel 72 die Herstellung gleichwertiger Lebensverhältnisse. Zu große Unterschiede werden als ungerecht empfunden, sie gefährden die soziale Balance. Gleichwertige Lebensverhältnisse sind zwingende Voraussetzung für den sozialen Frieden. Gleichwertigkeit heißt aber nicht Gleichheit. Dieser entscheidende Unterschied trägt der historisch und kulturell gewachsenen Vielfalt als Reichtum unseres Landes Rechnung. Ungleichheiten bestanden und bestehen – erst recht im föderalen Staat. Es braucht einen Ausgleich, aber Unterschiede wird es weiterhin geben. Das Grundgesetz spricht seit 1994 nicht mehr von der »Wahrung«, sondern von der »Herstellung« gleichwertiger Lebensverhältnisse, und verweist damit auf einen dynamischen Prozess. Schließlich haben sich gerade Ungleichheiten immer wieder als Movens für gesellschaftliche Veränderungen erwiesen. Wettbewerb führt zu einem Kräftemessen, das letztlich den Wohlstand mehrt. Oswald von Nell-Breuning forderte als Nestor der Sozialen Marktwirtschaft entsprechend Solidarität – aber nicht mehr, als die menschliche Natur dauerhaft zu geben bereit ist.

Plurale Gesellschaft und Nationalgefühl

Der Wunsch nach Überschaubarkeit, nach einem durch und durch solidarischen Miteinander ist genauso menschlich, wie er idealisiert ist. Er findet sich heute in Ost und West wie in Nord und Süd. In einer zersplitterten, individualisierten Welt sehnen sich viele nach einem Umfeld, in dem sich der Einzelne sicher und gut aufgehoben fühlt. In eng begrenzten sozialen Kleingruppen. Unproblematisch ist das nicht. Der US-amerikanische Philosoph Michael Sandel spricht von kaum mehr kompatiblen Lebenswelten, die dabei entstünden – von denjenigen am oberen und denen am unteren Rand der Gesellschaft. Auch Andreas Reckwitz, der die kulturellen Bruchstellen betont, das Verhältnis zur globalen Welt, der man entweder mit Offenheit begegnet oder mit Furcht und Ablehnung, fordert mit Blick auf den gesamtgesellschaftlichen Zusammenhalt, das Allgemeine müsse gegenüber dem Besonderen, nach dem viele heute streben, neu austariert werden. Aber wie, wenn sich sogar ein gemeinsamer Erfahrungs- und Diskursraum in einer »Gesellschaft der Singularitäten« aufzulösen scheint?

Von Kwame Anthony Appiah stammt ein schönes Bild: Das Nationalgefühl sei kein Mineral, das man ausgräbt, sondern ein Stoff, den es zu weben gilt. Nationale Identität setze nicht voraus, dass wir alle bereits dieselben wären, also im Herder'schen Sinne von einem einheitstiftenden »Volksgeist« beseelt. Das Leben ist vielschichtig und der Mensch nicht eindimensional. Wer wollte sich auf *eine* Identität reduzieren lassen – schon gar auf eine unveränderliche?

Man solle sich nur einmal vorstellen, man würde in allem, was man tut, denkt, fühlt, Deutscher sein, nur als Deutscher agieren, essen, lieben – das, bemerkt Navid Kermani, wäre doch ziemlich grauenhaft. Es braucht allerdings auch eine verbindende gemeinsame Erzählung – und eine uns einende Aufgabe. Deshalb liegt in der gemeinsamen Bewältigung der Corona-Krise, bei der nur die Disziplin *aller* die Infektion *Einzelner* verhindern kann, auch eine Chance, den Zusammenhalt nachhaltig zu stärken.

Wir sollten dennoch nicht naiv glauben, das gelänge uns, weil das Virus alle Menschen gleich bedroht. Die Risiken sind ungleich verteilt. Aus medizinischer Sicht sind Ältere besonders gefährdet, umgekehrt tragen die Jüngeren einen großen Teil der wirtschaftlichen und sozialen Folgen. Wochenlange Schulschließungen beeinträchtigen die Bildungschancen von Kindern, die Wirtschaftskrise die Chancen junger Erwachsener am Ausbildungs- und Arbeitsmarkt.

Der zu Beginn der Pandemie spürbar gewachsene gesellschaftliche Zusammenhalt wird sich deshalb daran beweisen, ob wir hier zu einem vernünftigen und mehrheitlich getragenen Ausgleich der unterschiedlichen und gleichermaßen legitimen Interessen kommen. Und wenn wir dabei auch beherzigen, worauf zu Recht hingewiesen wird: dass wir das in der Pandemiebekämpfung allgemein angeordnete *Social distancing* sehr unterschiedlich erleben – weil auch die Bedingungen der Isolation ganz unterschiedliche sind. Wer sich in seinen Garten, ins Ferienhaus oder auch nur auf seinen Balkon zurückziehen kann, wird die Zeit anders erleben als eine Alleinerziehende, die in einer Zweizimmerwohnung die Herausforderung des *homeschooling* bei gleichzeitigem *homeoffice* bewältigen muss.

Ich bin davon überzeugt, dass wir eine Basis für das Zusammenleben in der Gesellschaft finden können, ohne dass der Einzelne die eigene Identität oder seine kulturellen Wurzeln aufgeben muss, wir gleichzeitig aber offen genug sind, um uns aufeinander einzustellen und uns als Teil eines Gemeinwesens zu fühlen. Erst *Teilnahme* ermöglicht schließlich auch *Teilhabe*: Jede demokratisch verfasste Gemeinschaft braucht Bürgerinnen und Bürger, die sich mit ihr identifizieren, die sich ihr zugehörig fühlen. Nur so vertrauen sie sich in Freiheit und in den rechtsstaatlichen Grenzen dem Mehrheitsentscheid an. Dazu sind verbindende Erfahrungen, Mythen oder Bedrohungen erforderlich. Wie stark eine plural verfasste Gesellschaft zusammenhält und in der Vielfalt ein Gefühl des Miteinanders entstehen lässt, hat mit ihrer Fähigkeit zu tun, Konflikte auszuhalten und darauf vorbereitet zu sein; es hat mit Bindekräften wie Toleranz, Respekt, Vertrauen und Empathie zu tun. Stattdessen erleben wir, dass die politischen Debatten rigider geführt werden, als wir es lange gewohnt waren, und zunehmend unversöhnlich. Gerade in der akademischen Welt sehen wir Tendenzen, die wir bislang vor allem aus den USA kannten: Unter Schlagworten wie *Wokeness* und *Cancel Culture* wird in moralisierender und rechthaberischer Abkehr von Toleranz die Freiheit des Arguments eingeschränkt. Im Schutze eigener Anonymität werden öffentliche Attacken gegen politisch missliebige Professoren gefahren und diese persönlich verächtlich gemacht – um zu bestimmen, worüber diskutiert und was gesagt werden darf. Und es wird inzwischen auch an hiesigen Universitäten darüber diskutiert, Studierende vor selbst empfundenen Zumutungen oder auch nur *möglichen* Kränkungen einer modernen, komplexen und pluralen Welt beschützen zu wollen. Verloren geht dabei zunehmend die Fähigkeit zu differenzieren. Die Folge, die es hat, wenn es etwa auf die Intention des Sprechers gar nicht mehr ankommt, sondern nur darauf, wie der Adressat das Gesagte versteht, hat der Literaturwissenschaftler Gerhard Kurz prägnant zusammengefasst: »Man zerstört die Grundlage der Kommunikation und man macht sich zugleich zum Ankläger und Richter, zum Opfer und Herrn der Sprache. Man klagt sprachliche Anerkennung ein, verweigert aber dieselbe dem Sprecher. Da jede Äußerung Gesagtes und Gemeintes, Ausdruck und Intention untrennbar umfasst, läuft die Tilgung der Intention des Sprechers auf eine Enteignung seiner Sprache hinaus. Mehr noch: Getilgt wird mit seiner Intention auch die Personalität des Gegenübers. Die eigene Befindlichkeit, das eigene Sprachverständnis wird absolut und hegemonial gesetzt.«

Um solchen Irrwegen zu begegnen, sollten wir ernst nehmen, wovor weitblickende angelsächsische Gelehrte warnen. Der Politikwissenschaftler Mark Lilla etwa konstatiert, in Umkehrung des alten Slogans »Das Private ist politisch« werde das Politische heute zum bloßen Teil privater Identität – mit der fatalen Folge, dass die Bereitschaft sinke, sich mit politischen Themen zu beschäftigen, die nicht die eigenen Interessen und die eigene Identität berühren. Auch Lillas Kollege Francis Fukuyama sieht die politische Debatte heute quer zu ideologischen Gräben identitätspolitisch aufgeladen. Die kleinteiligen Identitätsgruppen zielten nicht mehr wie große emanzipative soziale Bewegungen primär auf Chancengerechtigkeit oder rechtliche und ökonomische Gleichheit. Ihnen ginge es vor allem darum, einer breiten Vielfalt benachteiligter Minderheiten gesellschaftliche Anerkennung zu verschaffen und für sie seitens der Mehrheit nicht nur Respekt einzufordern, sondern Zustimmung zu *erwarten*.

Der Aufmerksamkeitshaushalt einer Gesellschaft ist jedoch begrenzt, der Terraingewinn des einen wird von den anderen als Zurückdrängen empfunden und produziert dadurch neue Kränkungen – mit der Folge einer fast schon grotesken Umkehrung: Die Mehrheit glaubt sich durch lautstarke Minderheiten bedroht. Am Ende geht es wieder darum, nicht zu übertreiben. Die Präsidentschaft Donald Trumps oder der Ausgang des Brexit-Referendums zeigen eindrücklich, dass sich auch Opfergefühle des viel zitierten »alten weißen Mannes« instrumentalisieren lassen. Selbst wenn darauf verwiesen wird, linke Identitätspolitik gelte der Minderheit, rechte dagegen der Sicherung von Mehrheitsansprüchen, geht es beiden Seiten vor allem darum, Menschen über erlittene Kränkungen zu mobilisieren, weshalb bei dieser Form der Identitätspolitik der Unterschied zwischen rechts und links verschwimmt.

Paul Collier, der sicher kein Rechter ist, und sein Kollege John Kay schreiben in ihrem bereits zitierten Buch *Greed is Dead* (deutsch: Das Ende der Gier) mit Verve gegen den aus ihrer Sicht in den letzten Jahrzehnten überhandnehmenden Individualismus an. Der bedrohe, »was für gesunde Gesellschaften unabdingbar ist: einen Sinn für die Gemeinschaft, ein Zusammengehörigkeitsgefühl, eine gemeinsame Identität, ein Wir-Gefühl«. Sie halten der Linken vor, durch technokratische, auf einer Opferkultur beruhende Identitätspolitik zur Förderung von Minderheiten den Sinn für Gemeinschaft untergraben zu haben. Über die gut gemeinte Empathie für viele Klein- und Kleinstgruppen der Gesellschaft gerieten die Bedürfnisse des eigenen traditionellen Milieus aus dem Blick. In diese Lücke würden nun rechtspopulistische Kräfte drängen.

Wer sich auf seine Identität beruft, fordert unweigerlich Akzeptanz für sich ein – und entzieht sich damit der gesellschaftlichen Auseinandersetzung, dem kritischen Austausch miteinander. Probleme vorrangig als kulturell bedingt zu betrachten, engt den *politischen* Handlungsspielraum ein. Sozialen Fliehkräften können wir politisch eher begegnen als der kulturell begründeten Polarisierung. Größere Verteilungsgerechtigkeit lasse sich im politischen Kompromiss aushandeln, betont die – wie ich finde – berechtigte Kritik an der kulturell begründeten Identitätspolitik, die ihrerseits Gefühle erzeuge, auf die politisch viel schwerer reagiert werden könne – zumal es oftmals nicht mehr drauf ankommt, *was* gesagt wird, sondern nur noch, *wer* etwas sagt, wie Mariam Lau in der *ZEIT* schreibt. Nur wer selbst Teil der Gruppe ist, sei dann legitimiert, über sie nachzudenken, zu forschen, zu sprechen; also nur Schwarze über Sklaverei, Frauen über Sexismus oder Ostdeutsche über die DDR.

Dem politischen Diskurs, der gesellschaftlichen Debattenfähigkeit und letztlich der demokratischen Meinungsbildung erweist diese Form der Identitätspolitik einen Bärendienst. Das prägt unser gesellschaftliches Klima, in dem es nicht mehr um den Wettstreit sachlicher Argumente geht, sondern nur noch um Meinungsführerschaft, darum, recht zu haben und mit größter moralischer Unbedingtheit das Recht auf eine andere Meinung zu bestreiten.

Worauf sollten wir uns stattdessen rückbesinnen? Für einen Linken wie Lilla ist das die staatsbürgerschaftliche Gleichheit. Also doch bloß Verfassungspatriotismus? Es bleibt komplizierter, denn am Ende hat alle Politik eine identitätspolitische Dimension. Entscheidend ist, ob sie Mittel zum Zweck ist, also der Durchsetzung ebenso berechtigter wie anfechtbarer politischer Anliegen dient. Oder ob sie das Ziel *selbst* ist. Wir sollten jedenfalls nicht dem Trugschluss erliegen, allein mit den Mitteln sozialer Verteilungsgerechtigkeit alle Probleme lösen zu können.

In der globalisierten Welt sehen wir uns ohnehin zunehmend vor *Menschheits*aufgaben gestellt, nicht zuletzt mit der Bewahrung der eigenen Lebensgrundlagen. Die Vorstellung einer Weltidentität ist aber unrealistisch. Demokratie, also die Teilhabe der Menschen daran, wie die Herausforderungen zu bewältigen sind, werden wir auch weiterhin nur in kleineren Einheiten schaffen und verteidigen können. Für Fukuyama, der stärker als Lilla das politische Potenzial von Gefühlen betont, gewinnt deshalb gerade die Nation neu an Gewicht: größere und einheitlichere nationale Identitäten, die gleichzeitig »die Mannigfaltigkeit liberaler demokratischer Gesellschaften berücksichtigen«. Und die sich als fähig erweisen müssen, bei der Bewältigung der großen globalen Aufgaben miteinander statt gegeneinander zu agieren.

Wir haben es in der Corona-Krise erlebt: Diese Herausforderung ist für uns etwas völlig Unbekanntes und Neues. In einer solchen existenziellen Bedrohung folgt der Mensch seinen Instinkten, er klammert sich an das Nächstliegende. Zu Beginn der Pandemie suchten die Bürger Zuflucht im Vertrauten, in Familie, Gemeinde, Region, politisch vor allem im nationalstaatlichen Rahmen. Das ist menschlich. Wer eine Lawine auf sich zurollen sieht, denkt nicht in globalen Zusammenhängen. In der Bekämpfung des Corona-Virus und seiner gravierenden Auswirkungen auf alle Bereiche unseres Lebens haben wir immerhin schnell erkannt, dass wir dieser Bedrohung allein im nationalen Rahmen nicht gewachsen sind.

Nationalstaaten gehören trotzdem weiter zur politischen Realität und damit zur europäischen Wirklichkeit. Deshalb wird, wer die europäische Einigung als historisch beispiellosen Versuch eines nationenübergreifenden Miteinanders gegen das Bedürfnis der Menschen nach nationaler Identität auszuspielen versucht, Europa auch nicht stärken, sondern im Ergebnis schwächen.

Identitäten sind nicht in Stein gemeißelt, sie wandeln sich und sie sind formbar. Wir können an einer europäischen Identität arbeiten. Ein Gemeinschaftsgefühl, das sich aus den historischen Wurzeln und kulturellen Grundlagen speist, das aber auch der Überzeugung folgt, dass wir die globalen Ordnungsfragen im europäischen Sinne nur wirkungsvoll beantworten können, wenn wir es als Europäer gemeinsam tun. Indem wir diese Welt in Bewegung mit unseren Werten und Überzeugungen gestalten. Eine solche »Bekenntnisidentität« beruht darauf, Verschiedenheit zu akzeptieren, die Vielfalt legitimer Interessen, Blickwinkel und Meinungen anzuerkennen und die eigenen Vorstellungen nicht zum Maß aller Dinge zu erklären – als der gedankliche Schlüssel, um ein Mehr an Gemeinsamkeit zu schaffen. Davon werden die nächsten Kapitel handeln.

»Wenn man nur die Differenz sieht, hat man ein Problem.«
»Zugehörigkeit kann man lernen.«

Wolfgang Schäuble und Armin Nassehi über das, was uns ausmacht und was uns zusammenhält
Moderation: Tina Hildebrandt

Wir wollen über Identität sprechen. Ging man früher von der Vorstellung einer unveränderlichen und damit scheinbar »echten« Substanz aus, wird Identität heute vielfach eher als Prozess gesehen, der sehr stark vom jeweiligen Kontext abhängig ist, ich bin also jedes Mal jemand anders. Herr Schäuble, Herr Nassehi, gibt es so etwas wie einen Identitätskern?

Schäuble: Identität ist politisch ein schwieriger Begriff. Identisch bin ich allenfalls mit mir selber.

Nassehi: Und das auch nicht immer, oder?!

Schäuble (lacht): Ich sage ja: allenfalls.

Nassehi: Ich glaube nicht, dass man Identitäten eindeutig bestimmen kann, alleine deshalb, weil man das in Differenz zu etwas machen muss. Wenn ich sage: Ich bin Katholik, dann bin ich kein Protestant, anders als Sie, Herr Schäuble. Was sind die Anlässe, an denen Identität zum Thema wird? Und in welchen Situationen müssen wir diese Frage gar nicht stellen? Wahrscheinlich kann man es auf die Formel bringen, dass sich die Identitätsfrage immer in krisenhaften Situationen stellt. Eine moderne Gesellschaft produziert mehr solcher Anlässe. Sie mutet Individuen zu, selbst darüber zu entscheiden, wie ihr Leben verlaufen soll. Das ist weltgeschichtlich eine relativ späte Erfindung. Würden wir ins Mittelalter zurückgehen und einen Bauern fragen, wann er sich entschieden hätte, Agraringenieur zu werden, verstünde der die Frage gar nicht. Heute wird diese Art von Lebensplanung und Selbstauskunft von jedem verlangt.

Schäuble: Als Politiker komme ich von einem anderen Ansatz. Das Prinzip der freiheitlichen Ordnung hat sehr viel mit veränderten oder sich verändernden Identitäten zu tun. Ich sehe das an mir selbst. Eine Patriotismusdebatte würde ich heute anders führen als in den Neunzigerjahren des letzten Jahrhunderts. Freiheit ermöglicht solche Veränderungen. Und die freiheitliche Ordnung wird funktionsfähig, indem sie Menschen zu einem Teil von etwas macht. Auch in Wahlen drückt sich das aus. Wir drei gehören bei Bundestagswahlen dem deutschen Volk an, oder ich der Stadt Offenburg, wenn wir Kommunalwahlen haben. Und wir akzeptieren Entscheidungen, die eine Mehrheit trifft, auch wenn wir selbst anderer Meinung sind. Das ist eine der Grundvoraussetzungen für Demokratie. Die politisch spannende Frage ist: Was bringt uns dazu, das zu akzeptieren? Die nationale Identität ist gar kein so schwaches Band. Ich habe noch eine lebhafte Erinnerung an die Fußballweltmeisterschaft 1954. Dieses Ereignis hatte für die Deutschen in den Fünfzigerjahren eine ähnliche Bedeutung wie die Rückkehr der letzten Kriegsgefangenen 1956. Solche kollektiven Erfahrungen gab es danach kaum mehr. In den Siebzigerjahren und Achtzigerjahren habe ich mit dem Politikwissenschaftler Dieter Oberndörfer diskutiert. Der hat vom Patriotismus gar nichts gehalten. Ihn habe ich gefragt: Herr Oberndörfer, wenn wir gegen Frankreich Fußball spielen, für wen sind Sie? Darauf hat er gesagt: Das ist eine unzulässige Frage.

Nassehi: Das ist die offene Wunde der Diskussion um die Idee des Verfassungspatriotismus, das haben Sie in Ihrem Buch schön beschrieben: Damit wurde versucht, die gesamte emotionale Dimension des Themas herauszunehmen. Das Bekenntnis zur Verfassung ist nicht trivial, das bedeutet etwas. Aber es schafft keine Zugehörigkeit. Das Grundgesetz besteht aus zwei Teilen, den Grundrechten der Individuen gegen den Staat und dem Staatsaufbau. Wie wir zusammenleben, steht da nicht – als Alte und Junge, Ost- und Westdeutsche, Männer und Frauen. Aber warum kommt man aufs Grundgesetz? Weil das andere schwer formulierbar ist. Sie haben die demokratietheoretisch wichtigste Formel genannt: Eine Demokratie ist nicht einfach die Herrschaft der Mehrheit, sondern sie beinhaltet, auch diejenigen mitzunehmen und loyal zu halten, die nicht zur Mehrheit gehören. Dafür braucht man Bindekräfte.

Welche können das sein?

Nassehi: Mein Vater ist 1954 aus dem Iran zum Studieren nach Deutschland gekommen, meine Mutter ist eine katholische Schwäbin aus Tübingen. Ich bin in Deutschland geboren, aber erst 1975 Deutscher geworden, mit 15 Jahren. Für mich bedeutet es etwas, Deutscher zu sein, weil ich einen Anlass hatte, darüber nachdenken zu müssen. Das müssen die meisten Menschen normalerweise nicht.

Schäuble: Das ist übrigens völlig typisch. In den Gemeinden in meinem Wahlkreis – ich lebe in einem eher ländlich strukturierten Wahlkreis in der Oberrheinebene – kam es in den Siebzigerjahren auf, dass sich Lehrer und gehobene Bildungsbürgerschichten sehr um Lokalgeschichte, Regionalgeschichte und Kultur gekümmert haben. Sie fingen an, alemannische Lieder zu singen, dabei waren sie gar keine geborenen Alemannen oder Badener. Genau, wie Sie es beschrieben haben: Sie wollten sich stärker identifizieren als die, die immer schon da gewesen waren. Zugehörigkeit kann man lernen. Gerade haben wir den 30. Jahrestag der Wiedervereinigung gefeiert, und wir sehen, dass eine Gesellschaft das lernen kann, ja, dass sie es lernen muss!

Sie sprechen an vielen Stellen von »unserer Kultur«, Herr Schäuble. Armin Nassehi kritisiert den Begriff der »Leitkultur«, der in der Integrationsdebatte immer wieder eine Rolle gespielt hat, und sagt, damit wird die Frage nach einer guten oder schlechten Einwanderungspolitik überhöht zu einer Kulturfrage.

Schäuble: Wenn ich Kultur sage, denke ich eher an Goethe oder die Brüder Grimm oder Luther.

Nassehi: Was meint man mit dem Kulturbegriff? Da ist zum einen die Überlieferungsgeschichte, Sprache. Man kann zum Beispiel im deutschen Sprachraum das Katholische und das Protestantische immer noch viel genauer unterscheiden, als es den meisten bewusst ist. Meine Studenten wissen manchmal gar nicht, ob sie nicht mehr katholisch oder nicht mehr evangelisch sind – aber an manchen Verhaltensweisen erkenne ich es trotzdem. Zweitens hat Kultur immer etwas mit Latenz zu tun. Wir unterhalten uns in einer Sprache, die wir im Moment des Sprechens nicht erfinden müssen, sie ist schon da. Drittens ist

Kultur eine Art Taktgeber. Da geht es um ganz einfache Dinge im Alltag: Wie man sich begrüßt, was man ansprechen darf und was man nicht tut. Wenn wir über Integration sprechen, kommen wir aber mit dem Begriff Kultur nicht weiter, denn bei Integration geht es eher um eine politische als eine gesellschaftliche Frage. Politik produziert kollektiv bindende Entscheidungen. Aber Politik muss auch die Kollektivität selbst produzieren und sie mit definieren. Das war die Idee der Nation im 19. Jahrhundert. Dann erfand man eine Kultur dazu, zum Beispiel die hochdeutsche Sprache – für Sie, Herr Schäuble, natürlich traumatisch als Baden-Württemberger!

(Lachen)

Nassehi: Erfindung ist dabei nichts Negatives. Es bedeutet, sich eine Geschichte über sich selbst zu erzählen, alle Nationen haben das gemacht. Die Geschichte dieser Kollektivität erzählen Politik und Gesellschaft permanent neu.

Schäuble: Da Sie gerade leicht abfällige Bemerkungen über Baden-Württemberg gemacht haben ...

Nassehi: Ich bin da geboren! (Gelächter)

Schäuble: ... möchte ich auf den Großherzog von Baden kommen. Dieser Großherzog hatte einen Berater, heute würde man wahrscheinlich sagen: Chef des Kanzleramts. Und weil dieses Großherzogtum Baden aus sehr unterschiedlichen kleinen Teilen zusammengestückelt worden war und nun plötzlich von Heidelberg und Mannheim bis zum Bodensee reichte, hat dieser Chefberater gesagt: Sie müssen für diese ganz unterschiedlichen Teile ein gemeinsames Bewusstsein schaffen. Und deswegen müssen Sie Reformen machen. Man kann also auch durch Reformen Zugehörigkeit schaffen.

Nassehi: Das ist ganz wichtig: Allein auf die Idee zu kommen, die Frage der Zugehörigkeit zu einer Rechts- und Verwaltungsfrage zu machen! Der Rechtsstaat ist nicht einfach ein Algorithmus oder ein Konditionalprogramm, das Wenn-dann-Verhältnisse beschreibt. Er bedeutet die unfassbare Zumutung der Gleichheitsrechte, die man dann auch herstellen muss. Und damit sich Gleichheitsrechte auch lebensweltlich bewähren können, braucht man Strukturen. Wir schauen uns im Rahmen eines Forschungsprojekts gerade an, wo es Andockstellen für Flüchtlinge gibt. Wir bewegen uns jenseits moralischer Fragen und gehen rein empirisch vor: Wie treffen sie eigentlich auf die Gesellschaft, wie gehen Ämter, Schulen, Arztpraxen, Bildungsstätten, Arbeitgeber damit um? Die Herausforderung besteht darin, dass manche Bindekräfte nicht so funktionieren, wie wir sie uns vorstellen. Der islamistische Terrorismus etwa bringt in Europa einen globalisierten Konflikt in europäische Großstädte.

Lassen Sie uns über Heimat sprechen, als Gegenbegriff zur Globalität. Armin Nassehi schreibt: »Die Moderne ist anstrengend, unkalkulierbar, komplex und letztlich utopisch, weil sie Ortlosigkeit anbietet.« Sie ist also das Gegenteil von dem, was wir uns früher unter Heimat vorgestellt haben.

Schäuble: Heimat ist ein ziemlich ursprüngliches Bedürfnis, das mit Nation nicht unbedingt viel zu tun hat. Die meisten Menschen haben eine Beziehung zu ihren familiären Wurzeln. Das Bedürfnis danach wird übrigens stärker, wenn man älter wird. Wenn Sie mich fragen, wo ich zu Hause bin, sage ich: in Hornberg, einer kleinen Stadt. Inzwischen habe ich anderswo länger gelebt, aber da komme ich her und da habe ich die ersten zwanzig Jahre meines Lebens verbracht. Gerade bei denen, die sie verloren haben, ist Heimat ein wichtiger Begriff. In der Nachkriegszeit gab es fast die Vorstellung eines Menschenrechts auf Heimat. Das war problematisch, denn wir mussten begreifen, dass wir nicht mehr über Grenzen streiten dürfen. Sonst geht das Elend des Kriegs immer weiter. Eins der wenigen schönen Bilder in der Corona-Pandemie war für mich der Moment, als sich die Bürgermeister von Frankfurt (Oder) und Słubice auf der Brücke zwischen beiden Städten umarmen, nachdem die Grenze wieder aufgemacht wurde. Ich habe als Innenminister das Schengen-System mit eingeführt, also die Abschaffung der Grenzkontrollen, und ich hatte gehörigen Bammel vor den innenpolitischen Schwierigkeiten. Dann zu sehen, wie die Bürgermeister sich in den Armen lagen – was nach Hygieneregeln natürlich gar nicht in Ordnung war –, war das schön! Das ist auch Europa. Indem wir Grenzen durchlässig machen, trennen wir das Bedürfnis nach Heimat von der nationalen Frage.

Nassehi: Der Heimatbegriff im Deutschen ist dort entstanden, wo die Heimat weg war. Die fahrenden Handwerker haben von der Heimat gesungen, weil sie lange nicht hindurften. Heute muss man nur nach Amerika fahren – dann wird man sofort Europäer.

Schäuble: Da sind wir wieder beim Wert: Sobald etwas knapp oder verloren ist, wird es wertgeschätzt.

Nassehi: Ganz genau, das ist ein entscheidender Punkt. Wenn Leute über Heimat erzählen, sind es oft sehr sinnliche Dinge, Gerüche, Essen, Gebäude, Sprache, die man hört, Musik. Das sind Dinge, die uns gewissermaßen in den Körper eingeschrieben sind. Bei mir ist das die Musik, die ich als Kind gehört habe. Die ist heute noch da.

Was war das für Musik?

Nassehi: Ich habe schon relativ früh in meinem Leben Bach-Musik und Kantaten gehört, weil meine Eltern sie gemocht haben. Ich weiß auch genau, was ich hören möchte am Ende meines Lebens: Kantate Nummer 106. Die spannende Frage ist, ob aus einem Heimatbegriff ein Kollektivitätsbegriff werden darf. Das darf er nicht. Ich glaube übrigens, dass der Verlust früherer Eindeutigkeiten heute durch Konsum befriedigt wird. Darüber kann man die Nase rümpfen, aber wir unterschätzen radikal, wie der Konsum von eigentlich Sinnlosem Bedeutung gewinnt für die Selbstbeschreibung von Menschen. Mit einer interessanten Paradoxie übrigens: Kaufen Sie dieses T-Shirt, es unterstützt Ihre Individualität, wir haben es hunderttausendfach verkauft!

Schäuble: Das sieht man bei den Kindern in der Schule. Markenartikel spielen in deren Leben eine noch viel größere Rolle als früher.

Nassehi: Die haben auch eine Heimatfunktion. Sie schaffen Kontinuität im Leben, das weiß man aus der Marketingforschung. Viele verwenden Marken, die sie in den Herkunftsfamilien schon hatten.

Herr Schäuble, was ist bei Ihnen das Eingeschriebene, was ist Ihre Bach-Kantate?

Schäuble: Bei mir ist das mehr die lokale, regionale Situation: die Enge, die Täler des mittleren Schwarzwalds. Die Sprache, aber auch Essen und die Erinnerungen an Geschichten: wie wir Schlitten gefahren sind als Kinder, und Ski. Und dann natürlich Fußball!

Herr Nassehi, Sie sehen die »Fridays for Future« als aktuell stärkste Form »serieller Protestbewegung« und beschrei-

ben die Protestpose als einen Mechanismus, mit dem ein »Ort erzeugt wird, der einfacher ist als das Problem«, für das er steht. Und Sie sagen, dadurch schafft er Heimat, er bietet einen Ort an. Herr Schäuble, macht das letztlich auch ein Konservatismus, der sich heute oft eher über Habitus als Inhalte vermittelt?

Schäuble: Ja. Da sind wir wieder bei Armin Nassehis Latenzgedanken. Ein Beispiel: Wenn man die Geschichte von Robinson Crusoe als einzelnem Menschen erzählt, stimmt das nicht. Der hat gar nicht allein auf der Insel gelebt, sondern er hat alles mitgenommen, was unendlich viele Generationen vorher schon entwickelt haben. Sonst hätte er nicht überleben können. Wir stehen mit allem, was uns prägt, auf den Schultern der anderen. Bei vielem ist es schwierig, das in Definitionen zu fassen. In manchen Dingen bin ich konservativ, in anderen politischen Fragen wäre ich heute in der Jungen Union ein linker Außenseiter (lacht), was ich früher nicht war.

Nassehi: Worüber reden wir, wenn wir von Konservativen sprechen? Mit spezifischen Inhalten kommt man nicht so richtig weiter. Ich würde als Definition anbieten: Der Konservative geht von der Schwäche der Menschen aus, und die Linken gehen eher von der Stärke der Menschen aus. Deshalb hat eine konservative Denkungsart mehr Sinn dafür, dass man die Dinge nicht von jetzt auf gleich ändern kann.

Schäuble: Ich habe darüber im ersten Kapitel mit Rutger Bregman diskutiert, der sagt: Der Mensch ist gut. Und ich sage: Er ist nicht *nur* gut.

Nassehi: Er ist vor allem träge. Um es mal an der eigenen Person festzumachen: Meine Kleidung, welche Musik ich schön finde, was ich sozial-moralisch richtig finde, mein Beruf – fast nichts davon ist wirklich erstaunlich und merkwürdig. All das passt in Muster, die viel stärker sind als wir selber. Die meisten Dinge, die wir haben, stammen nicht aus uns selbst – Sie haben Robinson Crusoe als Beispiel genannt. Das ist eine demütigende Erkenntnis und ein wunderbares Beispiel für die Trägheit von Gesellschaften. Eine konservative Denkungsart hat einen Sensus dafür. Während eine eher nichtkonservative sagt: Bring dich selber hervor als einer, der völlig anders werden soll. Darüber ist natürlich viel einfacher zu reden: Wir müssen ökologisch besser werden, wir müssen ökonomisch besser werden, wir müssen moralisch besser werden. Ich muss zum Beispiel leichter werden, das versuche ich seit vierzig Jahren (Gelächter). Und es klappt nicht nur deshalb nicht, weil ich ein willensschwacher Mensch bin, sondern weil die Trägheit meiner Gewohnheiten stärker ist. Viele, die die Welt besser machen wollen, glauben, allein die Beschreibung der Notwendigkeit reiche aus als Beschreibung der Möglichkeiten. Das ist ein philosophischer Fehlschluss, über den ich mich wundere.

Schäuble: Das ist meine Definition von christlich-demokratischer gegenüber ideologisch begründeter Politik: Wir nehmen den Menschen so, wie er ist, während die Sozialisten den Menschen so nehmen, wie er sein sollte. Und deswegen funktioniert es bei denen nicht, und bei uns funktioniert es. Das ist jetzt sehr einfach, aber im Kern nicht sehr viel anders, als Sie es beschrieben haben. Also ich fühle mich unheimlich bestätigt. Ich wähle jetzt mit noch größerer Überzeugung CDU. (Lachen.)

Ich weiß nicht, ob wir das als Erfolg verbuchen sollten, dass Sie jetzt noch überzeugter sind! Lassen Sie uns über die politischen Trennlinien sprechen, mit denen Sie beide sich beschäftigen. Wo sehen Sie beide die interessantesten und politisch auch gefährlichsten Bruchstellen?

Schäuble: Für mich ist die gefährlichste Linie genau die, über die wir gerade gesprochen haben. Der Grat zwischen dem Notwendigen und dem Machbaren. In Lessings »Nathan« kommt das zum Ausdruck: »Begreifst du aber, wie viel andächtig schwärmen leichter als gut handeln ist?« Wir müssten in der Klimapolitik viel mehr machen. Aber das ist nicht so einfach. Denn wenn du es erzwingen willst, landest du politisch ganz woanders. Das heutige Anspruchsdenken vieler Menschen macht es immer schwieriger, proportional zu den Problemen zu handeln. Deshalb betone auch ich die in Krisen liegenden Chancen. Weil man dann Trägheiten eher überwinden kann.

Dann liegt die größte Bruchlinie in uns selbst?

Schäuble: Na ja, nicht nur. Ich habe kürzlich mit der Klimaaktivistin Luisa Neubauer diskutiert und wir haben uns eigentlich ganz gut unterhalten. Ich habe aber gemerkt: Wenn ich versuche, mit ihr über die schwierige Frage zu reden, was wir tatsächlich und konkret politisch umsetzen können, geht sie nicht mit. Aber die Politik muss etwas hinkriegen. Die Kanzlerin verzweifelt momentan fast, wenn ich das richtig sehe, weil das Volk zwar sagt: Du machst das toll mit der Pandemie! Aber zu viele tun dann doch nicht, was sie sagt: Abstand halten und so weiter. Für diese Kluft zwischen Anspruchsdenken und dem, was möglich ist, müssen wir mehr Verständnis schaffen.

Nassehi: Wir sind offenbar doch auf eine bestimmte Form von organisierender Autorität angewiesen. Die schöne Einsicht in die Notwendigkeit als Grund der Vernunft ist eine schöne Idee. Wir lernen unglaublich tolle universalistische Sätze zu sagen. Jeder kann den kategorischen Imperativ in einer der dreißig Versionen. Aber der Alltag ist nicht universalistisch. Ich stimme Ihnen zu. Die Frage ist, wie geht man damit um? Man kann aus der

Gesellschaft keine Organisation machen. Die Chinesen machen das, indem jede Art von lebensweltlichem Verhalten dokumentiert wird und die Ansprüche davon abhängig gemacht werden, ob man sich im Alltag erwünscht verhält. Das ist eine autoritäre Gesellschaftsführung, die sich kategorial von allem unterscheidet, was für mich relevant ist.

Wenn aktuell über Bruchlinien gesprochen wird, sind damit meistens die Bruchlinien zwischen gesellschaftlichen Gruppen und Identitäten gemeint.

Nassehi: Vieles davon ist sehr aufgebauscht. Identitätspolitikfragen sind einerseits emanzipatorische Fragen. Inzwischen können Personen in der Öffentlichkeit reden, die vorher nicht reden konnten. Das gilt für Migranten, für Frauen, für sexuelle Minderheiten. Wenn aber der Migrant nur noch Migrant ist, der Politiker nur Politiker, der Katholik nur Katholik, wenn sie also auf ein einziges Merkmal reduziert werden, entsteht daraus eine gesellschaftliche Anomalie. Nun muss man sagen: Es gibt Erfahrungen des Rassismus, es gibt für gut ausgebildete Frauen Grenzen des Aufstiegs, obwohl Frauen juristisch hundert Prozent gleichberechtigt sind. Das Spannende ist: Dass wir das merken, ist eigentlich ein Hinweis darauf ist, dass die Dinge besser geworden sind. Und gerade, weil sich so viel verändert hat, ist es noch schlimmer für diejenigen auszuhalten, die immer noch Diskriminierung erleben.

Herr Nassehi, Sie betonen das emanzipatorische Element der Identitätspolitik. Herr Schäuble, Sie zitieren Mark Lilla, der sagt: Wo man das Politische auf einen Teil der Identität reduziert, sinkt die Bereitschaft, sich mit Fragen zu beschäftigen, die sich nicht mit dieser spezifischen Identität beschäftigen.

Schäuble: Ursprünglich mag die Identitätspolitik ein notwendiges Instrument gewesen sein, um auf gesellschaftliche Ungerechtigkeiten hinzuweisen. Aber im Ergebnis spaltet ein solcher Ansatz die Gesellschaft. Sie ist also das Gegenteil von dem, was wir machen müssen, immer wieder, um die freiheitliche Demokratie stabil zu halten.

Nassehi: Wenn man nur die Differenz sieht, hat man ein Problem. Wenn man überall Rassismus sieht, überall nur Genderfragen sieht, dann wird aus der Lösung eigentlich das Problem.

Herr Schäuble schreibt dazu: »Der Terraingewinn der einen bedeutet ein Zurückdrängen der anderen und führt zu neuen Kränkungen.« Wie kommt man da heraus?

Schäuble: Indem man darüber diskutiert.

Nassehi: Wahrscheinlich auch, indem man feststellt, dass die Gegenbewegungen selbst etwas sehr Identitätsbildendes haben. Warum trifft diese idiotische Figur des »alten weißen Mannes« so? Weil man damit eine Gruppe identifiziert, die nie rechtfertigen musste, dass sie da ist. Und die manchmal wenig Verständnis für die Probleme der anderen hat, weil ihre eigenen Probleme immer schon gelöst waren.

Wenn wir den Bogen von unserem Anfang bis hierher spannen, von der Identität bis zum Bedürfnis nach etwas Einendem, das zugleich zukunftsfähig ist: Kann es so etwas wie eine europäische Identität geben?

Nassehi: Wie hat sich der klassische Nationalstaat identifiziert? Wahrscheinlich durch die Fähigkeit, Opposition mit einzubauen. Meine Lieblingsformulierung ist *Her Majesty's loyal oppo-*

sition, wie man das im viktorianischen England formuliert hat. Die Regierenden können handeln, aber die Opposition zwingt sie dazu, ihre Politik besser zu begründen, als sie sie von sich aus tun würden. Und das produziert eine Öffentlichkeit, in der man auf zivilisierte Art und Weise miteinander streiten kann. Dieser zivilisierte Streit ist die Grundlage für die Demokratie. Und diese Öffentlichkeit gibt es in Europa nicht.

Schäuble: Der Lissabon-Vertrag hat eine institutionelle Änderung eigentlich politisch unmöglich gemacht, weil sie einstimmig beschlossen werden muss. Also muss man eine kleine Revolution machen! Meine Empfehlung lautet: Lassen Sie uns einen europäischen Präsidenten der Kommission wählen – in einer allgemeinen direkten Wahl. Das gibt beim ersten Mal ein großes Huddlmuddl, aber danach hat Europa gewonnen. Und Ihre Frage wird sich anders stellen.

5

Überwundene Grenzen?
Zur Zukunft Europas

»Wie wird man Europäer?« Der niederländische Schriftsteller Cees Nooteboom hat sich diese Frage gestellt und kommt zum Schluss, dass Geburt allein nicht reiche. Er selbst sei Europäer erst durch »harte Arbeit« geworden, durch das Wissen um die europäische Geschichte, durch die Begegnung mit europäischen Literaturen und Kulturen, durch den Austausch mit anderen. Erst auf diesem Wege habe er sich in seiner »Eingestaltigkeit als Niederländer« und in seiner »Vielgestaltigkeit als Europäer« erkennen können.

Die oft vermisste europäische Identität hat also mehr als eine Dimension. Sie kommt nicht über einen, man muss sie sich aneignen. Meine badische Heimat grenzt ans Elsass, ich sehe mich als Nachbarn Straßburgs. Das Leben in dieser deutsch-französischen Grenzregion hat mich geprägt, die wechselvolle Geschichte, die Sprache und das heute alltägliche grenzüberschreitende Leben der Region bestimmen mein Bild von Europa wesentlich mit.

Nach der Erfahrung zweier Weltkriege und einer jahrhundertealten europäischen Gewaltgeschichte bedeutete der europäische Einigungsprozess einen historischen Einschnitt: Wir Europäer – Franzosen und Deutsche, Italiener und Niederländer, später dann auch Polen und Tschechen – haben uns mit der

Europäischen Union Institutionen geschaffen, die auf Grundlage gemeinsamer Werte möglich machen, dass wir Konflikte friedlich und zivilisiert austragen, unterschiedliche nationale Interessen austarieren und gemeinsam Politik machen. Die EU ist die beste Idee der Europäer im 20. Jahrhundert – und sie ist die Zukunft der europäischen Nationen im 21. Jahrhundert.

Von Grenzen war in diesem Buch bislang nur metaphorisch die Rede. Hier sind sie von realer Bedeutung – das haben wir durch das Corona-Virus auf drastische Weise vor Augen geführt bekommen. Diejenigen, die in der schwierigen Situation im Frühjahr 2020 Entscheidungen treffen mussten, standen unter massivem Druck, sie mussten ihre Bevölkerung schützen. Dass die angeordneten Grenzschließungen zunächst vielfach unabgestimmt erfolgten, belastete die nachbarschaftlichen Beziehungen genauso, wie Exportverbote von Hilfsgütern die europäische Solidarität infrage stellten. Die Fokussierung auf Maßnahmen im nationalstaatlichen Rahmen und die Handlungsschwäche Brüssels in der Anfangsphase der Pandemie führten zu einem messbaren Vertrauensverlust in die Europäische Union.

Wir haben diese Fehler zum Glück schnell korrigiert, und es besteht in Europa heute weitgehend Einigkeit darin, dass wir erneute Grenzschließungen verhindern wollen. Wir spürten in der Krise viel zu sehr, dass Europa eine Schicksalsgemeinschaft bildet und dass wir aufeinander angewiesen sind. Als die Grenzen europaweit wieder geöffnet wurden, feierten die Menschen ausgelassen. Die Szenen auf den Brücken zwischen Kehl und Straßburg oder Frankfurt (Oder) und Słubice markierten einen versöhnlichen Wendepunkt nach Wochen des Shutdown in ganz Europa.

Der Soziologe Ulrich Beck hat einmal beklagt, dass der europäische Traum »paradoxerweise in seiner Erfüllung verblasst«. In den Grenzregionen wurde im Frühjahr 2020 sichtbar, dass wir bei dem, was selbstverständlich scheint, leicht gleichgültig werden und Dinge erst richtig zu schätzen wissen, wenn sie fehlen: offene Grenzen! Die Menschen haben sehr schnell verstanden, was das Gegenteil für ihren Alltag bedeutet und wie sehr wir einander brauchen: die Arbeitskollegen, das Pflegepersonal, die Nachbarn jenseits längst künstlicher Grenzen in Europa.

Für die Zukunft kommt es jetzt darauf an, aus den Erfahrungen die richtigen Schlüsse zu ziehen. Deshalb kann ich zwar die heftige Kritik am zunächst schleppenden Impfstart nachvollziehen, ich bin aber trotzdem der Meinung, dass es die richtige Entscheidung der Regierungen war, sich für einen europäischen und nicht für einen nationalen Weg zu entscheiden. Das Virus trifft uns alle, und da sollten auch alle Staaten gleich behandelt werden, unabhängig von ihrer wirtschaftlichen Leistungskraft. Europa hat sich hier als echte Solidargemeinschaft bewiesen.

Die Pandemie zeigt allerdings, wie verwundbar Europa durch seine Abhängigkeit von globalen Märkten und Lieferketten auch in kritischen und lebenswichtigen Bereichen ist. Selbst die Beschaffung simpler Medizingüter wie Mund-Nasen-Schutzmasken wurde zu Beginn der Pandemie zur Herausforderung.

Diese Lehre lässt sich aus der Corona-Pandemie schon jetzt ziehen: Die Europäische Union muss besser vorsorgen, um in Krisen widerstandsfähiger und souveräner zu sein. Sie muss mit größerer strategischer Autonomie ausgestattet werden, etwa durch den Aufbau alternativer Lieferketten mit mehreren kostengünstigen Produktionsstandorten zur Diversifizierung des geografischen Risikos. Und wir müssen die Souveränität Europas gerade im Gesundheitssektor ausbauen, durch bessere Koordination bei der Entwicklung von Impfstoffen, neuen Behandlungsmethoden, Diagnosetests und medizinischen Systemen die europäische Resilienz stärken.

Krisenhafte Entwicklungen hat es innerhalb der EU lange vor der Pandemie gegeben. Europa schien dabei oft eher Teil des Problems denn Teil der Lösung zu sein. Die Erfahrung lehrt, dass sich Veränderungen europäisch ohne den Druck einer größeren Krise, die neue Handlungsräume öffnet und Blockaden überwinden hilft, kaum durchsetzen lassen. Nationale Beharrungskräfte erweisen sich immer wieder als zu stark, vor allem für dringend notwendige institutionelle Reformen.

Das begleitet den Integrationsprozess von seinen Anfängen an, und die Reaktion darauf gehört seit dem Scheitern der Europäischen Verteidigungsgemeinschaft 1954 in der Französischen Nationalversammlung quasi zur Natur des europäischen Einigungsprozesses: Solange wir große Integrationsschritte, die als notwendig erachtet werden, aber in der Bevölkerung noch nicht mehrheitsfähig sind, nicht hinbekommen, gehen wir kleine Schritte – in der Erwartung, dass sie weitere in die gewünschte Richtung nach sich ziehen.

Dieses Prinzip der *ever closer union* prägte bereits die Entstehung der Römischen Verträge, und wir lesen den Gedanken auch in der Präambel des EU-Vertrages von 1992, wo vom »Prozess der Schaffung einer immer engeren Union der Völker Europas« die Rede ist. Der Preis ist allerdings eine immer komplizierter gewordene Rechts- und Entscheidungslage, sodass die für die Legitimation einer freiheitlichen Ordnung notwendige Transparenz verloren geht.

So wurde auch die Einführung der europäischen Gemeinschaftswährung ermöglicht: Die willigen Mitgliedsländer, deren Volkswirtschaften den festgelegten Kriterien entsprachen und die sich Vorteile von einem gemeinsamen Binnenmarkt mit gleicher Währung erhofften, einigten sich nach zähem Ringen darauf, mit der Währungsunion ohne politische Union anzufangen – verbunden mit der Erwartung, die Wirtschaftsunion würde dann schon folgen.

Das ist bislang ausgeblieben. Während die Währungspolitik in der Eurozone vergemeinschaftet wurde, blieb die Wirtschafts- und Finanzpolitik in nationaler Verantwortung. Dabei hatten nicht nur Ökonomen gewarnt, dass die monetäre Union ohne eine politische Entsprechung auf Dauer nicht tragfähig sein würde. Im Frühjahr 2020 warf das Urteil des Bundesverfassungsgerichts zu den Anleihekäufen der Europäischen Zentralbank ein Schlaglicht auf diesen Konstruktionsfehler des Vertrags von Maastricht.

Dabei sollte bereits seit der Eurokrise klar sein, dass wir eine gemeinsame Wirtschafts- und Finanzpolitik brauchen, um die Gemeinschaftswährung dauerhaft zu stabilisieren. Ich erinnere mich lebhaft an die intensive Diskussion während der Griechenlandkrise 2010 darüber, wie sich die vorhandenen Instrumente, Regeln und Verfahren in der Finanz-, Wirtschafts- und Sozialpolitik wirksamer nutzen beziehungsweise noch verbessern lassen. Und ich bin überzeugt, dass wir in Europa heute bedeutend weiter wären, wenn sich damals die Idee durchgesetzt hätte, einen echten europäischen Währungsfonds mit Präventiv- und Kontrollfunktion aufzubauen.

Das Prinzip kleiner Schritte ist auf Grundlage der bestehenden Verträge unausweichlich. Dabei stößt der Gedanke der *ever closer union* an Grenzen, solange die Bürger der europäischen Mitgliedstaaten eine engere Bindung und die weitere Übertragung nationalstaatlicher Kompetenzen mehrheitlich nicht wollen. Das müssen wir ernst nehmen, auch wenn ich persönlich nach einem Krisenjahrzehnt die Sehnsucht überzeugter Föderalisten nach dem großen Wurf gut verstehe, um den gordischen Knoten zu zerschlagen und Schluss zu machen mit schwerfälligen, intransparenten Entscheidungsprozessen, mit Ineffektivität und politischen Blockaden.

Mancher sinnierte angesichts des gigantischen europäischen Wiederaufbauprogramms schon von einem »Hamilton«-Moment, also in Anlehnung an die Geschichte der USA von einem entscheidenden Schritt hin zu den »Vereinigten Staaten von Europa«. So schön und gebildet es klingt: Der Vergleich ist historisch schief, wie Hans-Werner Sinn überzeugend dargelegt hat. Als Alexander Hamilton als erster US-Finanzminister 1790 die Schulden der Einzelstaaten zu Bundesschulden machte, gab es anders als heute in Europa schon einen gemeinsamen Staat. Und Sinn zitiert das Urteil des Historikers Harold James, für den Hamilton mit der Vergemeinschaftung von Schulden dem neuen Staat nicht den erhofften Zement, sondern Sprengstoff geliefert habe. Der Glaube der Bundesstaaten, die eigenen Schulden nach Washington schieben zu können, produzierte eine gigantische Wirtschaftsblase, deren Platzen in eine tiefe Depression führte.

Das ist nicht gerade ein erstrebenswertes Szenario, selbst wenn sich als Lerneffekt dieser Krise in den USA eine erhöhte Schuldendisziplin durchsetzte. Ich fürchte, durch solche historisch schiefen Überhöhungen bestärkt man letztlich nur die Abwehrkräfte derjenigen, die fürchten, dass ihre nationale Identität in der europäischen Integration verloren gehe – was niemand will. Wir sollten viel eher von einem Bonhoeffer-Moment sprechen. Der Widerstandskämpfer hat festgestellt, dass der Mensch stets die Kraft entfalte, die er nötig habe – »aber erst dann, wenn er sie braucht«. Jetzt ist der Moment, indem wir unsere Kräfte bündeln sollten, weil wir sie brauchen, um global handlungsfähiger zu werden. Denn auch wenn derzeit die Vision der Vereinigten Staaten von Europa in der Bevölkerung vermutlich nicht mehrheitsfähig ist, glaube ich trotzdem, dass sich in der aktuellen Krisenerfahrung bei vielen der Gedanke durchsetzt, zumindest auf zentralen Politikfeldern endlich gemeinsam vorwärts zu gehen.

Jetzt braucht es vor allem den Mut, den wir in der Krise 2010 nicht hatten, um endlich zu mehr Integration in der Eurozone zu kommen. Wir sollten die Chance nicht wieder verpassen, sondern die Disruption entschlossen nutzen, über den Europäischen Wiederaufbaufonds die Währungsunion zu einer Wirtschafts- und Finanzunion auszubauen. Aus meiner Sicht griff deshalb die Debatte über das Wiederaufbauprogramm zu kurz, weil sie vorrangig um Aspekte der Finanzierung kreiste, also über die Summe, den Verteilschlüssel und die Frage, ob die Mittel als Zuschüsse oder als Kredite fließen sollten. Wir hätten sie stattdessen von Beginn an viel stärker um die Frage führen sollen, was wir konkret machen wollen, um Europa gemeinschaftlich voranzubringen.

Der Vorschlag der Europäischen Kommission geht mir bislang nicht weit genug. Selbst wenn die Umsetzung der Maßnahmen bei den Einzelstaaten liegt, sollten wir auf europäischer Ebene die offene Debatte darüber führen, für welche gemeinschaftlichen Projekte die enormen Finanzmittel in den Mitgliedstaaten verwendet werden sollen und wie eine effiziente Mittelverwendung mit strengen Richtlinien sicherzustellen ist. Außerdem könnte für bestimmte Zukunftsprojekte, besonders im Zusammenhang mit neuen, KI-relevanten Technologien, eigene europäische Institutionen geschaffen werden, wie wir das etwa in der Europäischen Weltraumorganisation ESA schon haben.

Wenn wir mit Bewältigung der Krise gleichzeitig eine neue Dynamik entfachen wollen, um Europa wirtschaftlich zu stärken, sind kreative Ideen gefragt. Im verschärften globalen Wettbewerb geht es darum, mit gezielten Investitionen die Transformation in Richtung einer digitalisierten wissensbasierten Ökonomie europaweit voranzutreiben. So werden Europas Volkswirtschaften produktiver und innovativer, kurz: zukunftssicherer. An Ideen mangelt es nicht – auch nicht an solchen, die aufnehmen, worauf mein französischer Amtskollege Richard Ferrand und ich mit unserer Forderung nach einer Art neuen Schuman-Plan gezielt haben: Entlang der großen Aufgaben von Nachhaltigkeit und Klimaschutz, unserem Umgang mit Zukunftstechnologien sowie der umfassenden Sicherheit des Kontinents eine Dekade der Investitionen in die Stärkung unserer Resilienz einzuläuten.

Regeln für den Datenverkehr

Europäische Souveränität ist wesentlich eine Frage wirtschaftlicher und technologischer Möglichkeiten. Das betrifft vor allem die Digitalisierung, die unsere Lebenswelt umfassend verändert. Ich selbst bezeichne mich mit gebührender Einsicht in die eigene Begrenztheit als *digital immigrant,* der noch dazu schlecht integriert ist. Aber so viel habe ich verstanden: Nur eine völlig andere Grundeinstellung gegenüber Zukunftstechnologien wird uns den Weg in eine Zukunft eröffnen, in der Europa nicht bloß Zaungast der digitalen Revolution bleibt.

Homeoffice und Homeschooling während des Lockdown haben uns doch vorgeführt, dass Datennetze unsere digitalen Lebensadern sind. Langfristig wird unser Erfolg davon abhängen, ob wir bei Schlüsseltechnologien wie der Künstlichen Intelligenz im globalen Wettbewerb bestehen. KI wird bereits heute absehbar alle Lebensbereiche durchdringen – worauf warten wir dann noch? Es liegt doch allein an uns, ob wir Europäer durch eigene Kraft die darin liegenden Chancen gestaltend für uns nutzen oder ob wir später nur auf die gesellschaftlichen Folgen neuer Disruption reagieren müssen.

Dazu benötigen wir neben einer schnell und besser ausgebauten europäischen Infrastruktur für den Datenverkehr und einer europäischen Cloud vor allem Unternehmen mit originellen neuen Ideen, mit größtmöglichen Freiräumen für die kreativsten Köpfe, um deren innovative Potenziale auf der Suche nach der intelligenteren Lösung wirksam freizusetzen.

In der Entwicklung einer europäischen digitalen Ökosphäre kann es uns nicht einfach um eine Kopie des Silicon Valley gehen. Der Vorsprung der US-amerikanischen Monopolisten ist auch viel zu groß, nicht nur wegen der Datenmengen. Aber wir könnten unsere Kräfte bündeln, gerade wenn wir die besonderen osteuropäischen Kompetenzen auf diesem Feld einbinden, und so zumindest im Bereich des industriellen Internets wettbewerbsfähige Player aufbauen. Das europäische Wettbewerbsrecht müsste dazu, wo das notwendig ist, angepasst werden, um auch durch Unternehmensfusionen die Innovationskraft des europäischen Wirtschafts- und Wissenschaftsstandorts zu stärken und europäische Champions im Bereich der Kommunikation, der Luftfahrt oder von Zahlungsdienstleistungen zu ermöglichen.

In einer Zeit, in der die USA und China die Spaltung des digitalen Weltmarktes vorantreiben, wird unsere Souveränität entscheidend davon abhängen, ob wir die Hoheit über unsere Daten in der Hand behalten. Zwischen dem »datenkapitalistischen Universum« des *Silicon Valley* und dem *Social Scoring* chinesischer Prägung werden die hohen ethischen Ansprüche und Erfahrungen Europas dringender denn je gebraucht. Für eine völlig neue Ordnung müssen Normen gesetzt – und durchgesetzt werden, um den Primat der Politik zu wahren, von der Besteuerung transnationaler Internetkonzerne über Regeln für die algorithmengesteuerte Öffentlichkeit im Netz bis hin zur Sicherheit persönlicher Daten.

Die Datenschutzgrundverordnung und die Urheberrechtsrichtlinie entfachen keine Begeisterung, aber sie stehen für mehr als nur unseren Hang zum bürokratischen Perfektionismus. Sie zeigen zusammen mit dem Digitalpaket der EU-Kommission den Willen, die großen Internetgiganten in den europäischen Rechtsraum zu zwingen. Wir sollten uns allerdings eher darauf konzentrieren, bei der Verarbeitung von Daten Missbrauch und Manipulation zu verhindern, als prophylaktisch Daten erst gar nicht zu erheben und zu sammeln; denn Daten sind der entscheidende Rohstoff für die Zukunft. Das wochenlange Gezerre um die Corona-Warn-App, deren Wirksamkeit bei der Verfolgung von Kontakten wegen der Datenschutzauflagen eingeschränkt blieb, steht exemplarisch für die Größe und Dringlichkeit der

Aufgabe – vor allem im Vergleich zu den rasanten Entwicklungen in anderen Weltregionen.

Verbraucher sind heute unausweichlich Monopolketten US-amerikanischer Unternehmen ausgesetzt, vom Betriebssystem über den Browser bis zur Suchmaschine. Wenn es zumindest gelingt, durch eine ambitioniertere Regulierung mehr Wettbewerb zu ermöglichen, wäre das nicht nur gut für europäische Verbraucher. Es würde Maßstäbe auch für andere in der Welt setzen. Das kann Europa den Menschen bieten – und das kann nur Europa. Es wird uns auch Konflikte mit den USA bringen, aber gemeinsam können wir das als Europäer aushalten.

Die EU ist kein Selbstzweck. Sie muss sich – anders als der Nationalstaat – den Bürgerinnen und Bürgern gegenüber legitimieren. Sie muss durch Politik überzeugen. Der frühere Verfassungsrichter Dieter Grimm hat darauf aufmerksam gemacht, dass die Existenzberechtigung des eigenen Staates von den Bürgern nicht infrage gestellt wird, selbst wenn die nationale Politik schlecht performt. Die EU hingegen steht zur Disposition, denn sie wird nach Kosten und Nutzen bemessen. Das ist eine Abwägung, die nicht zwangsläufig rational getroffen wird, wie das britische Referendum eindrücklich gezeigt hat.

Von all den Krisen, die wir zuletzt mit der EU verbunden haben, dauert sie länger als andere: die »Beziehungskrise« zwischen der Gemeinschaft und ihren Bürgerinnen und Bürgern. Angesichts der Komplexität des europäischen »Staatenverbundes«, die im Zuge wachsender internationaler Verflechtung noch zunehmen wird, scheint eine transparente und bürgernahe EU ein fast aussichtsloses Unterfangen, aber sie bleibt dennoch eine zentrale Aufgabe. Sie richtet sich an die Politik, aber nicht nur. Auch die Medien stehen hier in der Verantwortung.

Die vielen Krisen der vergangenen Jahre bewirkten hier beiläufig etwas Gutes. Der Streit auf europäischer Ebene über den Euro, die Flüchtlingspolitik, den Brexit und zuletzt die Bewältigung der Pandemie politisieren, die Streitthemen sind relevant. Ein »Auflagenkiller«, wie es noch vor zehn Jahren hieß, ist Europa längst nicht mehr. Trotzdem haben wir noch immer keine gemeinsame Öffentlichkeit in Europa, sondern ein Mosaik aus Teilöffentlichkeiten mit spezifisch nationalen Standpunkten und Perspektiven. Europäische Entscheidungen treffen so auf nationale Resonanzräume. Das macht es so leicht zu polarisieren. »Brüssel« wird dann zur Chiffre für Bürokratie und sonstige Übel, während für die Erfolge die Nationalstaaten zuständig sind.

Das gilt in der Regel auch für die Europaberichterstattung in den Medien, die immer noch der Rubrik Auslandsberichterstattung zugeordnet ist. Nicht zu Unrecht spricht man von »nationalen Filterblasen«. Trivial ist das nicht, denn wenn wir über die europäische Öffentlichkeit diskutieren, dann reden wir im Kern über die demokratische Legitimation europäischer Entscheidungen. Umso interessanter sind Ansätze, die in eine andere Richtung weisen, so wie der 2016 gegründete Rechercheverbund *Investigate Europe*, in dem Journalisten aus neun europäischen Ländern nationale Perspektiven überwinden und gemeinsam zu Themen von europaweiter Relevanz, länderübergreifenden Strukturen und Akteuren recherchieren und die Ergebnisse gleichzeitig in Medien in ganz Europa veröffentlichen.

Wird vom Verhältnis zwischen der EU und ihren Bürgerinnen und Bürgern gesprochen, kommt reflexartig die Forderung, die Brüsseler Institutionen und Verfahren müssten sich ändern. Die EU müsse sich öffnen und auf die Bürger zugehen. Wie viele EU-Informationskampagnen und Kommunikationsoffensiven haben die europäischen Institutionen damit schon begründet. Viel wäre gewonnen, wenn wir die EU näher zu uns holen würden, sie noch viel stärker als bisher Teil unserer öffentlichen Debatten werden ließen, innerhalb, aber auch außerhalb des Parlaments – und das nicht nur, wenn milliardenschwere

Entscheidungen anstehen. Das heißt für die Politik auch, mehr Verantwortung zu übernehmen, öfter als bisher europäische Gesetzesvorlagen zum Thema im Bundestag zu machen oder europäische Initiativen selbst mitanzustoßen.

Die Bürger erwarten von der EU starke, funktionsfähige und demokratisch legitimierte Institutionen mit nachvollziehbaren Kompetenzen, über das zu entscheiden, was nur europäisch entschieden werden kann. Vor über 25 Jahren habe ich dazu bereits zusammen mit meinem Kollegen Karl Lamers ein Papier vorgelegt. Unsere Überlegungen zur Zukunft der Europäischen Union zielten darauf, die Union weiterzuentwickeln und zu vertiefen, um sie angesichts der anstehenden Erweiterungen und der neuen externen Herausforderungen handlungsfähiger zu machen. Wir plädierten für einen föderativen Staatsaufbau und eine klare, am Subsidiaritätsprinzip ausgerichtete Kompetenzordnung. Sie sollte in einer europäischen Verfassung festgeschrieben werden, mit einem Zweikammersystem, bestehend aus einem »echten« Europäischen Parlament und dem Rat als Länderkammer, und mit einer EU-Kommission als europäische Regierung.

Europa ein Gesicht geben

Es hat seitdem eine Reihe von Vertragsreformen gegeben, die uns hier und da ein Stück weitergebracht haben. Aber wir sind nicht weit genug gegangen, wir sind noch immer viel zu zaghaft. Warum scheuen wir eigentlich die direkte Volkswahl des Kommissionspräsidenten als starke politische Spitze einer europäischen Exekutive? Sie würde der politischen Einheit Europas ein Gesicht geben und eine wirkliche Macht repräsentieren. Ein Wahlkampf um ein solches Führungsamt würde vermutlich schlagartig mehr verändern als jahrelange kleine Schritte, er könnte ein europäisches Bewusstsein stärken und das Herausbilden einer transnationalen Öffentlichkeit beschleunigen.

Mit dem Lissabon-Vertrag sind die Verfahren und Institutionen des gemeinschaftlichen Europas nicht effizient und nicht demokratisch genug für eine zeitgemäße EU – und auch nicht für die anstehenden Aufgaben und Herausforderungen. Die Europäische Union muss sich institutionell reformieren. Klar ist derzeit aber auch, dass innerhalb der Verträge die Spielräume dafür fehlen – und vor allem die politischen Mehrheiten in den europäischen Hauptstädten. Das realistisch Machbare hinkt dem Wünschenswerten und Notwendigen weiter hinterher.

Die angekündigte Konferenz zur Zukunft Europas bietet deshalb auch nur dann die Gelegenheit, aus dem ständigen Reparaturbetrieb herauszukommen, wenn wir bereit sind, aus den Fehlern des gescheiterten Verfassungskonvents von 2003 zu lernen. Wenn wir uns auf wesentliche Kompetenzklarstellungen konzentrieren und dafür die europäischen Institutionen und Verfahren effizient gestalten. Auch wenn der Erfolg keinesfalls garantiert ist, sollten wir dennoch nicht aus Angst vor dem Scheitern den Versuch zur Stärkung europäischer Handlungsfähigkeit erst gar nicht wagen.

Wir könnten doch auch ohne Vertragsreform schon heute vorankommen – mit jenen rechtlichen Instrumenten, die uns die Verträge klugerweise zur Verfügung stellen: Flexibilitätsklausel, Brückenklauseln, verstärkte Zusammenarbeit. Und wenn es nicht anders geht, sollte ein Kreis von Willigen in bestimmten Politikbereichen intergouvernemental vorangehen, wobei dieser Kreis immer auch für die anderen offenstehen muss.

Eine solche gestufte Integration ist zwar nicht ohne Risiko, bestehende Spaltungen weiter zu vertiefen. Aber sie verringert das Potenzial, dass einige Staaten notwendige Integrationsschritte ausbremsen oder in innenpolitisch sensiblen Fragen überstimmt werden. Wir können uns nicht leisten, dass der Zögerlichste das Tempo bestimmt. Wir könnten damit beginnen, in der Außen- und Sicherheitspolitik zu qualifizierten Mehrheitsentscheidungen im Rat überzugehen, oder Bewegung in seit Langem auf der Agenda stehende Vorhaben bringen, etwa bei der Bemessungsgrundlage der Körperschaftssteuern.

Und wir können jetzt die Wirtschafts- und Finanzunion schaffen. Wo europäische Schulden über den Mehrjährigen Finanzrahmen hinaus gemacht werden, brauchen wir auch eigene europäische Einnahmen, etwa bei der Besteuerung hochriskanter Finanzinstrumente, die überhaupt nur europäisch sinnvoll ist. Auch die Digitalsteuer wird angesichts des Widerstands aus den USA nur als gemeinsames europäisches Projekt Erfolg haben. Mit Blick auf den European Green Deal wird die Energiebesteuerung relevant. Die EU-Energiesteuerrichtlinie soll ohnehin klimafreundlich aktualisiert werden – warum dann nicht die Einnahmen daraus zumindest teilweise europäisieren? Und warum schaffen wir beim Europäischen Emissionshandel keinen wirksamen CO_2-Mindestpreis und überführen die Einnahmen nicht in den europäischen Haushalt? Je nach konkreter Ausgestaltung müssten dafür nicht einmal die europäischen Verträge geändert werden. Es braucht eben nicht immer zwingend neue Verfahren – es braucht vor allem den politischen Willen, die vorhandenen Instrumente konsequent zu nutzen.

Mehr Eigeneinnahmen zögen zwangsläufig eine Stärkung des Europäischen Parlaments nach sich. Denn dort muss das Budgetrecht wahrgenommen werden. Noch immer fehlen dem Europäischen Parlament klassische parlamentarische Rechte: ein eigenes Initiativrecht zum Beispiel! Das Monopol der Kommission ist längst nicht mehr zeitgemäß. Reformbedürftig sind auch die Wahlen zum Europäischen Parlament, die in den Mitgliedstaaten nach dem jeweiligen nationalen Wahlrecht erfolgen. Wichtiger Baustein eines europaweit einheitlichen Wahlrechts könnten grenzüberschreitende Listen sein, die Kontingente für die einzelnen Staaten vorsehen. Das würde das Parlament stärken und das oft beklagte Demokratiedefizit der EU abmildern.

Ein europäisches Wahlrecht würde einen wichtigen Schritt hin zu europäischen Parteien, zu europäischen Wahlkämpfen und einer europäischen Öffentlichkeit bedeuten. Mit der Nominierung von Spitzenkandidaten gab es bereits einen vielversprechenden Ansatz dazu – der bei der letzten Europawahl allerdings nicht konsequent verfolgt wurde. Hätte sich das Europäische Parlament entschlossen hinter den siegreichen Kandidaten gestellt, hätten die Staats- und Regierungschefs sein Votum nicht ignorieren können. Die Abgeordneten haben sich die Entscheidung aus der Hand nehmen lassen und damit eine Chance auf institutionelle Profilierung selbst vergeben. Neben mehr Rechten braucht das Europäische Parlament auch mehr Selbstbewusstsein – beides bedingt und befördert sich wechselseitig.

Ein kraftvoller Anstoß im drängenden Reformprozess, ein eigener Impuls zur ausgerufenen »Agenda des Wandels«, könnte doch gerade aus dieser europäischen Institution kommen, die als einzige unmittelbar demokratisch legitimiert ist! Selbstbewusste Europaabgeordnete könnten vorangehen und schon jetzt einen visionären Entwurf vorlegen. Einem Parlament, das für sich weiterhin das Recht einfordert, über den Kommissionspräsidenten nach dem Spitzenkandidatenprinzip zu entscheiden, stünde das jedenfalls gut zu Gesicht. Ein eigener kluger Vorschlag aus der Mitte des Parlaments könnte uns aus der Ambitionslosigkeit herauskatapultieren und die europaweite Debatte im Rahmen der Europäischen Zukunftskonferenz beflügeln.

Wer heute eine Zukunft für das gemeinsame Europa entwerfen will, sollte allerdings nicht vorrangig die Frage beantworten wollen, wie eines fernen Tages Europas verfassungsrechtliche Finalität aussieht, sondern wie wir Europa heute und morgen zusammenhalten können. Wie die EU auf ausgewählten wichtigen Politikfeldern jetzt spürbar an Gestaltungskraft und Handlungsfähigkeit gewinnen und damit den Europäern Freiheit, Demokratie, Sicherheit und Wohlstand in der globalisierten

Welt garantieren kann. Emmanuel Macron hat dafür die Formel gefunden: *Une Europe qui protège* – Ein Europa, das schützt. Als er diese Worte fand, ahnte er noch nicht, wie umfassend das Schutzbedürfnis unseres gemeinsamen Europas tatsächlich sein würde.

Der deutsch-französische Motor

Für den Erfolg aller Reformansätze bleiben die Kooperation und die eng abgestimmte gemeinsame Führung Deutschlands und Frankreichs zentral. Die Initiative von Angela Merkel und Emmanuel Macron während der Pandemie hat es eindrücklich gezeigt. Das *couple franco-allemand* hat in der Geschichte der europäischen Integration immer dann als Motor gewirkt, wenn sich beide Länder über Ziele und Wege abgestimmt haben und gemeinsam vorangegangen sind. Vorgezeichnet war das lange nicht.

»Die beiden Partner [sprechen] nicht die gleiche Sprache und [haben] unterschiedliche geistige und moralische Werte«, urteilte in den Dreißigerjahren der renommierte Ökonom François Perroux unmissverständlich. Er untersuchte den Unterschied im Denken der beiden Nachbarn, die sich als vermeintliche Erbfeinde gegenüberstanden und in denen dennoch zwischenzeitliche Bestrebungen der Verständigung Früchte getragen hatten. Dafür waren die visionären Außenminister Aristide Briand und Gustav Stresemann 1926 mit dem Friedensnobelpreis geehrt worden.

Der Wirtschaftsforscher Perroux sah damals allerdings noch immer unüberbrückbare Gräben zwischen Deutschland und Frankreich – begründet in der jeweiligen Mentalität: Die Deutschen interessierten Verträge oder Regeln nicht, so Perroux. Für sie zähle allein Treu und Glauben, der Staat werde die Dinge schon richten. Die Haltung der Franzosen beschrieb er diametral anders, sie sei emanzipatorisch geprägt: In Frankreich sei die persönliche Vertragstreue anerkannt als dauerhafte und absolute Richtschnur.

Das ist ein bemerkenswertes Urteil und eines, das die heute gängige Zuschreibung nationaler Eigenarten geradezu auf den Kopf stellt. Die Wirtschaftswissenschaftler Markus Brunnermeier, Harold James und Jean-Pierre Landau führen deshalb in ihrer Analyse des Euro Perroux als Beispiel für die Veränderungsfähigkeit von modernen Gesellschaften an. Denn sie selbst beschreiben die Unterschiede in den politisch-ökonomischen Herangehensweisen Deutschlands und Frankreichs sehr präzise – und genau umgekehrt: Die Franzosen verfügen demnach über die Erfahrung eines starken, effizienten Staates, der Krisen bewältigen kann, ohne dabei auf Regeln versessen zu sein. Wir Deutschen sind dagegen geprägt von der föderalen Tradition mit einer schwachen Zentralmacht und wollen Krisen möglichst vermeiden – und dazu braucht man vor allem Regeln.

Ich finde, dass beides seine spezifischen Vorteile hat, und deswegen glaube ich, dass wir viel voneinander lernen können. Deutlich wird auch, dass sich Menschen ändern und damit auch Nationen. Historische Entwicklungen sind, das lehrt die Geschichte unseres Kontinents in besonderer Weise, auch Lernprozesse. Nicht nur die deutsch-französische Verständigung ist aus einem solchen Lernprozess hervorgegangen, auch die Europäische Union. Und wenn diese sich behaupten will, muss sie sich auch weiter als lernfähig erweisen, muss sie flexibel und offen bleiben.

Das geht nur mit der Bereitschaft, die Perspektive des jeweils anderen bei Entscheidungen mitzudenken, die des Nachbarn, die der übrigen Mitgliedstaaten. Wo früher über Adelsfamilien dynastische Verbindungen von Herrscherhaus zu Herrscherhaus gespannt waren, braucht es heute Eliten, die ein vertieftes Verständnis für die legitimen Interessen sowie die kulturelle und historische Prägung der anderen Nationen aufbringen. Dazu gehören Politiker, die nationale Besonderheiten nicht nur kennen und erdulden, sondern verstehen und respektieren, und nationale Parlamente, in denen bei der Debatte über europäische Fragen neben dem nationalen Standpunkt mit seinem begrenzten Blickwinkel auch eine tatsächlich europäische Perspektive eingenommen wird.

Deshalb ist die zuletzt weiter intensivierte Zusammenarbeit zwischen Assemblée nationale und Deutschem Bundestag eine zeitgemäße Antwort auf die gegenwärtigen Herausforderungen. Mit der binationalen Parlamentarischen Versammlung wurde 2019 eine weltweit einzigartige Institution ins Leben gerufen, um Übereinstimmung zwischen beiden Ländern in zentralen politischen Standpunkten anzubahnen und die parallele Umsetzung in politisches Handeln zu ermöglichen. Im offenen, bisweilen unbequemen Austausch über Sachfragen soll sie dazu beitragen, nationale Blockaden zu überwinden. Gerade in der Pandemie hat die Kammer mit Anhörungen der Innen-, Finanz- und Gesundheitsminister beider Staaten dazu beigetragen, die unterschiedlichen Positionen und Meinungen in den Parlamenten wechselseitig besser zu verstehen, und damit bewiesen, was sie leisten kann.

Für das gemeinsame Europa tragen wir alle Verantwortung: in Berlin und Paris ebenso wie in Budapest oder Warschau. Der polnische Präsidentschaftswahlkampf 2020 hat verdeutlicht, wie lebendig auch unsere Nachbarn über die Rolle debattieren, die sie in Europa spielen wollen. Wir sollten sie im Kreis der großen Mitgliedstaaten dazu ermuntern, erst recht nach dem Ausscheiden Großbritanniens aus der EU. Wer sich mit dem Historiker Dan Diner gedanklich auf die Stufen der Treppe von Odessa ans Schwarze Meer setzt und von dort im Rückblick auf das vergangene Jahrhundert nach Westen schaut, erkennt leicht, dass erst der Kalte Krieg Ost und West in Europa zementiert hat. Das ist längst Geschichte, aber die Spaltung besteht fort.

Die Geschichte Europas sei offen, so Diner, sie weise in Richtung tieferer Integration oder einer dramatischen Desintegration. Wenn wir die Überwindung der Teilung von Jalta als größte Errungenschaft der Epochenwende 1989/90 nicht gefährden wollen, müssen wir deshalb alles tun, um die Gräben zu überwinden. Dazu gehört, dass wir unsere unterschiedlichen Erfahrungshorizonte ernst nehmen und unterschiedliche Prägungen akzeptieren. Der gewachsene Dissens zwischen uns und unseren östlichen Nachbarn beruht auch auf einem Mangel an Wissen und Verständnis für die Gesellschaften jenseits des ehemaligen Eisernen Vorhanges.

Machen wir uns eigentlich ausreichend bewusst, worauf Ivan Krastev so eindringlich hinweist: dass die im Osten stärker verbreitete Ablehnung der Immigration auch die Kehrseite einer immensen Abwanderung ist? Dass dort die Angst vor dem demografischen Verschwinden herrscht? Bulgarien büßte seit 1989 über ein Fünftel seiner Bevölkerung ein; fast dreieinhalb Millionen Rumänen, darunter vor allem Jüngere, gut Ausgebildete, verließen nach der Wirtschaftskrise von 2008 das Land. Eine Migration übrigens, von der die wohlhabenden Regionen Deutschlands und Westeuropas erheblich profitiert haben und profitieren.

Krastev hat jüngst mit dem Rechtswissenschaftler Stephen Holmes von der New York University die These vom »Nachahmungsimperativ« entwickelt, der für die mittel- und osteuropäischen Gesellschaften nach der Epochenwende vor dreißig Jahren gegolten habe und dem diese auch bereitwillig folgten: Sie importierten demokratische Institutionen, freie Marktwirtschaft und westliche Politikrezepte – und nahmen überdies das Recht des Westens hin, ihren Erfolg beim Erfüllen westlichen Idealstandards zu bewerten. Das ging auf Kosten der nationalen Selbstachtung. Erschwerend wirkte sich aus, dass sich die liberalen Eliten in den postkommunistischen Staaten am postnationalen Universalismus vor allem deutscher Prägung orientiert hätten. Dabei lief dieses Leitbild, das sich aus der spezifisch deutschen Schulderfahrung speist, dem verbreiteten Bedürfnis vieler Osteuropäer nach lange vermisster nationaler Selbstbestimmung entgegen – ein Bedürfnis, das doch ein zentrales Motiv für die Überwindung der sowjetischen Herrschaft war. Die besondere Betonung nationaler Eigenständigkeit und illiberale Tendenzen in manchen mittel- und osteuropäischen Staaten wurzelten in der Abwehr der mit der Nachahmung verbundenen Gefühle von Minderwertigkeit und Erniedrigung und in der Sehnsucht nach einem starken Nationalgefühl.

Das ist eine These, die einiges plausibler macht, die vor allem aber kritische Fragen an uns, an Deutsche und Westeuropäer, richtet, an die Rolle, die wir in der Transformation gespielt haben. Wenn es stimmt, was Krastev und Holmes sagen – dass es bei den Entwicklungen in den osteuropäischen Gesellschaften nicht so sehr um politische Ideologie, sondern um politische Psychologie geht –, dann ist es umso wichtiger, Gesten moralischer Überlegenheit zu unterlassen und den Partnern auf Augenhöhe zu begegnen. Das bedeutet auch zu akzeptieren, dass die gemeinsam geteilten Werte unterschiedlich interpretiert werden dürfen. Die unterschiedliche Gewichtung der Werte Freiheit, Sicherheit oder Rechtsstaatlichkeit zeigen das.

Auch diesen Dissens können wir nur im Dialog austragen. Was bleibt uns anderes übrig, als darüber immer wieder miteinander zu reden? Mit unterschiedlicher Auffassung, aber ohne Überheblichkeit, ohne erhobenen Zeigefinger, sondern mit Respekt vor unterschiedlichen Erfahrungen. Regeln einzufordern, ohne andere zu maßregeln, ist eine anspruchsvolle Aufgabe, die uns wechselseitig gestellt ist und der wir uns nicht entziehen können. Im Zweifel entscheiden über divergierende Auffassungen Gerichte – auf Basis der von allen freiwillig akzeptierten Regeln. Ohne regelgebundene Verständigung, ohne Herrschaft des Rechts geht es nicht. Das ist das Fundament Europas. Solange Urteile anerkannt und dann auch umgesetzt werden, steht es niemandem zu, anderen zu erklären, wie Demokratie »richtig geht«, schon gar nicht den Polen, Ungarn oder Tschechen, die vor dreißig Jahren erfolgreich für sich erkämpft haben, was vielen im Westen als völlig selbstverständlich scheint.

Spaltungen überwinden

Neben der Freundschaft zu Frankreich ist die Aussöhnung mit den Polen eine der wesentlichen Grundlagen des europäischen Integrationsprozesses. Als »Macht in der Mitte«, wie Herfried Münkler Deutschlands Lage in Europa bezeichnet hat, ist es vor allem an uns, auf Ausgleich und Zusammenhalt hinzuwirken, Spaltungen zu überwinden und Kompromisse zu suchen. Die Sichtweise der Mittel- und Osteuropäer und ihre spezifischen Interessen ernst nehmen, als legitim anerkennen und sie in die europäische Willensbildung einbeziehen sowie unsere eigenen Vorstellungen nicht zum Maß aller Dinge erklären: nur so verhindern wir, dass sich der Keil zwischen Ost und West verfestigt. Und nur so kommen wir in den großen, strittigen Fragen voran.

In der Migrationsfrage ist das besonders dringend. Ohne das Beharren auf festen Verteilquoten auf dem Höhepunkt der Flüchtlingskrise wären wir wahrscheinlich heute näher an einer europäischen Lösung, die die Lasten gerechter verteilt und trotzdem die spezifischen Umstände in den unterschiedlichen Staaten berücksichtigt. Der Migrationspakt der EU-Kommission trägt diesen Erfahrungen jetzt Rechnung, indem er auf die verpflichtende Umverteilung von Schutzsuchenden nach Quoten auf alle Mitgliedstaaten verzichtet und stattdessen auf Anreize zur Aufnahme von Migranten und flexiblere Solidarität für die Staaten setzt, die an den Außengrenzen besonders von der Zuwanderung betroffen sind.

Die Migration ist zwar mit dem Corona-Virus aus dem Fokus der medialen Öffentlichkeit gerückt, sie hat jedoch nichts an Brisanz verloren, weder für die innere Sicherheit und Stabilität der EU noch für deren Glaubwürdigkeit als Wertegemeinschaft. Wir brauchen ein gemeinsames europäisches Asylrecht mit einheitlichen Standards und praktikablen Anerkennungsverfahren und dazu die Einsicht, dass sich die Spannungen in der Flüchtlingspolitik nicht allein rechtlich lösen lassen.

Gemeinschaftliche Initiativen benötigen wir vor allem beim Schutz der europäischen Außengrenzen und der Menschen beiderseits dieser Grenzen, wenn wir unsere Grundwerte nicht gänzlich aufgeben wollen. Dazu gehört das viel gescholtene EU-Türkei-Abkommen; dazu könnte auch eine »Koalition der Aufnahmewilligen« zählen, damit nicht jedes Mal neu um die Verteilung von Flüchtlingen gefeilscht werden muss. Die europäischen Staaten werden sich über praktikable Anerkennungsverfahren verständigen müssen. Über die Einrichtung von Rettungs- und Asylzentren außerhalb der EU.

Da sind keine einfachen Lösungsvorschläge denkbar, auch keine optimalen. Es braucht das Eingeständnis, dass wir angesichts der großen Wanderungsbewegungen vor Dilemmata stehen, aus den es keinen »moralisch sauberen« Ausweg geben kann. Dass wir auf die Zusammenarbeit mit zweifelhaften Kräften und Regimen in Transit- und Herkunftsregionen angewiesen sind, um praktikable Verfahren zu finden. Dass wir unserer humanitären Verantwortung gerecht werden und zugleich die Kontrolle aufrechterhalten müssen. Dass die Rettung von Menschen aus Seenot, zu der wir verpflichtet sind, und ihr Transport in europäische Häfen zugleich einem zynischen Schlepperwesen in die Hände spielt.

Gerade aus diesem Dilemma werden wir wohl nur herausfinden können, wenn wir uns als fähig erweisen, auch in Nordafrika Zentren einzurichten, in die wir diese Menschen zurückbringen, um keine falschen Anreize zu setzen. Es wären Zentren, in denen wir allerdings menschliche Lebensbedingungen sicherstellen und die wir schützen müssten, unter dem Dach der Vereinten Nationen etwa, mit dem Engagement aller europäischen Staaten, auch militärisch, auch seitens der Bundeswehr. Ich bin übrigens davon überzeugt, dass sich nicht zuletzt auch *die* Europäer in eine solche Mission einbringen würden, die sich der Verteilung von Migranten bislang verweigern.

Das wird ohne unpopuläre Debatten, ohne die Fähigkeit zum Kompromiss, ohne zähe Verhandlungen und unbequeme Entscheidungen nicht gehen. Es braucht politischen Willen und Führungskraft – in Brüssel und vor allem bei den europäischen Regierungen.

Tony Judt, ein exzellenter Kenner der europäischen Geschichte, hat geschrieben, das 21. Jahrhundert könnte Europa gehören. Das war Mitte der Neunzigerjahre, und ich weiß nicht, ob er das heute noch so sehen würde. Es stände uns aber als Anspruch gut zu Gesicht. Wir Europäer können die großen Zukunftsaufgaben gemeinsam und sehr viel entschiedener angehen als bislang: die natürlichen Lebensgrundlagen erhalten, Regeln für die zunehmend globalisierte und digitalisierte Welt setzen, den eigenen Bürgern Sicherheit garantieren und zugleich mehr Verantwortung für die Sicherheit und die Entwicklung in der Welt übernehmen.

Dazu gehört, in Zeiten geteilter Souveränität die engen nationalen Bindungen anzuerkennen, wie sie in der Corona-Pandemie deutlich geworden sind. Menschen hängen an gewohnten Gemeinschaften stärker, als sie sich mit neuen identifizieren. Deshalb muss behutsam sein, wer Europa voranbringen will. Nation und Europa dürfen nicht gegeneinander ausgespielt werden. Mit der Nation verbindet sich von jeher das Versprechen, die Komplexität der Welt auf einen überschaubaren Rahmen zu reduzieren.

Das Europäische konfrontiert uns dagegen mit der Welt, wie sie ist. Man kann das als eine Zumutung begreifen. Und richtig ist: Die Europäische Union mutet ihren Bürgern etwas zu – weil es sie ernst nimmt. Weil es ihnen keine einfachen Lösungen vormacht, wo es keine gibt. Die Welt ist komplex – und die Antworten auf die Herausforderungen in dieser Welt können entsprechend auch nur komplex sein. Ein sich ergänzendes, ineinandergreifendes System von Demokratien verschiedener Reichweite und Zuständigkeiten, also eine national-europäische Doppeldemokratie stellt zwangsläufig besondere Anforderungen an das, was wir »die« Öffentlichkeit nennen. Und an uns alle, als Bürger unserer nationalen Demokratien und einer europäischen Demokratie.

Wir sollten auf der Suche nach zukunftsfähigen Zielvorgaben deshalb nicht vergessen, dass die europäische Einigung immer getragen wurde von Idealisten, die gegen alle Widrigkeiten ihrer Vision folgten und schrittweise auf ein friedliches, kooperatives, wirtschaftlich starkes Europa hinarbeiteten. Der Schweizer Schriftsteller Adolf Muschg hat sie »Träumer« genannt und er meinte das keineswegs abwertend. Für Muschg als überzeugten Europäer steht fest, dass das Projekt nur als »Gemeinschaftswerk von Realisten und Träumern lebensfähig« ist. Um es noch mal mit Ivan Krastev zu sagen: Die Europäische Union war immer eine Idee auf der Suche nach einer Realität.

Wir sollten Europa deshalb weder den Träumern noch den Skeptikern überlassen, sondern den Realisten anvertrauen. Europa braucht pragmatische und visionäre Kraft. Denn ohne die Träumer hätten die Realisten wohl niemals mit dem vereinten Europa angefangen. Aber ohne die Realisten wäre es nur ein Traum geblieben. Die europäische Schicksalsgemeinschaft formt sich gerade in Krisenzeiten. Identitäten können sich als Resultat gemeinsam bestandener Bewährungsproben verändern. Wenn es uns gelingt, gestärkt aus der gegenwärtigen Krise hervorzugehen, besteht deshalb die Chance zu einer belastbaren europäischen Identität, die nationale Identitäten nicht ablöst, sie aber ergänzt: um ein Zusammengehörigkeitsgefühl, das sich sowohl aus den gemeinsamen historischen Wurzeln und kulturellen Grundlagen speist als auch aus dem Bewusstsein, die großen globalen Aufgaben – ökonomische Stabilität, Nachhaltigkeit, Digitalisierung, Sicherheit, Asyl und Migration – nur gemeinsam bewältigen zu können. Demokratisch, solidarisch, freiheitlich.

»Im Grunde müssen wir uns neu erfinden.« »Wir sollten Europas Fortschritte nicht zerreden, auch wenn sie klein erscheinen.«

Wolfgang Schäuble und Sylvie Goulard über heiße Eisen, verschiedene Geschwindigkeiten – und Humor in Europa
Moderation: Jacques Schuster

Madame Goulard, Sie waren 2017 französische Verteidigungsministerin. Lassen Sie uns deswegen mit der Verteidigungspolitik beginnen. Raymond Aron sagte einst, Europa sei »ein ökonomischer Riese, ein politischer Zwerg, ein militärischer Wurm«. Ich sehe kaum ein Anzeichen dafür, dass sich die Lage verändert hätte. Oder täusche ich mich?

Sylvie Goulard: Die Welt hat sich seit Arons Befund rasant verändert – geopolitisch wie sicherheitsstrategisch, ökologisch wie technologisch. Heute kämpfen wir gegen die Herausforderungen des Klimawandels, gegen die Folgen der Migration und die Fragen, die sich aus der technologischen Revolution ergeben. Europa mag sich in all diesen Fragen zu langsam bewegen, aber es bewegt sich.

Wolfgang Schäuble: Wir sollten Europas Fortschritte nicht zerreden, auch wenn sie klein erscheinen. Aber im Kern steckt noch immer eine gewisse Wahrheit in Arons Bonmot. Diese Wahrheit ist ja gerade unser aller Antrieb, in Europa voranzukommen. Besonders die Präsidentschaft Donald Trumps hat uns gezeigt: Die Europäer müssen schleunigst lernen, ein größeres Maß an Verantwortung zu übernehmen. Das gilt natürlich auch für die Verteidigungspolitik. Gerade auf diesem Feld sind die Deutschen aus historischen Gründen ein schwieriger Partner ...

Ein Partner, der nicht bereit ist, eine wirkliche militärische Zusammenarbeit mit den Franzosen einzugehen. Oder nur dann, wenn es keine Krise gibt.

Schäuble: Ich habe bedauert, dass im Aachener Vertrag 2019 nicht auch deutlicher die Zusammenarbeit auf militärischem Gebiet festgeschrieben wurde. Dass diese heute fehlt, lag nicht an Paris. Jedenfalls sind wir noch lange nicht so weit vorangekommen, wie wir es müssten, um von einer deutsch-französischen Verteidigungsgemeinschaft zu sprechen. Sie wäre der Nukleus einer europäischen Verteidigungsgemeinschaft. Jedes EU-Mitglied darf sich eingeladen fühlen, daran teilzuhaben. Solange es bei einer deutsch-französischen Initiative bleibt, sollte Paris übrigens die Führung übernehmen.

Goulard: Französische Führung allein genügt nicht, um eine europäische Verteidigung zustande zu bringen. Zwar brauchen wir die Entschlusskraft der französischen Exekutive, etwa wenn es darum geht, zügig Truppen nach Mali zu verlegen. Gleichzeitig benötigen wir die Mitsprache der Parlamente und etwas von der deutschen Selbstbeschränkung. Es muss klar sein, dass die EU eine einzigartige Macht sein wird, die auf ihren demokratischen Werten basiert und aus der eigenen Geschichte in allen ihren Aspekten – von den totalitären über die kolonialistischen Erfahrungen bis hin zur Ausbeutung des Planeten – gelernt hat.

Muss man nicht klar sagen: Eine eng verzahnte deutsch-französische Verteidigungsgemeinschaft muss scheitern, weil beide Staaten ein gegensätzliches Grundverständnis vom Einsatz der Armee haben? Oder anders formuliert: Solange Deutschland dem Prinzip der Parlamentsarmee verpflichtet ist, so lange kann es keine gemeinsame Armee geben.

Schäuble: Eine echte Parlamentsarmee ist die Bundeswehr nicht, sonst wäre ich als Bundestagspräsident der Oberbefehlshaber. Gott sei Dank bleibt mir das erspart. Aber Sie haben mit dem Parlamentsvorbehalt schon recht: Wir müssen uns mehr als die Franzosen bewegen. Deswegen hatte ich ja auf den Aachener Vertrag gehofft. Ich hätte mir zum Beispiel eine Regelung vorstellen können, bei der Abgeordnete einer gemeinsamen Kammer der französischen Nationalversammlung und des Bundestages über einen Einsatz entscheiden, wenn die beiden Regierungen ihn für richtig halten. Würden wir das erreichen, könnte endlich auch die deutsch-französischen Brigade aus ihrem Dämmerschlaf geweckt werden.

Haben Sie einen Zeitrahmen vor Augen?

Schäuble: Ich hoffe, dass wir die Initiative in der nächsten Legislaturperiode aufgreifen können. Mit dieser Bundesregierung geht das nicht mehr – auch weil die geschwächten Sozialdemokraten es nicht wagen, ein zugegeben derart heißes Eisen anzufassen. Wir müssen also die Bundestagswahl und vielleicht auch die Präsidentschaftswahlen in Frankreich 2022 abwarten. Danach können wir vielleicht erste konkrete Schritte gemeinsam gehen. Viel Zeit haben wir nicht. Wir leben in einer gefährlichen

Welt, in der Europa eine einsatzfähige, moderne Armee braucht. Die Deutschen wären dafür zu haben. Sie wären sofort bereit, auf eine nationale Armee zu verzichten. Was Frankreich angeht, so bin ich skeptischer.

Goulard: Die meisten Franzosen hätten grundsätzlich keine Bedenken, mit den Deutschen eine gemeinsame Armee zu bilden. Es müsste nur vorher darüber debattiert werden, welchen Zweck diese Armee haben soll. Welche Mittel wollen wir ihr zur Verfügung stellen? Auch müssten die institutionellen Strukturen solide aufgebaut sein, damit sie krisenfest sind. Es geht ja um Leben und Tod. Es darf nicht passieren, dass, wenn die ersten Särge nach Europa zurückkommen, Selbstzweifel an der grundsätzlichen Notwendigkeit der gemeinsamen Armee aufkommen.

In der alten Bundesrepublik gab es zwei Lager: die Gaullisten und die Atlantiker, wobei die Atlantiker das stärkere bildeten. Die Atlantiker fürchteten, dass de Gaulles Außenpolitik vor allem dazu dienen sollte, den Rang Frankreichs zu bewahren und die Amerikaner zur Weißglut zu treiben, wenn nicht sogar vom Kontinent zu verdrängen. In manchen Aspekten erinnert Macrons Außenpolitik an die de Gaulles. Was also ist so neu an Frankreichs Außenpolitik unter Macron?

Goulard: Ich bitte Sie. General de Gaulle ist seit fünfzig Jahren tot. Wir sollten uns in unserem Gespräch der Zukunft zuwenden. Heute geht es um die Verteidigung unserer Werte und Interessen, um die Attacke auf unsere Demokratien, um Cybersecurity und Technologie, um den Klimawandel. Im Grunde müssen wir uns neu erfinden.

Nach dem Sieg Joe Bidens in den USA haben wichtige deutsche Politiker den Satz von Helmut Schmidt bekräftigt: »Die USA sind unser wichtigster Verbündeter, die Franzosen unser engster.« Ich kenne kaum einen Franzosen, der diesen Satz so sagen würde.

Goulard: Frankreich ist Mitglied der NATO und kooperiert besonders eng mit den Amerikanern. Abgesehen davon, wissen wir gar nicht, welchen Weg die neue US-Administration einschlagen wird. Sicher wird sie eher auf den pazifischen als auf den atlantischen Raum achten. Wie wird ihr Verhältnis zu China aussehen? Als Europäer müssen wir mit den Amerikanern so eng wie möglich zusammenarbeiten, ohne darauf zu verzichten, selbstständiger zu werden. Aus ureigenen europäischen Interessen. Dies ist übrigens auch die Position der Kanzlerin.

Schäuble: Sylvie Goulard hat recht. Jetzt geht es darum, wie wir mit den Herausforderungen des 21. Jahrhunderts umgehen: mit der Bedrohung durch Cyberwars oder durch ABC-Waffen. Wie gewinnen wir den Kampf gegen die Pandemie? Entscheidend ist auch, dass wir Sicherheit und Stabilität in unserer unmittelbaren Nachbarschaft gewährleisten. Als sich zuletzt ein ernster Konflikt zwischen der Türkei und Griechenland anbahnte, wäre mir wohler gewesen, die sechste US-Flotte wäre noch im Mittelmeer stationiert. Europa muss so schnell wie möglich dafür sorgen, dass es, wo nötig, seine eigene Umgebung stabilisieren kann. In unserem europäischen Umfeld müssen wir uns in die Lage bringen, für Sicherheit, Freiheit, Stabilität und die Unverletzbarkeit von Grenzen selbst zu sorgen.

Bismarck soll gesagt haben: »Das Wort Europa höre ich oft aus dem Mund von Politikern, die es nicht wagen, ihre Forderungen direkt vorzubringen.« Ist das bis heute so?

Goulard: Bismarck mag eine wichtige Persönlichkeit der deutschen Geschichte sein, aber er ist eine Persönlichkeit des

19. Jahrhunderts, einer kriegerischen Zeit. Er redete sicherlich nicht von der EU, die als Friedens- und Kooperationsgemeinschaft gegründet wurde.

Wenn Sie sich die Flüchtlingspolitik anschauen, dann hat Bismarck zumindest nicht unrecht. 2015 haben die Deutschen ihre Haltung der offenen Grenze zu einer wahrhaft europäischen Politik erhoben. Das Gleiche geschah fünf Jahre später, als es zum Brand in Moria kam. Berlin erklärte, es sei geradezu die Pflicht Europas, Flüchtlinge von dort aufzunehmen. Kaum ein anderes europäisches Land ist dem gefolgt. Leitet sich aus den Verbrechen, die Deutsche im 20. Jahrhundert begangen haben, ein neuer deutscher Größenwahn moralischer Natur ab? Nach dem Motto: Weil wir die größten Verbrecher waren, wissen wir am besten, was moralisch zu tun sei?

Schäuble: Aufgrund unserer Geschichte gibt es eine besondere Sensibilität. Sie führt in der Tat dazu, dass die Deutschen gelegentlich glauben, wir hätten eine höhere Moral als andere europäische Staaten. Das ist ein Irrtum. Der Umgang mit der Migration ist aus meiner Sicht aber tatsächlich das Thema, in dem die Europäische Union ihre Handlungsfähigkeit schnell unter Beweis stellen muss. Es kann doch nicht sein, dass Portugal, Spanien, Italien, Griechenland, Zypern und Malta mit den Menschen allein gelassen werden, die dort die Grenze in die EU überschreiten. Und neben unserem Selbstverständnis als Wertegemeinschaft, das von jedem einzelnen Ertrunkenen im Mittelmeer herausgefordert wird, geht es bei der Frage auch um die Stabilität unserer Gesellschaften.

Madame Goulard, inwieweit wirken sich die jüngsten islamistischen Anschläge auf die Bereitschaft der Franzosen aus, Flüchtlinge aufzunehmen?

Goulard: Die Franzosen hatten es in den letzten Jahren nicht einfach. Die vielen islamistischen Anschläge seit 2015 haben die Gesellschaft natürlich geprägt, genau wie alle anderen Staaten, in denen es zu Anschlägen kam: Deutschland, Dänemark, Großbritannien und neulich Österreich. Aber es ist die Aufgabe einer verantwortungsbewussten politischen Führung, die Bevölkerung auch in der Frage der Migration und des friedlichen Zusammenlebens von Gläubigen und Nichtgläubigen mitzunehmen. Wir sprechen viel über die sicherheitspolitischen Aspekte. Aber wir müssen auch andere Elemente im Auge behalten. Natürlich steigt die Bereitschaft der Bevölkerung, Menschen aufzunehmen, in dem Maße, in dem sie weiß, dass Arbeitsstellen vorhanden sind und dass die Grundwerte der Republik nicht nur akzeptiert, sondern gelebt werden. Der Respekt vor den demokratischen Werten muss von allen, unabhängig von Religion oder Herkunft, verinnerlicht werden. In Frankreich wird die Laïcité, also eine besondere Form der Säkularisierung, als der geeignete Rahmen angesehen.

Im Übrigen muss man unsere Bevölkerung immer wieder darauf hinweisen, dass eine Mehrheit der Terroristen in der EU geboren ist. Nicht nur Frankreich, sondern viele seiner Nachbarn haben in der Vergangenheit Fehler bei der Integration gemacht. Wegen der Freizügigkeit der Menschen und weil die EU mehr als eine Freihandelszone ist, müssten wir in Europa noch intensiver, grenzüberschreitend über das Zusammenleben mit anderen Religionen und Kulturen nachdenken.

Madame Goulard, Wolfgang Schäuble erneuert in seinem Buch seinen Vorschlag, in einem Europa der zwei Geschwindigkeiten zu einem föderativen Staatsaufbau zu gelangen und den EU-Kommissionspräsidenten direkt wählen zu lassen. Wäre Paris dafür zu gewinnen?

Goulard: Direkte Wahl? Das mögen die Franzosen sehr! Allerdings sehe ich in der Vielfalt der Sprachen und Kulturen ein praktisches Problem für einen einheitlichen Wahlkampf. Ich weiß nicht, wie das in parlamentarischen Demokratien wie in Italien oder Deutschland ankommt. Außerdem bleibt die Frage, die noch vor der Direktwahl des EU-Kommissionspräsidenten zu stellen ist: Welche Aufgabe und Funktion soll die EU-Kommission künftig haben? In der Vision der Gründerväter gewährleistete sie die Rechte der kleinen Länder den großen gegenüber, deswegen verfügte sie über das Initiativrecht. Bis heute bedaure ich, dass der Reformvorschlag scheiterte, künftig weniger Kommissare als die Anzahl der Mitgliedstaaten einzusetzen. Sollte nicht übrigens der Kommissionspräsident oder die -präsidentin sich eine eigene Mannschaft zusammenstellen dürfen?

Schäuble: Nicht nur die EU-Kommission, auch das Europa-Parlament braucht ein Initiativrecht. Nebenher: Ich bedaure es sehr, dass das Europäische Parlament nach der letzten Wahl nicht die Kraft gefunden hat, sich auf einen Spitzenkandidaten zu einigen. Wäre es den Fraktionen gelungen, hätten sie sich gegen die Staats- und Regierungschefs durchgesetzt und den Anspruch des Parlaments auch für die Zukunft manifestiert.

Goulard: Der EU-Vertrag sieht eine Spitzenkandidatur ausdrücklich nicht vor. Wer mit proportionaler Abstimmung die Präsidentschaft der Kommission beansprucht, sollte eine breite Mehrheit um sich sammeln. Juncker hat es 2014 geschafft. 2019 gelang es nicht.

Bleibt die Frage nach den zwei Geschwindigkeiten.

Goulard: Das Europa der zwei Geschwindigkeiten gibt es doch schon – seit der Einführung des Euro, auch durch den Schengen-Raum. Grundsätzlich sollten wir stets versuchen, mit allen 27 Mitgliedern voranzugehen. Wenn das nicht gelingt, sollten wenigstens immer Deutsche und Franzosen zusammen im Interesse Europas vorangehen. Die Bundeskanzlerin hat dies eindrucksvoll getan, als sie im Rahmen der deutschen Ratspräsidentschaft während der Corona-Pandemie für den Solidaritätsfonds warb. Ohne eine deutsch-französische Initiative und ohne das finanzielle Engagement Deutschlands wäre es nicht zu dem Wiederaufbauprogramm gekommen.

Sie sprechen über das 750-Milliarden-Euro-Hilfspaket. Inwieweit sehen Sie in dieser Solidaritätsaktion die Urzelle der Europäischen Wirtschafts- und Währungsunion?

Schäuble: Es ist tatsächlich die Gelegenheit, jetzt das nachzuholen, was schon bei der Einführung des Euro intendiert war. Allerdings stört mich, dass zu wenig darüber geredet wird, welche Chancen diese 750 Milliarden Euro bieten und was die Mitgliedsländer mit diesen Milliarden machen. Das Geld soll die Wirtschaft stärken und für mehr Innovationen sorgen. Ich würde mir sehr viel stärker wünschen, dass darauf der Fokus gelegt wird.

Die EU erhält die Möglichkeit, Kredite aufzunehmen. Müsste sie dann nicht auch über Einnahmen verfügen?

Schäuble: Selbstverständlich. Wenn sie an den Finanzmärkten Kredite aufnehmen kann, braucht sie auch Einnahmen, um diese Kredite zurückzuzahlen. Die EU muss Steuern erheben können.

Goulard: Richtig. Auch was Sie über die Gelegenheit sagen, nun eine Wirtschafts- und Finanzunion zu schaffen, teile ich. Das Ziel sollte sowohl die Wettbewerbsfähigkeit als auch eine breite Konvergenz sein: hin zu einem besseren Erziehungssystem überall, zu mehr Forschung, mehr Investitionen in neue Technologien, einem besseren Zugang für alle zum schnellen 5G-Internet, um nur einiges zu nennen. Der Binnenmarkt gibt den Exportunternehmen so viel Rückgrat, dass sie weltweit stärker sind. In der EU der sozialen Marktwirtschaft muss Wohlstand die andere Seite der Medaille sein.

Herr Schäuble, inwieweit sind die Deutschen im Bilde, dass es dann eben doch eine Schuldenunion geben wird?

Schäuble: Ich habe als Finanzminister nie gesagt, es werde niemals Eurobonds geben. Ich habe auch nie gesagt, dass es in einer Währungsunion keine gemeinsame Einlagensicherung geben darf. Es sind Positionen, die meine Partei vertreten hat. Ich nicht. Wenn wir eine *ever closer union* anstreben, dann muss diese Union sowohl Kredite aufnehmen dürfen als auch Einnahmen beziehen. Diese sind für Investitionen unentbehrlich. Frau Goulard hat ja die Felder genannt, in denen sie getätigt werden müssen.

Sie sind schon seit Längerem dafür, das Amt des EU-Kommissionspräsidenten mit dem des EU-Ratspräsidenten zu verschmelzen. Was erhoffen Sie sich davon?

Schäuble: Wenn man das Amt des Kommissionspräsidenten und das des Ratspräsidenten in einer Person vereinigte und ihm das Recht gäbe, seine Mannschaft selbstständig zu bilden und ihn oder sie dann als Spitzenkandidat bei den Europawahlen wählen ließe, dann wären wir im Aufbau eines föderativen Europas nicht nur einen großen Schritt vorangekommen, sondern die EU wäre auch viel stärker demokratisch legitimiert. Stellen Sie sich vor, dieses Amt wäre fusioniert und würde von einer Persönlichkeit wie Václav Havel geführt? Das wäre großartig. Es würde Europa einen ganz anderen Schub verleihen.

Goulard: Als Allererstes brauchen wir Mehrheitsentscheidung. Nur so können wir 27 Blockaden vermeiden.

Herr Schäuble, Sie entwerfen in Ihrem Buch letztlich einen Plan, an dessen Ende die Vereinigten Staaten von Europa stehen. Täusche ich mich darin, dass kaum ein Politiker noch wagt, diesen Begriff in den Mund zu nehmen?

Schäuble: Ich selbst würde heute auch nicht mehr von den Vereinigten Staaten von Europa reden, weil sie damit immer die Vorstellung von den Vereinigten Staaten von Amerika verbindet. Allerdings hoffe ich, dass sich die Einsicht durchsetzt, wie dringend nötig das europäische Zusammenwachsen ist. Mitten in der Pandemie haben wir doch gesehen, dass wir nur gemeinsam vorankommen. Wenn man all dies gründlich erklärt, dann werden die Deutschen auch einer gemeinsamen Wirtschafts- und Finanzpolitik zustimmen. Diese ist uns bei der Einführung des Euro noch nicht gelungen. Sie muss nun folgen.

Goulard: Ohne den Euro hätte der Binnenmarkt die Finanzkrise wahrscheinlich nicht überlebt. Das Prinzip der *ever closer union* verspricht die langfristige Vision, die Stabilität, die für Familien und Investoren in dieser unsicheren Welt entscheidend ist. Wir bauen etwas Solides und auf lange Zeiten Ausgerichtetes. Es ist uns ernst mit dem europäischen Gedanken. Zwar ist es mit der Finalität Europas schwierig, immerhin aber gibt es an der Richtung keinen Zweifel.

Wie erklären Sie sich, dass die Beteiligung an den Europa-Wahlen seit der Zeit zurückgeht, seit die Parlamentarier von der europäischen Bevölkerung gewählt werden?

Goulard: Bei der letzten Wahl ist die Beteiligung gestiegen.

Künftig brauchen wir grenzüberschreitende Wahllisten, sonst geht es meistens um die jeweilige Innenpolitik und nicht um Europa. Natürlich müssten solche Gesamtlisten die Vielfalt der Länder spiegeln. Erst danach können wir von Spitzenkandidaten reden.

Ein Grundproblem bleibt: Auf der europäischen Ebene kann es kein »one man one vote« geben, weil sonst die kleinen Staaten benachteiligt würden. Folglich werden die nationalen Parlamente immer demokratischer bleiben.

Schäuble: Ihre Bedenken sind überzogen. *One man one vote* gilt auch für das Europa-Parlament – jedenfalls innerhalb des jeweiligen Elektorats. Wenn Sie es auf die einzelnen Wahlbezirke oder Wahlkreise beziehen, dann ist das Prinzip erfüllt. Vor Jahren habe ich mal einen britischen Abgeordneten der Liberaldemokraten, der außerdem ein renommierter Jurist ist, bei einem Verfassungsrechtskongress in Karlsruhe mit einem Richter des Bundesverfassungsgerichts ins Gespräch gebracht. Im Scherz fragte ich den deutschen Richter, ob die britische Mehrheitswahl vor dem Bundesverfassungsgericht Bestand hätte. Seine Antwort darauf: »Unter gar keinen Umständen!« Worauf ich zu meinem britischen Kollegen sagte: »Sehen Sie, wir müssen euch Briten erst noch einmal erklären, was parlamentarische Demokratie ist.« Der Einzige, der den Witz nicht verstanden hat, war der Richter.

Goulard: *One man one vote* klingt selbstverständlich in dem bevölkerungsreichen Deutschland besser als in kleineren Ländern, die Angst vor der Hegemonie der Großen haben. Aber der Witz gefällt mir. Die Debatten über Europa sind häufig verkrampft. Trotz aller Schwierigkeiten zusammen zu lachen, ist schön und bringt uns alle näher.

Was für ein schönes Schlusswort!

6

Grenzenlos gültig?
Über westliche Werte und unsere Verantwortung in der Welt

Die Zeit ist aus den Fugen. Zu den paradoxen Erfahrungen der Corona-Pandemie gehört, dass wir wohl niemals zuvor so intensiv erlebt haben, dass die Menschheit in einem Boot sitzt und wir wechselseitig voneinander abhängen. Das betrifft sowohl die globale Verflechtung, die das Ausbreiten des Virus überhaupt erst ermöglichte, als auch die sich weltweit ähnelnden Reaktionen in der Pandemiebekämpfung und gemeinsamen Anstrengungen bei der Suche nach wirksamen Impfstoffen. Die Krise hat zugleich Konflikte in den internationalen Beziehungen weiter verschärft, Spaltungen vertieft und damit zu einer instabileren Weltordnung beigetragen. Wir bräuchten stärkere Zusammenarbeit, stattdessen wachsen Konkurrenz und Konfrontation, bei der die Rivalität zwischen der Weltmacht USA und der aufstrebenden Supermacht China im Zentrum steht.

Die Wucht, mit der das Virus die Vereinigten Staaten getroffen hat, und das katastrophale Krisenmanagement der US-Administration während der Pandemie mit seinen verheerenden, auch ökonomischen, Auswirkungen auf ein gesellschaftlich zutiefst gespaltenes Land nähren Zweifel an der künftigen Führungsrolle der USA, die schon zuvor damit begonnen hatten, sich – hoffentlich nur vorübergehend – mehr und mehr aus der Rolle des globalen Ordnungsstifters zurückzuziehen. Das betrifft auch ihre Funktion als Schutzmacht Europas.

Bereits unter Barack Obama hatten die USA einen Perspektivwechsel hin zum asiatischen Raum vollzogen. Die Trump-Administration verfolgte ihre Interessen verstärkt auch außerhalb jenes multilateralen Institutionengefüges, das die USA nach dem Krieg aufgebaut hatten – und auf das Deutschland und die Europäische Union noch immer setzen. Stehen wir also, indem China sich seinerseits anschickt, das Machtvakuum zu füllen, vor einem Rollentausch unter den Supermächten? Zumindest vor einem neuen Systemkonflikt zwischen westlicher Liberalität und neuem Autoritarismus? Wie wird sich der neue US-Präsident Joe Biden verhalten, der innenpolitisch vor der Aufgabe steht, ein tief gespaltenes und – wie sich im Zuge der Amtsübergabe schonungslos zeigte – durch Donald Trump in Teilen hoch radikalisiertes Land wieder stärker zu einen?

Herfried Münkler zeichnet die geopolitische Zukunftsordnung als vielfach fragmentierte Welt mit verschiedenen Großräumen. Der Konflikt scheint dabei viel weniger ideologisch grundiert, zumal Chinas Wirtschaftsregime in seiner Widersprüchlichkeit diese Polarität gar nicht mehr zulässt. Unsere Zeit unterscheidet sich damit grundlegend vom bipolaren Systemkonflikt im Kalten Krieg, also der Epoche, die in Deutschland dennoch das Denken in außen- und sicherheitspolitischen Kategorien prägt. »Der Westen«, wie wir ihn auch als Wertegemeinschaft kennen, gründete realpolitisch in der Rolle der USA als Hegemonialmacht der liberalen Weltordnung. Das begann mit dem Kriegseintritt der Vereinigten Staaten in den Ersten Weltkrieg 1917 und der sich nur Monate später vollziehenden Oktoberrevolution. Nach dem Zweiten Weltkrieg wurde aus einem Werteantagonismus ein Kampf um die globale ideologische Vorherrschaft – ausgetragen im nuklear bewehrten Gleichgewicht des Schreckens.

Zur tiefen Zäsur gerieten, das sehen wir im Rückblick klarer, die Umbruchsjahre 1989/90, als mit dem kommunistischen Osten der ideologische Antipode an seinem eigenen Unvermögen und am Aufbegehren seiner Bürger zusammenbrach. Der Westen erfuhr seine Grenzen paradoxerweise also in jenem Moment, als der Eiserne Vorhang fiel und er aus dem »universellen Weltbürgerkrieg der Werte«, als den der Historiker Dan Diner das 20. Jahrhundert beschreibt, siegreich hervorging. Den darauffolgenden Zerfall jahrzehntelanger Gewissheiten erleben wir im Westen im Unterschied zum früheren Klassenfeind allerdings nicht als Implosion, sondern als einen – so noch mal Diner – »Prozess der Schmelze, eine Art Endmoräne«. Der Eindruck, die Welt würde sich unaufhaltsam Richtung Frieden, Freiheit und Demokratie bewegen, hatte getäuscht, er war, wie wir heute wissen, eine Illusion.

Nicht alles, aber einiges von dem, was den freiheitlichen Demokratien und den Institutionen der regelbasierten internationalen Ordnung im 21. Jahrhundert zusetzt, hängt mit dem Ende des Kalten Krieges und mit den Entwicklungen nach der Epochenwende von 1989/90 zusammen. In der Abwehr der kommunistischen Bedrohung einte der Kalte Krieg im transatlantischen Bündnis die westlichen Demokratien – und er verband zugleich die Gesellschaften der freien Welt über weite Strecken hinweg in dem Gefühl, auf der Seite des »einzig Richtigen« zu stehen. Der Kalte Krieg stiftete, wenn man so will, Identität. Deswegen hat der US-Politikwissenschaftler Francis Fukuyama die Zeit, die er nach dem Fall des Eisernen Vorhangs anbrechen sah, auch nicht euphorisch begrüßt. Er erwartete vielmehr, dass ein grundsätzliches Problem der modernen freiheitlichen Demokratie offen zutage treten würde: dass sie die Bürger zwar mit Wohlstand und Freiheit versorgt, dass ihr aber kein verbindendes, Gemeinsamkeit stiftendes Projekt eingeschrieben ist.

Warum eigentlich haben sich die Hoffnungen auf ein Zeitalter von Frieden und Recht, von globalem Wohlstand und internationaler Verständigung nach dem Ende des Kalten Krieges nicht erfüllt? Wieso führte die wirtschaftliche Öffnung in China nicht zu einem Mehr an politischer Freiheit? Weshalb hat sich Russland vom demokratischen Pfad verabschiedet? Warum vertiefen sich in der EU die Gräben zwischen Ost und West, obwohl die Blockkonfrontation längst Geschichte ist? Die Geschichtswissenschaft verweist dazu auf längere historische Prägungen und Konflikte, sicher zu Recht. Das kann die Politik, gerade die des Westens, nicht aus der Notwendigkeit einer selbstkritischen Befragung entlassen, wenn sie die richtigen und notwendigen Schlüsse aus eigenen Fehlern ziehen will.

Anlässe, die vermeintlich »natürliche« Überlegenheit der freiheitlichen Demokratie und der liberalen Weltordnung zu hinterfragen, gibt es genug, wenn man an die gescheiterte und folgenreiche Intervention im Irak denkt, an den Verlust des Vertrauens in westliche Werte angesichts einer Haftanstalt wie Guantánamo. Oder an die globale Banken- und Finanzkrise und die Vorteile, die große Regelbrecher aus Verstößen gegen die multilaterale Ordnung ziehen, wie sie die WTO vor einem Vierteljahrhundert gesetzt hat.

Wenn wir heute beklagen, dass in einigen mittel- und osteuropäischen Ländern und auch in Russland die Werte des Westens an Attraktivität verloren haben, liegt das auch an der im vorangegangenen Kapitel skizzierten Rolle, die der Westen in der Transformation gespielt hat. Am allzu selbstgefälligen Glauben an die Alternativlosigkeit der eigenen Konzepte und Modelle. Am Mangel an Verständnis für die Gesellschaften des ehemaligen Ostblocks. Am überschießenden westlichen Bekehrungseifer. Zugespitzt formuliert: Der Westen ist Opfer seines eigenen Erfolgs geworden.

Ist er also tatsächlich am Ende? Wer den Westen als ein normatives Projekt versteht, wird kaum in den Abgesang einstimmen. Die Anziehungskraft der westlichen Werte ist ungebrochen.

Das zeigt etwa die mutige Demokratiebewegung in Hongkong oder der Aufbruch in unserer unmittelbaren Nachbarschaft, in Belarus. Autoritäre Machthaber werden nervös, wenn Teile der Bevölkerung beginnen, Freiheitsrechte einzufordern. Noch immer bemühen sich illiberale Regime darum, zumindest den demokratischen Schein zu wahren. Und es hat doch einen Grund, dass das Ziel derjenigen, die Leib und Leben riskieren, um den Krisenregionen dieser Welt zu entfliehen, nicht China oder Russland sind.

Trotzdem, so führt es uns der Ökonom Dani Rodrik vor Augen, bewegen wir uns als westliche Wertegemeinschaft in einem Dreieck der Unvereinbarkeiten; die Ziele mehr Demokratie, mehr nationale Selbstbestimmung und mehr wirtschaftliche Globalisierung sind nicht deckungsgleich: »Wenn wir die Globalisierung weiterführen wollen, müssen wir entweder den Nationalstaat oder demokratische Politik aufgeben. Wenn wir die Demokratie behalten und vertiefen wollen, müssen wir zwischen dem Nationalstaat und internationaler wirtschaftlicher Integration wählen. Und wenn wir den Nationalstaat und Selbstbestimmung bewahren wollen, müssen wir zwischen einer Vertiefung der Demokratie und einer Vertiefung der Globalisierung wählen.« Mit diesem Trilemma der wechselseitigen Begrenzung gleichzeitig wirkmächtiger Prozesse müssen wir umgehen, und wir können das am besten dann, wenn wir darauf verzichten, den Ansprüchen auf allen Feldern hundert Prozent gerecht zu werden. Kurz: im Verzicht auf Perfektion.

Die Demokratie wollen und dürfen wir nicht aufgeben. Die Globalisierung mag sich coronabedingt abschwächen, aber wir werden sie nicht verhindern können und doch wohl auch nicht wollen. Vieles spricht also dafür, über nationale Grenzen hinauszudenken und den Multilateralismus zu stärken, ohne allerdings die Menschen zu überfordern. Der Umgang der USA mit der Weltgesundheitsbehörde WHO ausgerechnet in Zeiten einer

Gesundheitskrise globalen Ausmaßes zeigt, dass wir Europäer uns dabei nicht selbstverständlich auf Bündnispartner im Westen verlassen dürfen – selbst wenn die USA unter Joe Biden nun wieder konstruktiv in der WHO mitarbeiten und ins Pariser Klimaabkommen zurückkehren werden.

Dass unser spezifisch westliches Modell in die Defensive geraten ist, ist auch deshalb beunruhigend, weil es einen positiven Zusammenhang von Frieden und Demokratie gibt: Demokratien neigen in der Regel nicht nur innerstaatlich, sondern auch in ihren externen Beziehungen weniger zur Anwendung von Gewalt. Als Immanuel Kant Ende des 18. Jahrhunderts über den Weg zum »ewigen Frieden« nachdachte, ging er von der Prämisse aus, dass der Frieden unter den Menschen kein Naturzustand sei. Er muss gestiftet und er muss abgesichert werden. Kant setzte dafür auf einen »Friedensbund« zwischen republikanischen – wir würden heute sagen: demokratischen – Staaten. Der Philosoph war überzeugt, dass ein wirklicher Frieden durch eine von Vernunft geleitete und an Recht gebundene Politik zu erreichen sei.

Tatsächlich lehrt die Geschichte, dass erst diese Bindung an das Recht die zivilisierte Austragung von Konflikten erlaubt und ein Mindestmaß an Gerechtigkeit die Hoffnung erlaubt, dass diese Konflikte auf Dauer befriedet bleiben. Frieden heißt eben nicht Harmonie, sondern eine regelgebundene, gewaltfreie Austragung von Interessengegensätzen und Konflikten. Die wird es immer geben, innerhalb unserer Gesellschaften wie auch zwischen Staaten. Dass friedliche Konfliktbearbeitung gelingen kann – zumindest regional –, belegt die Europäische Union mit ihrem Prinzip der Friedenssicherung durch ökonomische und politische Verflechtung und durch die Herrschaft des Rechts.

Wer heute noch vom ewigen Frieden in der Welt redet, macht sich angesichts des Gangs der Geschichte seit Kant und angesichts der aktuellen Lage der Traumtänzerei verdächtig. 2019 zählte das Heidelberger Institut für Internationale Konfliktforschung fast zweihundert gewaltsam ausgetragene Konflikte weltweit. Allein der Krieg in Syrien hat binnen eines Jahrzehnts Schätzungen zufolge eine halbe Million Opfer gefordert. Terroristische Anschläge töten jedes Jahr Tausende. Und noch nie waren so viele Menschen weltweit auf der Flucht: rund 80 Millionen – das sind über ein Prozent der Weltbevölkerung und so viele, wie Deutschland Einwohner zählt. Selbst in Europa sterben heute wieder Menschen in einem hybriden kriegerischen Konflikt als Folge aggressiver Expansionsbestrebungen.

Neben bekannte Bedrohungen etwa durch die Proliferation von Nuklearwaffen sind andere getreten: Kriege, in denen nichtstaatliche Akteure agieren. *Failing states*, in denen das staatliche Gewaltmonopol erodiert ist, Menschenrechte verletzt werden und der internationale Terrorismus seinen Nährboden findet. Attacken aus dem Cyberraum, bei denen die Angreifer selten zweifelsfrei auszumachen sind.

Nicht alles davon ist wirklich neu. Neu ist, dass die hybriden Kriege zur maßgeblichen Form der Konfliktaustragung geworden sind. Das hat weitreichende Konsequenzen: Kriege werden nicht mehr formell zwischen Staaten erklärt oder beendet. Die Unterscheidung zwischen Zivilisten und Kombattanten greift nicht mehr – genauso wenig wie die völkerrechtlichen Regeln des Krieges. Militäraktionen und Gewaltkriminalität fließen ineinander; innere und äußere Sicherheit sind kaum mehr sauber voneinander zu trennen.

Europäische Verantwortung

Wir erleben gerade, forciert durch die Folgen der Pandemie, was der estnische Völkerrechtler Rein Müllerson die »Dämmerung einer neuen Ordnung«, *Dawn of a new order*, nennt. Dabei werden auf der ganzen Welt unverhohlen multipolare Rivalitäten ausgelebt. Auf internationaler Ebene schwindet die Verlässlichkeit. Statt verlässlicher multilateraler Kooperation dominieren immer öfter nationale Forderungen, gemäß dem Postulat »Me first«. Wir haben eben keinen unangefochtenen Siegeszug von Demokratie, Rechtsstaatlichkeit und Freiheit erlebt, vielmehr sind heute Autokratien weltweit auf dem Vormarsch.

Selbst in gefestigten Demokratien steht die Idee der demokratischen offenen Gesellschaft unter Druck. Und auch innerhalb Europas haben sich Partner entfremdet, sind eingegangene Verpflichtungen nicht mehr so unangefochten und beständig wie in der zweiten Hälfte des vorigen Jahrhunderts. Die einen stellen das transatlantische Verteidigungsbündnis infrage, andere entfernen sich von unseren Werten, unseren Vorstellungen von Demokratie, Rechtsstaatlichkeit und Freiheit. Hinzu kommt, dass mit Großbritannien ein wichtiges Mitglied die Europäische Union verlassen hat, was die innereuropäische Balance zusätzlich herausfordert.

Weitgehend unstrittig ist, dass wir Europäer in dieser schwierigen Lage weltweit mehr Verantwortung übernehmen müssen. Für unsere Werte und für die eigene Sicherheit – und das heißt für mich zwingend auch für die Sicherheit und Stabilität in den konflikttrüchtigen Regionen um uns herum, vor allem im nördlichen Afrika und im Nahen Osten, aber auch an den Flanken Europas. Seit der russischen Aggression gegenüber der Ukraine wissen wir, dass militärische Gewalt auch im Europa des 21. Jahrhunderts ein Mittel der Politik geblieben ist. Und wenn es uns als Europäer nicht gelingt, den Westbalkan nachhaltig zu stabilisieren, verlieren wir jede Glaubwürdigkeit, mit unseren Werten und Überzeugungen eine stabilisierende Rolle in der Welt zu spielen.

Europa sollte auch in der angespannten Lage in Belarus seine diplomatischen und wirtschaftlichen Möglichkeiten noch mehr nutzen, um an der Seite der Demokratiebewegung auf die Einhaltung von Menschenrechten zu drängen, und den Druck so erhöhen, dass es nicht zur weiteren Eskalation, sondern zu einer gewaltfreien Lösung kommt – erst recht, weil Moskau um seine Einflusssphäre fürchtet. Europa muss deshalb gegenüber Russland deutlich zum Ausdruck bringen, dass es eine Verantwortung für seine europäischen Nachbarn hat, ohne dass es dabei um die Verschiebung von Machtbereichen geht. Menschenrechte, Gewaltfreiheit, Demokratie: diese Werte sind nicht verhandelbar, aber sie sind nicht *gegen* jemanden gerichtet, schon gar nicht gegen Russland.

Im besten Fall kann die transatlantische Partnerschaft durch größere europäische Relevanz und eine fairere Lastenverteilung im Bündnis wieder gestärkt werden, was für die von uns entwickelten und hoffentlich immer noch gemeinsamen Werte und Ordnungsvorstellungen bei Weitem das Beste wäre. Dazu sollte die EU »weltpolitikfähiger« werden, so hat es der frühere Kommissionspräsident Jean-Claude Juncker ausgedrückt. Die von seiner Nachfolgerin formulierten Ambitionen, als EU stärker die »Sprache der Macht« zu lernen, sind ebenso groß wie die Erwartungen der Bürgerinnen und Bürger, die Sicherheit und Schutz zu den drängendsten Problemen zählen, derer sich die EU annehmen soll. Etwa drei Viertel der Befragten befürworteten 2019 eine gemeinsame europäische Sicherheits- und Verteidigungspolitik. Und mehr als die Hälfte unterstützt die Idee einer gemeinsamen Europäischen Armee. Als ein effektives Instrument der Sicherheits- und Verteidigungspolitik halte ich sie für überfällig. Dabei geht es nicht darum, Europa zur militärischen Großmacht auszubauen. Es geht darum, mit vereinten Kräften die Geltung des Rechts in den zwischenstaatlichen Beziehungen zu sichern, um die regelbasierte internationale Ordnung zu erhalten, die für uns essenziell ist. Damit nicht Macht vor Recht geht.

Den hohen Erwartungen steht in der Realität die relative Machtlosigkeit der Gemeinschaftsinstitutionen gegenüber. Die

Mitgliedstaaten und nicht die Gemeinschaft sind die entscheidenden Akteure in der Außen-, Sicherheits- und Verteidigungspolitik. Gemeinsame Initiativen wie die Einsätze internationaler Marineeinheiten im Mittelmeer beweisen, dass militärische Kooperationen sinnvoll sind, sie tragen jedoch den Charakter von befristeten Projekten. Demgegenüber müssen die Verstetigung und Vertiefung der Zusammenarbeit das Ziel sein.

Die Geschichte der europäischen Integration lehrt allerdings, dass der Verzicht auf nationale Kompetenzen auf dem Sektor Sicherheit und Verteidigung in der Vergangenheit stets auf besondere Vorbehalte stieß. Erinnern wir uns: Fünf Jahre nach Kriegsende hatte der damalige französische Ministerpräsident René Pleven eine Europäische Verteidigungsgemeinschaft, die Zusammenlegung europäischer Armeen, vorgeschlagen, also noch vor Gründung der Montanunion. Ein mutiger Vorstoß – Pleven war 1950 seiner Zeit weit voraus. Zwei Jahre nach Gründung der Europäischen Gemeinschaft für Kohle und Stahl scheiterte sein Plan endgültig, weil er keine Mehrheit in der Französischen Nationalversammlung fand.

Seitdem ist die Einsicht in die Notwendigkeit europäischer Kooperationen auch auf dem Feld der Sicherheit zwar immer weiter gewachsen. Die Europäische Union will mehr als eine Werte- und Wirtschaftsgemeinschaft sein. Bereits im Vertrag von Maastricht beschloss der Europäische Rat nicht nur die Konvergenzkriterien als Grundlage einer gemeinsamen Währung, sondern alle EU-Mitglieder verpflichteten sich ausdrücklich auch auf eine gemeinsame Außen- und Sicherheitspolitik.

Das ist bald dreißig Jahre her. Trotzdem fällt es den Staaten der EU noch immer schwer, sicherheitspolitisch mit einer Stimme zu sprechen und als Union mehr zu sein als die Summe der Einzelstaaten. Die Realität hinkt dem Wünschenswerten und dem Notwendigem hinterher – trotz Ständiger Strukturierter Zusammenarbeit, trotz Europäischem Verteidigungsfonds.

Dabei kommt zum Tragen, dass die europäischen Staaten ganz unterschiedliche strategische Interessen haben, unterschiedliche nationale Rechtslagen, unterschiedliche verteidigungspolitische Kulturen, eine unterschiedliche Geschichte. Was Osteuropa Sorgen macht, namentlich Polen und dem Baltikum, ist für den Westen ziemlich weit weg. Die Lage in Libyen und dem Maghreb interessiert Skandinavien sehr viel weniger als Italiener und Spanier. Und was für die Franzosen zum nationalen Selbstverständnis zählt – militärische Stärke –, lehnen pazifistisch gesinnte Deutsche ab.

Die fundamentalen, historisch bedingten Unterschiede in den Rollenbildern bringt der Politikwissenschaftler Hanns W. Maull auf französischer Seite als Dreiklang aus »independance, activism und global presence« auf den Punkt. Deutsche hingegen orientierten sich lieber an den Schlagworten »never again, never alone und politics before force«.

Für die unterschiedlichen Haltungen in Europa gibt es jeweils gute, nachvollziehbare Gründe. Aber wenn wir vorankommen wollen, dann müssen alle Beteiligten bereit sein, die eigenen, althergebrachten Positionen zu hinterfragen und zugunsten neuer Vereinbarungen davon abzurücken. Die eigenen Vorstellungen dürfen nicht das Maß aller Dinge sein, anders kommt man nicht zu Kompromissen. Wenn wir es tatsächlich ernst meinen mit der gemeinsamen europäischen Verteidigung, werden wir nationale Gesetze ändern und Rechtsangleichungen finden müssen. Selbst Deutschland mit seinen historisch begründeten engen verfassungsrechtlichen Vorgaben hätte sich zu bewegen, ohne anderen etwas aufzuzwingen.

Und auch der Europäischen Union ständen Veränderungen bevor, die Reform der Entscheidungsfindung ist jedenfalls überfällig. Das Einstimmigkeitsprinzip sollte einst Einmütigkeit fördern. Heute erweist es sich als Hemmnis. Einstimmigkeitsprinzip heißt, dass der Langsamste alles blockieren kann. Für die notwendigen Reformen, um unsere Handlungsfähigkeit zu stärken, brauchen wir stattdessen ein System wie auch immer qualifizierter Mehrheitsentscheidungen.

Und wenn wir das jetzt noch nicht schaffen, ist es allemal besser, schrittweise voranzugehen als gar nicht – zur Not intergouvernemental in einem Kreis der Willigen. Nur so wird sich die Idee von Europa als Friedensprojekt und als Garant für Sicherheit und Demokratie festigen.

Unser Verhältnis zu Russland und China

Für den Esten Rein Müllerson kann es eine neue Ordnung auf der Grundlage des Völkerrechts nur in einer multipolaren Welt geben, in der sich die Staaten im Bewusstsein ihrer Unterschiede als »Gleiche« akzeptieren. Wer globalen Frieden stiften und erhalten will, kann nicht ausschließlich die eigenen Leitbilder zum globalen Maßstab erheben. Müllerson mahnt nachdrücklich dazu, in die eigene Strategie immer die Sicht der anderen einzubeziehen.

Das ist ein Ansatz, den die westliche Staatengemeinschaft im Zuge der Osterweiterung von NATO und EU mit Blick auf die Interessen und Befindlichkeiten Russlands offenkundig zu stark vernachlässigt hat. Die Folgen spüren wir heute, und sie werden unser Verhältnis zu Russland noch lange bestimmen. Putin hat sich mithilfe der jüngsten Verfassungsreform und mit breiter Unterstützung der Bevölkerung die Option auf viele weitere Jahre an der Staatsspitze gesichert. Für die Europäer ist Russland unter seiner Führung vom erhofften Partner zum Sicherheitsproblem geworden.

Sich einzugestehen, dass es manchmal an der notwendigen Sensibilität gegenüber der einstigen Weltmacht gefehlt hat, heißt nicht, die gravierenden Gründe dafür zu relativieren, warum bislang keine ernst zu nehmenden Versuche zur Entspannung unternommen wurden. Russland muss begreifen, dass im 21. Jahrhundert Grenzen nicht mehr mit Gewalt zu verändern sind. Dass Auftragsmorde nicht akzeptiert werden. Es kann hier keine Abstriche geben! Aber auch Putin wird einsehen müssen, dass die Zukunft seines Landes nicht in der Ausrichtung nach China liegt, sondern in seiner westlichen Nachbarschaft. Europa böte eine stabile Machtbalance, ein konfliktfreies, am besten partnerschaftliches Verhältnis.

Es wird wesentlich in deutscher Verantwortung liegen, die östlichen Nachbarn, die aus nachvollziehbaren Gründen große Vorbehalte und wenig Vertrauen haben, mit ihren Erfahrungen und Interessen in die Überlegungen zur Neujustierung unseres Verhältnisses zu Russland einzubinden, bei der es letztlich um nichts Geringeres als um Friedenssicherung für den Kontinent geht.

Deshalb ist es richtig, wenn im Zuge der notwendigen und nach der Fundamentalkritik durch Emmanuel Macron bereits eingeleiteten umfassenden Reformdebatte in der NATO auch darüber nachgedacht wird, wie wir gegenüber Russland die richtige Balance schaffen: von einerseits vertiefendem Dialog und Zusammenarbeit in den vielen wirtschaftlichen und geopolitischen Fragen, die nur gemeinsam zu lösen sind, und andererseits Druck in Richtung Demokratie und Menschenrechte. Das ist mehr als nur Rhetorik. Die historische Erfahrung lehrt, dass Veränderungen aus der Gesellschaft selbst kommen und dass Diktaturen äußere Einflüsse nicht vollkommen und auf Dauer unterdrücken können.

Oft hat sich autokratische Macht als fragiler erwiesen, als der Westen über Jahrzehnte angenommen hatte. Nicht nur die DDR, auch der Arabische Frühling ist dafür ein Beispiel, selbst wenn der Umsturz in der arabischen Welt in großen Teilen als gescheitert gelten muss – nicht zuletzt, weil Europa keine gemeinsamen Anstrengungen unternommen hat, um den Mittelmeerraum zu stabilisieren.

Von wachsender Bedeutung wird unser Verhältnis zu China, zumal bereits heute erkennbar ist, wie die aufstrebende Macht Einfluss auf Mitgliedstaaten der EU zu gewinnen sucht. Wo Russland sich kaum verdeckt manipulativ in Wahlen einmischt, zeigten in der Coronakrise die Hilfen Chinas, wie die dortige Führung ihre Power als Wirtschaftsmacht nutzt. Das ambitionierteste wirtschafts- und geopolitische Projekt in dieser Hinsicht ist die Neue Seidenstraße, mit dem China seinen Einfluss nicht allein in Afrika, sondern bis ins Zentrum des europäischen Kontinents ausbaut. Haben wir als Europäer eigene Antworten darauf, vor allem untereinander abgestimmte?

China beweist, dass Kapitalismus ohne Demokratie nicht nur möglich, sondern auch erfolgreich sein kann. Jedenfalls scheint das kommunistische Land die lang gehegte Annahme zu widerlegen, dass der Freiheit des Marktes die Freiheit der Gesellschaft unweigerlich folgt. China hat in den vergangenen Jahrzehnten einen ungeheuren Wandel und eine unvorstellbare ökonomische Entwicklung erlebt. Hunderte Millionen Chinesen leben nicht mehr in Armut. Das »Reich der Mitte« ist heute der zweitgrößte Wirtschaftsraum – nach der EU. Und die Chinesen sind ehrgeizig, sie wollen nicht mehr die verlängerte Werkbank der Welt sein. Sie streben nach einer führenden Rolle in den Zukunftstechnologien, im digitalen Wandel, und sie sind bereits beeindruckend weit gekommen. Aber eins hat sich nicht geändert: Repression und Überwachung.

Im Gegenteil. Die Kontrolle der Bevölkerung wird mithilfe neuer Technologien in einem umfassenden System des *Social Scoring* immer noch ausgeweitet. Umso beunruhigender ist die Wirkung, die vom chinesischen Modell nicht nur auf autoritär regierte Staaten und *Failed States* ausgeht, sondern auch auf die westlichen Gesellschaften. Umfragen zufolge wollen immer mehr Deutsche engere Beziehungen zu China und auch Russland, während sie größere Unabhängigkeit von den USA anstreben, die als größte Gefahr für den Weltfrieden angesehen werden. Ob sich diese Stimmung unter dem neuen Präsidenten dreht, bleibt abzuwarten.

Europa steht aber nicht zwischen zwei Stühlen, zwischen der Supermacht USA auf der einen Seite und der aufstrebenden Supermacht China auf der anderen. China ist enorm wichtig für unsere Wirtschaft und spielt eine immer größere Rolle in der Welt, auch in Europa. Und ja, unsere Beziehungen zu den USA waren schon einmal besser und enger. China ist Handelspartner und Wettbewerber, aber die USA sind mehr: Sie bleiben Freunde und sind Verbündete – selbst wenn die Trump-Administration keinen gesteigerten Wert auf Partnerschaft mit den Europäern legte.

Wir teilen mit den Amerikanern nach wie vor grundlegende gemeinsame Werte. Und wahr ist auch: Wir Europäer kommen für unsere Sicherheit nicht ohne die Amerikaner aus. Bis auf Weiteres jedenfalls. Deshalb gibt es keine Äquidistanz der EU zu den USA und China. Wenn allerdings zwei der drei größten Wirtschaftsblöcke der Welt miteinander rivalisieren, und das zunehmend aggressiv, dann betrifft uns Europäer das natürlich auch, ob wir wollen oder nicht. Es bedroht, worauf Europas Wohlstand basiert: den freien Welthandel und die globalisierte Wirtschaft.

Die Europäische Union ist in den Worten des US-Ökonomen Jeremy Rifkin eine »leise Supermacht«, ihr Ziel ist Harmonie, nicht Hegemonie. Wenn vom europäischen Beitrag zu Sicherheit und Entwicklung in der Welt die Rede ist, werden zu Recht die europäischen Kompetenzen in der Konfliktprävention, in der Diplomatie, in der Entwicklungspolitik hervorgehoben. Aber auf Dauer wird das den europäischen Einfluss in der Welt nicht sichern können. Ein Europa, das schützen will, wie Präsident Macron verspricht, hätte den Anspruch und die Mittel zu entwickeln, den globalen Wandel mit seinen Werten und Vorstellungen zu gestalten. Dazu bräuchte es in letzter Konsequenz die

Bereitschaft, militärische Gewalt anzuwenden, zumindest damit drohen zu können.

Der amerikanische Historiker Robert Kagan hat in diesem Zusammenhang darauf aufmerksam gemacht, dass es nicht nur materielle Kosten produziert, als militärische Interventionsmacht die freie Weltordnung zu erhalten und die Gegenkräfte freiheitlicher Demokratien zu kontrollieren. Es hat auch einen moralischen Preis. Gerade uns Deutsche stellt es vor große Herausforderungen, diese Bürde mit zu tragen, nicht wegen unserer Größe, unserer Lage oder unseres politischen Gewichts, sondern wegen der Kultur der Zurückhaltung, die Deutsche aus nachvollziehbaren, schwerwiegenden historischen Gründen verinnerlicht haben. Auftrumpfen steht uns nicht, das gilt nach wie vor.

Aber unsere Geschichte kann und darf kein Feigenblatt und keine Ausrede sein, anderen die materiellen und moralischen Lasten militärischen Engagements allein zu überlassen. Wenn über Regeln für Rüstungsexporte oder den Parlamentsvorbehalt bei Auslandseinsätzen debattiert wird, müssen wir begreifen, dass es dabei auch um die Bündnisfähigkeit der Bundesrepublik geht. Darum, dass nicht nur wir von unseren Partnern abhängen, sondern sich unsere Partner und Verbündeten umgekehrt auch auf uns verlassen. Die Geschichte ist kein Feigenblatt für Verantwortungslosigkeit in der Gegenwart. Militärisches Engagement ist und bleibt in jedem Fall die Ultima Ratio. Aber wenn wir uns an internationalen Einsätzen beteiligen, steht es uns nicht an, uns von vornherein auf Aufklärungs-, Überwachungs- und Transportflüge zu beschränken, wo andere kämpfen müssen.

Ideale und Interessen

Für die Politik folgen daraus unbequeme Debatten und unpopuläre Entscheidungen. Politisch Verantwortliche haben die Aufgabe, die Bevölkerung zu überzeugen. Ihr die Wahrheit zuzumuten, sich nicht zu scheuen, von Krieg zu sprechen, wo Krieg herrscht. Es ist Sache der Politik zu erklären, warum Menschenrechtsverletzungen in einem Fall zur Intervention führen, in anderen Fällen nicht. Warum die Sicherheit globaler Infrastrukturen für Wirtschaft und Handel zu unseren schützenswerten strategischen Interessen zählt und warum Rüstungsexporte nicht per se ein zweifelhaftes Geschäft sind.

Unsere Wahrnehmung von Verantwortung kann sich nicht darin erfüllen, den Konfliktparteien Mahnungen von der Seitenlinie aus zuzurufen oder Ideengeber für überfällige Initiativen zu sein. Wir müssen stärker und öfter bereit sein, selbst einen Beitrag zu leisten und Risiken auf uns zu nehmen. Nur so bekommen unsere mahnenden Worte wirklich Gewicht.

Lange hieß die historische Aufgabe, den Frieden in Europa, vor allem zwischen Frankreich und Deutschland, zu sichern. Heute lautet die zentrale Mission, in einer globalisierten, sich rasant wandelnden Welt mit einer gänzlich veränderten Mächtekonstellation das besondere europäische Modell zu bewahren: die Verbindung von Freiheit und sozialer Gerechtigkeit, von Fortschritt, Wohlstand und Nachhaltigkeit, von Demokratie, Rechtsstaatlichkeit und universellen Menschenrechten.

Die Europäische Union steht für ein historisch einzigartiges und beispiellos erfolgreiches Modell supranationaler Zusammenarbeit, sie steht für die Werte der Französischen Revolution, für das Versprechen auf eine bessere Zukunft. Europa ist für viele Menschen weltweit ein Sehnsuchtsort – nicht allein wegen des Wohlstands. Millionen suchen bei uns Frieden und Freiheit. Und wir? Wir pflegen oftmals Selbstzweifel an den eigenen gesellschaftlichen Freiheiten – und wenn wir ehrlich sind, dann trauen wir der Freiheit, die wir für uns selbstverständlich beanspruchen, keine Allgemeinverbindlichkeit in einem globalen Maßstab zu. Wir müssen uns unserer Selbst rückversichern, unserer Rolle als Europäer in der Welt.

In einigen Jahrzehnten werden wir nur noch fünf Prozent der Weltbevölkerung ausmachen. Der europäische Anteil am weltweiten Handel ist inzwischen auf 15 Prozent gesunken, auch der Anteil an der weltweiten Wertschöpfung sinkt kontinuierlich. Die meisten Patentanmeldungen kommen heute aus China – weit mehr als aus den USA und der EU zusammen. Eurozentrischer Hybris fehlt damit jede Grundlage, aber ohne – im Wortsinne – Selbstbewusstsein werden wir im globalen Wettbewerb nicht bestehen. Die EU ist schließlich noch immer der größte Binnenmarkt der Welt, und unser politischer Beitrag sollte unserer ökonomischen Stärke nicht hinterherhinken.

Wir sollten ehrlich unsere wirtschaftlichen Interessen benennen und offen darüber diskutieren, weil wir auf Rohstoffe, über die wir selbst nicht verfügen, auf sichere Handelswege, internationale Arbeitsteilung und Absatzmärkte angewiesen sind. Das beeinflusst selbstverständlich unsere Politik, alles andere wäre verantwortungslos. Für den Hinweis auf schützenswerte strategische Wirtschaftsinteressen ist ein früherer Bundespräsident trotzdem derart in die öffentliche Kritik geraten, dass er zurückgetreten ist.

Aber es geht eben um unsere Interessen *und* um unsere Ideale. Um Frieden, Demokratie und universelle Menschenrechte. Um eine stabile globale Ordnung mit sicherer Infrastruktur und freiem Austausch. Beides bedingt sich gegenseitig. Da sollten wir uns moralisch auch nichts vormachen: Ohne ein grundlegendes Maß an Wohlstand und sozialer Sicherheit wird es keine stabile Demokratie geben. So wie es umgekehrt, davon bin ich überzeugt, ohne freiheitliche Demokratie keine wirklich dauerhaft erfolgreiche Volkswirtschaft gibt.

Beginnen wir deshalb damit, die Welt so zu sehen, wie sie ist – und nicht, wie wir sie gerne hätten. Dazu gehört auch, dass wir unsere Werte, unsere Vorstellung zu leben, nicht zur Grundbedingung im Umgang mit anderen Staaten und Gesellschaften machen können. Die Welt wird in absehbarer Zeit nicht zu einem Abbild unserer Selbst werden.

Wir sind immer gezwungen, moralische Kompromisse zu machen – oder wir werden handlungsunfähig in einer nicht perfekten Welt. Sie stellt uns regelmäßig nicht vor die Wahl zwischen »gut« und »böse«, sondern vor die Herausforderung, zwischen mehreren suboptimalen Lösungen die am wenigsten schlechte zu wählen. Mit diesen begrenzten Handlungsmöglichkeiten müssen wir verantwortungsvoll umgehen. Indem wir realistisch bleiben.

Wer bei der Lösung globaler Probleme vorankommen will, verhandelt auch mit Regimen, die unsere Werte nicht teilen. Das gilt für die Kooperation mit Staaten und politischen Kräften in den Herkunfts- und Transitregionen der weltweiten Migration. Der Bürgerkrieg im Jemen ist nur gemeinsam mit Saudi-Arabien und dem Iran einzudämmen, geschweige denn zu beenden. Auch die Politikziele Klimaschutz und Nachhaltigkeit werden sich ohne Einbindung der aufstrebenden Schwellenländer und ihrer Interessen nicht durchsetzen lassen.

Wir stehen vor der Frage: Wie viel Gewalt ist nötig, um Frieden zu sichern oder herzustellen? Erfordert unsere Sicherheit vielleicht sogar Abstriche an unserer Moral? Die Selbstbindung staatlicher Gewalt an das Recht – der Moraltheologe Eberhard Schockenhoff nannte es »das Friedensprojekt der Moderne« – ist längst nicht mehr selbstverständlich.

Der Kampf gegen den Terror, die Praxis des gezielten Tötens, der Einsatz autonomer Waffensysteme oder die Bedrohungen durch Cyberattacken verweisen auf ein Spannungsfeld zwischen dem Recht auf Selbstverteidigung, das auf die Sicherheit in den eigenen Gesellschaften zielt, und den ethischen wie völkerrechtlichen Prinzipien von Rechtsbindung, Gewaltverzicht und Verhältnismäßigkeit. Wir laufen dabei Gefahr, unsere eigenen Werte zu relativieren.

Einfache Antworten gibt es auch in der Friedenspolitik nicht. Zwischen dem Ziel der Friedenssicherung, der Bindung an das Völkerrecht und dem Gebot des Gewaltverzichts kann es zu Zielkonflikten kommen. Was völkerrechtlich illegitim ist, kann unter Umständen ethisch gerechtfertigt sein. Was ethisch geboten erscheint, kann in der Praxis schlicht nicht umsetzbar sein. Wir geraten ständig in Dilemmata. Werte, Interessen und Möglichkeiten sind nicht immer in Deckung zu bringen. Die Flüchtlingskrise 2015 hat uns das besonders deutlich vor Augen geführt. So wichtig normative Orientierung ist, so schwierig gestaltet sich ethisch korrektes Handeln im Konkreten.

Politik, die unsere Welt zu einem besseren, zu einem friedlicheren Ort machen will, muss verantwortlich handeln und das Machbare im Blick haben. Was eben nicht heißt, unsere Werte zur Disposition zu stellen. Heinrich August Winkler stellt klar, dass nicht zur Disposition steht, *ob* der Westen eine Verantwortung für die Achtung der Menschenrechte in aller Welt trage, sondern *wie* er dieser Verantwortung gerecht werden könne. Winkler plädiert für einen »normativ aufgeklärten Realismus«, der Handlungsspielräume und Alternativen in konkreten Situationen abwägt. Mit anderen Worten: für eine Politik, die aus Notwendigkeit pragmatisch ist und aus Überzeugung an ihren normativen Zielen festhält. Das Wünschenswerte und die Wirklichkeit werden wir kaum übereinanderlegen können.

Konkret heißt das für mich am Beispiel Chinas, der dortigen Führung gegenüber deutlich zu machen, dass wir unser Modell nicht exportieren, es umgekehrt aber auch der Einsicht bedarf, dass wir nicht auf die Forderung nach Menschenrechten und die Unterstützung von Demokratiebewegungen verzichten und uns nicht dafür entschuldigen, wenn die Menschen nach Freiheit streben.

Es handelt sich im Übrigen nicht nur um folgenschwere rechtliche Dilemmata, wenn etwa demokratische Staaten mit Verweis auf moralische Gebote Völkerrecht brechen und so dem Vorwurf

Raum geben, unter Berufung auf Werte eine Weltordnungspolitik mittels selbst legitimierter Gewalt zu betreiben. Damit sind auch schwierige ethische Abwägungen verbunden: Wer militärisch eingreift, nimmt das Risiko einer weiteren Gewalteskalation und damit weiterer Opfer in Kauf. Unter Umständen verlängert sich dadurch der Konflikt, was die Lösung durch militärisches Eingreifen von außen noch weiter verkompliziert.

Die Verantwortung reicht zudem über das Schweigen der Waffen hinaus. Die Vereinten Nationen bekennen sich zur *responsibility to rebuilt*, also der Befriedung und dem Wiederaufbau. Das geht nicht ohne einen langen politischen Atem. Hinzu kommt, dass mit Demokratisierungsversuchen in Nachkriegsgesellschaften nicht automatisch eine Friedensgarantie einhergeht. Im Gegenteil, die Friedensforschung zeigt, dass Wahlen ohne vorherige gesellschaftliche Befriedung bestehende Spannungen zwischen ethnischen oder religiösen Gruppen verschärfen können. Der Politikwissenschaftler Wolfgang Merkel hat das auf die Formel gebracht: »Demokratie ist eine gute Sache, Demokratisierung ist das Problem.« Demokratisierung lässt sich selbst beim besten Willen nur schwer von außen oktroyieren, weil es am Ende auf die Akzeptanz der Demokratie ankommt. Demokratische Kultur muss eingeübt werden. Wir Deutschen wissen das nur zu gut aus unserer eigenen Geschichte.

Die Erfahrungen mit internationalen Einsätzen, ob in Afghanistan, im Irak oder in Libyen, zwingen uns, den Nutzen militärischer Interventionen grundlegend zu hinterfragen. Von einer nachhaltigen Befriedung kann in keinem Fall die Rede sein. Und das Ausmaß der Gewalt, die dort herrscht und die von dort ausgeht – zum Teil weiter eskaliert –, ist für die Betroffenen verheerend und für jeden Friedenspolitiker frustrierend, selbst wenn im Einzelnen auch Erfolge zu verzeichnen sind. Insofern gibt es bei allen hehren Absichten einer von Werten geleiteten Außenpolitik gute Gründe, nach der Bedeutung einer stabilen Machtordnung für den globalen Frieden zu fragen.

Europa kennt aus seiner Geschichte Phasen, in denen eine Gleichgewichtsordnung zwischen den Mächten zugleich eine Friedensordnung begründete. Der Friede des Wiener Kongresses war kein »gerechter Frieden« im Sinne der christlichen Friedensethik. Aber das vom österreichischen Außenminister Metternich und dem französischen Pendant Talleyrand geschaffene System der *balance of power* wirkte dem Ausbruch der Gewalt zwischen den europäischen Staaten entgegen, zumindest für einige Jahrzehnte. Auch die bipolare Ordnung des Kalten Krieges konstituierte ein Mächtegleichgewicht, in dem der Frieden zwar immer wieder gefährdet war, aber letztlich doch einen – wie Eberhard Schockenhoff formulierte – »dauerhaften Zustand eines paradoxen Nicht-Krieges« begründete.

Eine solche Machtbalance fehlt uns heute – und sie fehlt umso mehr, als für unsere Welt zunehmender Interdependenz, in der die Konflikte unübersichtlicher und die Bedrohungen vielfältiger werden, eine globale Ordnung nötiger ist denn je. So mahnt Henry Kissinger, das Denken in klassischen Gleichgewichtskategorien – die »westfälischen Prinzipien« – nicht zu vernachlässigen. Kein Staat allein sei heute stark genug, eine stabile Weltordnung zu erschaffen und durchzusetzen. Das lehren gerade die Erfahrungen mit der weltpolitischen Rolle der USA als alleiniger Supermacht seit dem Ende des Kalten Krieges. Wir brauchen dringender denn je ein ausbalanciertes System globaler Mächte.

Werte und Stabilität in der Nachbarschaft der EU

Wo liegt dabei unsere, die europäische Verantwortung? Darauf gibt es aus meiner Sicht eine klare Antwort: im gemeinschaftlichen Handeln der Europäer und in einem außen- und sicherheitspolitischen Konzept, das Diplomatie, ziviles Krisenmanagement, polizeiliche und justizielle Zusammenarbeit, aber auch Entwicklungs-, Handels- und Einwanderungspolitik mit einschließt. Wir Europäer haben uns für die politische Stabilisierung unserer Nachbarschaft lange auf moralisch zweifelhafte autoritäre Regime gestützt. Jetzt müssen wir uns als fähig erweisen, diesen Regionen selbst Stabilität zu vermitteln. Wir werden dort – im Irak und in Syrien, in Libyen und in der Subsahara – nicht nur die Bedingungen für mehr Investitionen zu wirtschaftlicher Entwicklung schaffen, sondern uns sehr viel stärker politisch engagieren müssen. Das ist ethisch geboten, und es liegt in unserem vitalen Interesse.

Afrika ist auch *unser* Schicksal. Die Zukunft Deutschlands und Europas wird von der Entwicklung in Afrika wesentlich mitbeeinflusst. Das ist die Realität. Nur wenn sich die Lebensbedingungen hier vor Ort bessern, wenn die Menschen eine Perspektive in ihrer Heimat sehen, werden sie sich nicht auf der Flucht vor Krieg und Gewalt, vor Hunger und Armut auf den Weg nach Europa machen. Auf Dauer werden massive Flüchtlingsbewegungen auch die aufnahmebereiten europäischen Gesellschaften überfordern – und dabei unser Verständnis von Europa als Wertegemeinschaft unterminieren, wie ich es im vorangegangenen Kapitel beschrieben habe.

Den Staaten Afrikas mehr Perspektiven zu ermöglichen, ist kein neuer Kolonialismus, sondern ein europäischer Grundgedanke, den der französische Außenminister Robert Schuman schon 1950 in die Debatte um die Montanunion eingebracht hat: Die Verantwortung für die wirtschaftliche Entwicklung in Afrika ist grundlegende Voraussetzung für eine nachhaltige Entwicklung auf unserem Kontinent. Schuman wusste, dass der Wunsch nach Stabilität, nach Frieden und nach einem Lebensstandard über dem Existenzminimum kein Privileg der Europäer ist. Vielleicht hätte man damals besser zuhören sollen – und afrikanische Staaten schon damals stärker in den Blick nehmen, intensiver kooperieren. Aber Konjunktive, das rückblickende Bedauern helfen nicht weiter.

Zuerst geht es noch immer um akute Hilfe für Menschen in Not. Um die Bekämpfung des Hungers – auch in Flüchtlingslagern, die größer sind als manche Stadt in Europa. Es geht vielerorts um die Wiederherstellung und Sicherung des Friedens, um gewaltlose Konfliktlösung und um Versöhnung überall dort, wo die Gewalt zwischen Staaten und Volksgruppen die Bevölkerung traumatisiert hat.

Hier braucht es mehr, als die Friedensmissionen der Vereinten Nationen leisten können. Es braucht einen nachhaltigen Beitrag zur Stabilisierung der von Krieg und Konflikten erschütterten Gesellschaften. Und es geht vor allem um wirtschaftliche Entwicklung, um den Abbau von sozialen Ungleichheiten, mit denen sich wachsende Instabilitäten verbinden. Afrika braucht dringend mehr Investitionen – nicht nur aus China. Zu Recht fordern die ärmeren Länder schon lange, dass die Europäer endlich weitere Märkte öffnen.

Immerhin wird längst nicht mehr nur *über* Afrika gesprochen, sondern *mit* Repräsentanten aus den afrikanischen Staaten – mit Vertretern der Zivilgesellschaft und der Politik. Ich erinnere mich lebhaft an die deutsche G20-Präsidentschaft 2017, bei der wir die wirtschaftliche Zukunft Afrikas in den Mittelpunkt gerückt haben. Das war nicht unumstritten, aber notwendig. Denn wir brauchen eine Entwicklung, die nachhaltig wirkt, die Selbstständigkeit stärkt und dauerhafte Lebensperspektiven eröffnet. Der Kontinent entwickelt sich zur Weltregion mit dem größten Arbeitskräftepotenzial.

Die immensen ökonomischen Wachstumsmöglichkeiten Afrikas werden allerdings nicht dadurch gestärkt, dass es die Tüchtigsten, diejenigen, die gut ausgebildet sind, nach Europa zieht. Darum braucht es den Migrationspakt, darum der »Compact with Africa« der G20 und darum der »Marshall-Plan mit

Afrika«, mit dem das deutsche Engagement in der Entwicklungszusammenarbeit partnerschaftlich neu gefasst wurde. Neben öffentlichen braucht es vor allem private Investitionen. Dazu müssen afrikanische Länder selbst die Voraussetzungen schaffen. Hier setzt die Compact-Initiative an: Die afrikanischen Staaten arbeiten mit internationalen Organisationen und bilateralen Partnern gemeinsam daran, die Rahmenbedingungen für private Investitionen zu verbessern. Mit der G20-Afrika-Konferenz wurde den afrikanischen Ländern eine Plattform geboten, um auf Investoren zuzugehen und das Engagement des privaten Sektors in Afrika zu steigern. Mit einem Investitionsfonds für kleine und mittlere europäische und afrikanische Unternehmen will die deutsche Politik zusätzliche Impulse setzen, um private Investitionen anzukurbeln.

Dieses verstärkte Engagement hat auch mit der globalen Konkurrenz zu tun. Die Invasoren von heute sind vielfach Investoren, ihr Druckmittel ist Geld. Das kann dem Guten dienen und zum steigenden Wohlstand in Afrika beitragen – aber garantiert ist das nicht. *Good Governance* zu fördern, ist daher weiter eines der wichtigsten Ziele der Entwicklungszusammenarbeit, denn neben dem Fachkräftemangel sind Rechtsunsicherheit und Korruption in vielen afrikanischen Staaten noch immer große Hemmnisse für Investitionen.

Was auch immer wir auf bilateraler oder multilateraler Ebene vereinbaren: Die Zusammenarbeit kann nur gelingen, wenn wir mehr Verständnis füreinander aufbringen. Das funktioniert nur, wenn die Menschen in reichen und in den weniger wohlhabenden Ländern Europas begreifen, dass wir miteinander verbunden sind und füreinander Verantwortung tragen. Das gilt andersherum genauso: Auch in den afrikanischen Staaten braucht es Wissen über Europa – darüber, dass auch bei uns nicht alles Gold ist, was glänzt. Dass es auch hier Grenzen des Machbaren gibt, die deutlich unterhalb der Grenze des Wünschbaren liegen. Und dass auch hier das Gemeinwesen nur funktioniert, wenn sich alle an Regeln halten, den Rechtsstaat akzeptieren.

Die Weltordnung im 21. Jahrhundert ist in Bewegung. Das ist für die afrikanischen Staaten eine Chance. Es wird einen langen Atem brauchen. Viel Vernunft wird nötig sein, um unvernünftigen Entwicklungen Einhalt zu gebieten. Aber wir können uns nicht erlauben aufzugeben, nur weil uns die Probleme so groß erscheinen. Globalisierung heißt: in der Welt und für die Welt Verantwortung zu übernehmen. Ich bin überzeugt, dass die dazu notwendigen Reformschritte innerhalb der EU überhaupt nur dann gelingen, wenn wir uns den globalen Herausforderungen stellen. Handlungsfähigkeit nach innen und nach außen bedingen sich wechselseitig. Nur unter dem Druck unserer globalen Verantwortung werden sich europäische, auch nationale Selbstblockaden auflösen lassen. Damit verbinden sich unbequeme Debatten, denen wir aber nicht auf Dauer ausweichen können. Es braucht Offenheit und Wahrhaftigkeit. Führungsstarke Politiker, die der Öffentlichkeit Konflikte zumuten und klare Entscheidungen treffen und durchsetzen, auch gegen Widerstände.

Unsere Debatten sind oft noch immer viel zu introvertiert. Aus der Krise der Politik im gesamten westlichen System kommen wir aber nur heraus, wenn wir nicht nur um uns selbst und unsere relativ kleinen Probleme kreisen, sondern uns um die großen Aufgaben kümmern, die wir alle nicht im nationalen Alleingang stemmen können: Neben Klimaschutz, unserem Umgang mit den Zukunftstechnologien, ökonomischer Stabilität und Resilienz sind das eben auch Abrüstung, Sicherheit, Frieden.

Um den Frieden wahrscheinlicher zu machen, müssen wir schützen und stärken, was der Gewalt entgegenwirkt: die Menschenrechte in den ärmsten Regionen der Welt, den demokratischen Rechtsstaat, freien und fairen Welthandel, transnationale Organisationen und die auf gemeinsamen Regeln gegründete multilaterale Kooperation. Wir werden auf die neuartigen Bedrohungen und Technologien reagieren müssen. Und manchmal werden wir selbst zu militärischen Mitteln greifen oder zumindest glaubhaft damit drohen müssen. Um Gewalt zu beenden oder um unsere eigene Sicherheit zu erhalten.

Moralische Dilemmata werden uns auch künftig nicht erspart bleiben. Verantwortliches Handeln verlangt von uns Wirklichkeitssinn, aber nicht Resignation vor den Realitäten. Das Wirkliche zu gestalten, das Mögliche mitzudenken: Das bleibt in den internationalen Beziehungen ein notwendiger, ein anspruchsvoller Auftrag an die Politik des Westens.

»Die EU muss vom Missionar zum Kloster werden.«
»Ich glaube nicht, dass das liberale Zeitalter vorüber ist.«

Wolfgang Schäuble und Ivan Krastev über Europas globale Rolle, den Westen und die neue Weltunordnung
Moderation: Jacques Schuster

Wir drei sind Kinder des 20. Jahrhunderts. Für uns bedeutete der Westen nicht nur eine Wertegemeinschaft, der wir uns zugehörig fühlten oder angehören wollten, er war auch – bei allen Kontroversen – eine politische Macht und Einheit. Aber wo stehen wir heute?

Ivan Krastev: Lassen Sie uns ein Gedankenexperiment wagen: Wir schicken vier Politikwissenschaftler in den Neunzigerjahren in vier verschiedene Teile der Welt. Ihnen sagen wir, dass das System, welches sie beobachten werden, das System der Zukunft sein wird. Einen entsenden wir nach Warschau. Er findet dort unsere westlichen Ideale: den Traum vom Ende der Geschichte und der Ausbreitung der liberalen Demokratien. So war die Stimmung damals in Osteuropa. In Belgrad nimmt unser zweiter Politikwissenschaftler eine zersplitterte Gesellschaft und den

Aufstieg eines ethnischen Nationalismus wahr. Er wird zum Schluss kommen, dass die Tage des Nationalstaats noch nicht vorüber sind. An einem Ort wie Peking hat der dritte Politikwissenschaftler das Gefühl, dass Kapitalismus nicht zwangsläufig zur Demokratie führt. Den vierten Politikwissenschaftler schicken wir nach Afrika. Für ihn wird das Hauptthema des 20. Jahrhunderts die Dekolonialisierung und keineswegs der Kalte Krieg sein. Ich sage das alles aus einem Grund: Wir sollten uns nicht mehr auf die Denkweise des Kalten Krieges verlassen, nur weil wir sie am besten kennen. Wir müssen das 20. Jahrhundert hinter uns lassen, um uns der Zukunft zu widmen.

Wolfgang Schäuble: Bis 1989 lebten wir in einem Teil der Welt, in der Freiheit und Demokratie herrschten. Trotz allem innerwestlichen Zwist war uns allen klar: Wir leben in einer gemeinsamen Werte- und einer Verteidigungsgemeinschaft. Sie schützte uns in den Zeiten des Kalten Krieges und der Ost-West-Konfrontation. Anders als viele andere habe ich nach 1989 nicht an »das Ende der Geschichte« glaubt, so wie Francis Fukuyama verstanden wurde. Heute jedenfalls stellen wir fest, dass die Kräfte, die den Westen zusammenhielten, nach 1989 schwächer wurden, weil der Druck von außen fehlte. Heute nimmt der Druck von außen wieder zu: aus dem pazifischen Raum, aus dem russischen. Jetzt ist die Frage: Findet der Westen eine neue Kohärenz, oder findet er sie nicht? Die Antwort hängt zu einem gewichtigen Teil von den Europäern ab. Die Europäer müssen einen größeren Beitrag in dem atlantischen Beziehungsgeflecht leisten, sonst werden wir die USA nicht so beeinflussen können, wie wir es gerne hätten.

Erleben wir den Niedergang des Westens oder sind wir – wie es der französische Soziologe Jacques Rupnik behauptet – am Ende eines liberalen Zyklus?

Schäuble: Ich glaube nicht, dass das liberale Zeitalter vorüber ist. Die Modernisierung der Technik und die Globalisierung der Wirtschaft, die wir erleben, werden über kurz oder lang auch das Streben der Menschen nach mehr Freiheit und auch mehr Rechten nach sich ziehen. Das war schon immer so. Das zeigt sich selbst im asiatisch-pazifischen Raum. Das nehmen die Chinesen viel deutlicher wahr als wir. Deswegen ist deren Führung ja auch so nervös, wenn sie nach Hongkong schauen. Eine Krise des Westens lässt sich dennoch feststellen. Sie besteht auch darin, dass der Westen merkt, dass er weltweit schwächer wird. Insofern haben wir es auch mit einer Krise unseres Selbstbewusstseins zu tun.

Der Historiker Dan Diner hat zu Beginn der Amtszeit von Donald Trump daraufhin gewiesen, dass Trump nicht nur mit der Politik Barack Obamas breche. Viel bedrohlicher sei, dass er auch mit der Weltordnung gebrochen habe, die Franklin D. Roosevelt geschaffen habe. Teilen Sie diesen Befund? Und wenn ja – ist es erstrebenswert, diese Weltordnung erneut zu reparieren?

Schäuble: Die multilateralen Strukturen, die Franklin D. Roosevelt aufbaute, sind heute vielleicht sogar dringender nötig als nach 1945. Donald Trump hat mit all dem brechen wollen. Aber war er der erste Präsident, der die Rolle des Weltpolizisten ablehnte? Barack Obama war in dieser Hinsicht ähnlich. Jedenfalls sind die USA nicht mehr die alleinigen Spieler, auch nicht im Verbund mit Europa. Neue Schwergewichte in Asien sind hinzugekommen, die die Weltenläufe bestimmen. Wir müssen multilateraler denken. Es gibt dafür auch erste Anzeichen. Denken Sie an die G20, die Gruppe der 20 wichtigsten Industrie- und Schwellenländer.

Krastev: Barack Obama war in einer schwierigen Position. Er war der erste schwarze Präsident in der Geschichte der USA.

Gleichzeitig bemerkte er, dass sich Amerika im Niedergang befand. Er musste versuchen, die Assoziation zwischen dem ersten schwarzen Präsidenten und dem Niedergang der USA zu vermeiden. Das Handelsabkommen mit Europa und mit Asien sind klassische Beispiele für Obamas Vorgehen. Mit diesen Abkommen wollte er den Niedergang des Landes verlangsamen. Ähnlich wie Obama nahm auch Trump den Niedergang Amerikas wahr. Er zog aber andere Schlüsse. Trump hat sich gesagt: Wenn wir unsere Macht nicht halten können, dann sollten wir wenigstens der Hauptakteur der Unordnung sein. Obama und Trump stehen gewissermaßen für zwei verschiedene Strategien, mit der postamerikanischen Welt umzugehen.

Was heißt das für Europa?

Krastev: Herr Schäuble hat es gesagt: Wir sollten über eine neue Form des Multilateralismus nachdenken. Dieser darf aber nicht ausschließlich auf die Unterstützung supranationaler Organisationen setzen. In unserer heutigen Welt ist fast jedes Land in der Lage, entscheidende globale Initiativen in den multilateralen Institutionen zu blockieren. Die Folge ist: Wir müssen viel mehr als bisher auf Koalitionen aus staatlichen, nichtstaatlichen und anderen Akteuren setzen. Es genügt nicht mehr, allein supranationalen Organisationen zu vertrauen. Europa verfolgt diesen Kurs schon. Denken Sie an das Vorgehen im Klimaschutz oder in manchen Handelsfragen.

Welche Erwartungen setzen Sie auf den neuen US-Präsidenten Joe Biden?

Schäuble: Seine wichtigste Aufgabe wird zunächst sein, die tiefe Spaltung in seinem eigenen Land zu überwinden. Nur wenn ihm dies wenigstens halbwegs glückt, wird ihm auch gelingen, international so aufzutreten, wie er es sich wünscht. Die zweite große Aufgabe ist, sein Land weltweit wieder zu einem verlässlichen Partner zu machen. Biden wird sicherlich kein Präsident sein, der während des G20-Gipfels Golf spielen geht, wie es Trump tat. Unter ihm werden die USA wieder dem Pariser Klimaschutzabkommen beitreten und auch der Weltgesundheitsorganisation. Biden wird sich auch mehr als bisher Südamerika widmen müssen. Lateinamerika ist von Trump sträflich vernachlässigt worden. Es wäre für den Westen insgesamt problematisch, wenn durch ein amerikanisches Vakuum die Mercosur-Staaten zunehmend auf China setzten. Bleibt der pazifische Raum. Sicher wird Biden versuchen, die transpazifische Freihandelszone, die Obama geschaffen und Trump kurz vor Inkrafttreten zerstört hat, wiederzubeleben.

Krastev: Es wäre für die USA und die Welt in der Tat von großem Vorteil, wenn Präsident Biden einen außenpolitischen Konsens beider inneramerikanischer Lager hinbekäme. Das wird nicht leicht werden. Wir als Europäer sollten Verständnis für die Herausforderungen aufbringen, vor denen Biden steht, und sehen, wo wir ihm die Arbeit erleichtern können. Keinesfalls aber sollten wir den Fehler begehen, sich einer bestimmten Seite in den USA zu verschreiben. Wir müssen Kontakte zu den Republikanern aufrechterhalten. Außenpolitisch wird Biden verstärkt in den pazifischen Raum und auf den Wettstreit mit China blicken. Das wird den Europäern noch Kopfzerbrechen bereiten. Wir erleben es jetzt schon beim 5G-Ausbau. Irgendwann wird Biden nach Europa kommen, um eine gemeinsame Strategie im Umgang mit China vorzuschlagen. Ich bin mir nicht sicher, wie Europa reagieren wird. Ich war sehr überrascht von einer Umfrage, die das European Council on Foreign Relations vor etwa anderthalb Jahren in einem Großteil der EU-Mitgliedstaaten durchgeführt hat. Auf die Frage, wie Europa reagieren sollte, falls es zum offenen Konflikt zwischen den USA und China kommt, antworteten alle befragten europäischen Staaten: Europa sollte neutral bleiben. Wenn die USA sich bezüglich einer Sache einig sind, dann hinsichtlich China. Wenn Europa sich bezüglich einer Sache unsicher ist, dann ebenfalls in Hinsicht auf China.

Ist es überhaupt sinnvoll, als Europäer weiter auf die USA zu setzen?

Schäuble: Allein sind die Europäer nicht in der Lage, in dieser globalisierten Welt eine große Rolle zu spielen. Insbesondere dann nicht, wenn sie untereinander uneins bleiben. Wir dürfen auch nicht den Fehler machen zu glauben, Europa könnte in der möglichen Konfrontation zwischen den USA und China neutral bleiben. Die Deutschen träumen ja seit Jahrzehnten davon, eine große Schweiz zu sein. Das hat nie funktioniert. Es wird auf europäischer Ebene schon gar nicht funktionieren. Wenn wir unsere eigenen Werte ernst nehmen, kann es keine Neutralität geben. Das heißt nicht, dass wir unbedingt in eine Konfrontation mit China geraten. Gerade um diese zu verhindern, müssen wir Europäer alles dafür tun, in unserem Sinne zusammen mit den Amerikanern und mit Peking an den globalen Strukturen zu arbeiten. Aber wir müssen den Chinesen im Zweifelsfall auch klar sagen, dass unsere Werte für uns nicht verhandelbar sind.

Krastev: Europa ist zu groß, um nur Däumchen zu drehen. Auf der anderen Seite sind wir aber auch nicht groß genug, um der Welt im Alleingang unseren Stempel aufzudrücken. Ich glaube nicht, dass Europa ohne die USA seine Werte und Ideale wird schützen können. Aber das heißt nicht, schwach zu sein. Europa sollte aktiver werden, anstatt abzuwarten, bis die USA an uns herantreten. Wir sollten auf die Amerikaner mit Ideen zugehen, die Biden helfen können, einen außenpolitischen Konsens zu schaffen. Das heißt auch, sich darüber klar zu werden, welche Chinapolitik Europa verfolgen soll. Bisher gibt es keine europäische Chinapolitik.

Welche Rolle soll die NATO im 21. Jahrhundert spielen?

Schäuble: Die NATO wird für Europa noch so lange eine stabilisierende Rolle spielen müssen, solange die Europäer nicht selber in der Lage sind, für ihre Sicherheit zu sorgen. Es bleibt auch die Frage, ob es überhaupt erstrebenswert ist, militärisch so stark zu werden, dass wir auf die Amerikaner verzichten könnten. Wollen wir wirklich eine eigenständige europäische Nuklearmacht werden? Ich bin davon nicht überzeugt. Aber eine Ebene darunter müssen die Europäer so stark werden, dass sie die Probleme auf dem eigenen Kontinent selbstständig lösen können. Im Fall des Kriegs um Bergkarabach hatte Europa nichts zu melden. Auch als es zum Konflikt zwischen der Türkei und Griechenland um die Bodenschätze in der Ägäis ging, hätte ich mir gewünscht, dass Europa über genügend militärische Möglichkeiten verfügt, um eine stabilisierende Rolle zu spielen. Global gesehen ist die NATO für uns unverzichtbar. Ich glaube, für die Amerikaner ist es auch von Vorteil, dass sie weiterhin existiert.

Krastev: Wir brauchen die NATO. Die NATO hatte nicht nur einen positiven Effekt auf die Modernisierung unserer Streitkräfte, sondern sie erfüllt auch eine politische Funktion. Darüber hinaus sind die Amerikaner durchaus im Recht, wenn sie die Europäer auffordern, ihren Militäretat zu erhöhen. In manchen Teilen der Welt wird Europa über kurz oder lang auf sich allein gestellt sein.

Gottfried Benn schrieb: »Gehe von deinen Beständen aus, nicht von deinen Parolen.« Das ist das Grunddilemma der Europäer schlechthin. Sie sind nicht in der Lage, sich von ihren Illusionen zu befreien.

Krastev: Die EU hat sich außenpolitisch vor allem als Wertegemeinschaft positioniert. Wir sahen uns selbst als Prototyp für die Welt der Zukunft: ein Staatenverbund, unabhängig, mit einem größeren Fokus auf wirtschaftliche Vernetzung als auf die militärische. Bisher haben wir uns letztlich als Missionare verstanden, die hinaus in die Welt gingen und versuchten, andere von unserem Modell zu überzeugen. Nun sehen wir, dass es so nicht läuft. Jetzt muss die EU vom Missionar zum Kloster werden.

Europa als Kloster? Ein merkwürdiges Bild.

Krastev: Vielleicht, aber nicht falsch. Die Welt mag sich ändern, wir können sie nicht ändern, aber in unserem Kloster lassen wir uns auch nicht von anderen verändern. Das heißt: Wir sollten unsere Stärken ausspielen. Eine unserer Stärken ist unser Markt. So können wir von Staaten, mit denen wir nicht die gleichen Werte teilen, einen Aufpreis verlangen. Ein Handelspartner, der sich nicht um den Klimawandel schert, müsste zum Beispiel eine Zusatzsteuer entrichten, wenn er mit uns Handel treiben will. Genauso müsste es Technologieunternehmen ergehen, die unsere Vorstellungen von Persönlichkeitsrechten nicht teilen. Das wäre eine Art progressiver Protektionismus.

Schäuble: Europas Problem ist der Mangel an Ambitionen. Die Westeuropäer hatten sich nach dem Zweiten Weltkrieg daran gewöhnt, dass für den Erhalt der Stabilität im Grunde andere zuständig sind. Diese Zeiten sind vorbei. Herr Krastev hat zu Recht darauf hingewiesen, dass die Amerikaner, die Chinesen, die Russen und Türken andere Sichtweisen als die Europäer haben. Leider gibt es auch innerhalb Europas noch zu viele verschiedene Sichtweisen. Wir müssen zu einer einheitlichen Weltsicht kommen. Die Europäer sind mir in dieser Frage viel zu langsam. Die Lösung der Probleme wartet nicht auf uns: der Schutz des Klimas, die Bekämpfung der Pandemie. Wir müssen uns auch dringend damit beschäftigen, wie wir die Schubkraft der Finanzmärkte domestizieren – und zwar so, dass diese nicht alles zerstört.

All das ist leichter gesagt als getan. Nehmen wir allein die Demografie. Das Durchschnittsalter der Gesamtbevölkerung in Europa liegt derzeit bei 37 Jahren, in den USA bei 36. Im Jahr 2050 wird das Durchschnittsalter in den USA immer noch bei 36, in Europa dagegen bei 53 Jahren liegen. Sollten wir es bis dahin geschafft haben, eine Europaarmee aufzubauen, dann wäre diese Armee eine durch und durch sklerotische. Wie kann ein vergreistes Europa Gestaltungskraft gewinnen?

Krastev: Das ist ein sehr wichtiger Hinweis. Noch immer achten viel zu wenige auf die Bedeutung der Demografie. Um das Militär mache ich mir allerdings weniger Sorgen. Denken Sie an neue Technologien wie die Kampfdrohnen; da sind kaum noch Menschen erforderlich. Es geht um ein anderes Problem. Betrachten wir Osteuropa. Da bahnen sich große Veränderungen an: Wir haben es mit alternden Gesellschaften, niedrigen Fruchtbarkeitsraten und einem hohen Maß an Emigration zu tun. Die Emigration aus Osteuropa ist an sich nichts Neues, doch früher waren die Fruchtbarkeitsraten viel höher. Die Auswanderung, die seit 1989 zu beobachten ist, hat aus Zentral- und Osteuropa eine der ethnisch homogensten Regionen der Welt gemacht. Sie stellt die Region vor unglaubliche Probleme. Etwa in Ungarn: Von 1200 Studenten, die 2018 in Ungarn ihre Approbation als Ärzte erhielten, lebten zwei Jahre später nur 300 im Land. Was das bedeutet, wird jedem klar, der an die Corona-Pandemie denkt. Darüber hinaus beeinflusst die Demografie schon heute das Verhältnis zwischen Ost und West. Wissen Sie, welches EU-Mitglied in den letzten drei Jahren die meisten ausländischen Arbeitskräfte aufgenommen hat? Polen. Das Polen, das sich vehement gegen die Aufnahme von Flüchtlingen ausspricht, ist die Wahlheimat von zwei Millionen Ukrainern und 20000 Afghanen.

Welche Auswirkung wird die Überalterung Europas haben?

Krastev: Sie wird mehr und mehr durch Zuwanderung abgefedert werden müssen. Die Regierungen werden gezwungen sein, den Arbeitsmarkt zu öffnen. Sie werden gleichzeitig den Zuwanderern die politische Mitbestimmung verweigern. Das heißt: Arbeiten ja. Wählen nein. In Zentral- und Osteuropa könnte dies zu einem neuartigen Gesellschaftsaufbau führen, in der 20 Prozent der Arbeitenden nicht wahlberechtigt sind, 40 Prozent der Wahlberechtigten den Arbeitsmarkt bereits verlassen haben und 10 Prozent der Wählerschaft außer Landes leben und somit keine Steuern zahlen. So eine Gesellschaft gab es noch nie. Wie wird sie regiert? Wie wird sie sich in die europäischen Strukturen einfügen? Wenn es um die Anwendung des europäischen Rechtsstandards geht, ist ein Teil der Kritik an Polen und Ungarn gerechtfertigt. Doch der Talent- und Ressourcenabfluss, den die Osteuropäer erleiden, wird viel zu selten in Betracht gezogen.

Schäuble: Die Tatsache, dass wir in Europa demnächst eine Gesellschaft haben, in der ein großer Teil der Wahlberechtigten nicht mehr arbeitet und ein großer Teil derer, die arbeiten, nicht wahlberechtigt sind, beschreibt die Herausforderungen der Migration. Ich bin fest davon überzeugt: Wir können sie bewältigen. Aber wir müssen sie angehen, damit wir bei Migration und Integration nicht immer über das Randproblem der Flüchtlinge reden. Denn es bleibt das Problem der Entwicklungsverläufe in den einzelnen europäischen Staaten. Wir müssen sie so anpassen, dass die Unterschiede in den Lebensumständen zwischen den Ländern nicht so groß sind, sonst müssen wir nämlich über kurz oder lang über die Niederlassungsfreiheit reden. Und die sollte unbedingt erhalten bleiben. Wir sehen das ja täglich auf den Berliner Straßen. Die Mehrheit der Obdachlosen hier kommt aus Osteuropa und vom Balkan. Mit dieser Situation darf sich Europa nicht zufriedengeben. Auch dieses Problem ließe sich durch politische Führung relativ schnell lösen.

Das hieße dann aber, den Deutschen zu erklären: »Ihr müsst in einer Art Länderfinanzausgleich Geld nach Rumänien schicken.«

Schäuble: Es ist schwierig, aber es wird gehen. Deutsche und Franzosen würden verstehen, wenn man ihnen sagt: Es wird euch auf Dauer nur gut gehen, wenn es den Nachbarn nicht dramatisch schlechter geht.

Der Soziologe Jacques Rupnik hat den Alt-EU-Mitgliedern vorgeworfen, sie legten in der Beziehung zu den Osteuropäern oft einen »Eigentümerreflex« an den Tag. Hat Rupnik recht?

Schäuble: Die Westdeutschen haben diese Überheblichkeit zuweilen im Verhältnis mit den Ostdeutschen gezeigt; jedenfalls haben es viele Ostdeutsche so empfunden. Das Gleiche ist im Verhältnis zu Osteuropa wahrzunehmen. Ich habe deshalb schon immer gemahnt, auf Besserwisserei zu verzichten. Das größte Glück für uns Deutsche und für Europa insgesamt war der Fall der Berliner Mauer und des Eisernen Vorhangs. Das Ende der

Spaltung Europas. Wir dürfen Streitigkeiten wie mit Polen oder Ungarn nicht eskalieren lassen. Für alle genannten Zukunftsprojekte sind wir auf Polen und Ungarn, Rumänien, Bulgarien und das Baltikum angewiesen.

Krastev: Rupnik hat recht, wenn er sagt, dass die Menschen in Zentral- und Osteuropa Angst davor haben, Mitglieder zweiter Klasse zu sein. Der Wunsch nach Respekt ist allgegenwärtig, was wiederum bedeutet, dass Leute wie Ungarns Premierminister Viktor Orbán diesen Wunsch zu ihren Gunsten nutzen. Aber das Problem ist vielschichtiger.

Inwiefern?

Krastev: Das Ende des Zweiten Weltkrieges war gleichzeitig auch das Ende des Nationalismus. Der Historiker Tony Judt verwies zu Recht darauf, dass die EU von den Verlierern des Zweiten Weltkriegs gegründet wurde. Das einzige europäische Land, welches den Krieg gewonnen hatte, Großbritannien, war am Anfang nicht dabei. In Osteuropa sah das Ganze anders aus. Das Ende des Kommunismus erfolgte nach 1989 durch eine Verbindung aus Liberalismus und dem Nationalstaatsgedanken. Daher sollte es den Westen auch nicht überraschen, dass Länder wie Polen oder Ungarn derart an der nationalen Unabhängigkeit hängen. Darüber hinaus sollten wir nicht vergessen: Die neu gewonnene Bewegungsfreiheit war für Ost- und Zentraleuropa ein Segen und ein Fluch zugleich – ein Segen, weil man endlich dorthin reisen durfte, wohin man wollte. Ein Fluch, weil vielerorts die gut ausgebildeten jungen Leute das Land verließen. In Rumänien reden wir hier über 15 Prozent der Bevölkerung. Von diesen 15 Prozent waren über 70 Prozent unter 40 Jahren. Diese Abwanderung der jungen Leute hat die gesamte Dynamik dieser Gesellschaften verschoben.

Ist es für Sie als Bulgare akzeptabel, Herr Krastev, wenn Berlin und Paris die Führung in der EU übernehmen?

Krastev: Alle EU-Mitglieder sind gleichberechtigt, aber manche Länder sind nun mal größer, wichtiger und historisch bedeutsamer als andere. Ich finde es normal, dass Deutschland und Frankreich bei manchen Entscheidungen involvierter sind. In einigen Bereichen mangelt es Zentral- und Osteuropa auch an Erfahrung. In Bezug auf die Beziehungen zu Afrika kennt sich Frankreich besser aus als Litauen. Diese Asymmetrie ist kein Problem, sie ist Teil des Systems. Bleibt die Frage, ob Frankreich oder Deutschland die Wünsche der kleineren Staaten übergehen, wenn sie führen. Das sollte nicht geschehen. Vielleicht sollten wir künftig überhaupt stärker die Asymmetrie walten lassen. Also: Bei den Fragen der Mittelmeerregion sollten Italien und Griechenland mehr Einfluss als andere haben. Bei Fragen zum Balkan sollten Bulgarien, Griechenland und Rumänien ein stärkeres Gewicht erhalten. Und wenn es zu Russland kommt, dann müssten eben Polen und die baltischen Staaten mehr zu sagen haben.

Wolfgang Schäuble rät in seinem Buch, das Einstimmigkeitsprinzip in der EU gegen das Prinzip der Mehrheitsentscheidungen aufzugeben. Hat er recht?

Krastev: Unsere jetzigen Entscheidungsprozesse sind zu langwierig. Bei allen Problemen, die ich bei Mehrheitsentscheidungen sehe, bin ich dennoch ein Befürworter davon. Sie würden der EU mehr Durchsetzungskraft verleihen. Das ist doch, was wir alle wünschen.

Schäuble: Im Einstimmigkeitsprinzip steckt für jedes Land die Versuchung, Entscheidungen auf europäischer Ebene aus irgendeinem innenpolitischen Druck heraus zu blockieren. So werden wir in Europa auf Dauer nicht vorankommen. Sollte das Prinzip der Mehrheitsentscheidung gelten, wird es sicherlich auch nicht so sein, dass man sich über ernsthafte Bedenken eines Staates hinwegsetzen wird. Aber es geht dann nicht mehr, dass beispielsweise Zypern die Beschlüsse zur Verhängung von Sanktionen gegen Belarus blockiert, weil es ein anderes Problem mit der Türkei hat.

Für wie gefährlich halten Sie beide Russland?

Krastev: Eines der größten Probleme Europas im Umgang mit Russland sind die verschiedenartigen Machtquellen. Während die EU ihre Macht vor allem aus ihrer wirtschaftlichen Stärke und ihrer *soft power* bezieht, kann Russland seine Kraft nur durch das Militär kundtun. Für Europa heißt das, entweder stärker auf das US-Militär als Ausgleich zu setzen oder eigene militärische Kapazitäten aufzubauen. Außerdem sollten wir eines nicht vergessen: In dem Maße, in dem Russland sich an China annähert, macht es sich von China abhängig und schränkt seinen eigenen Handelsspielraum ein. Wenn die Polarisierung der Welt sich in dem Maße fortsetzt, wie wir es zurzeit erleben, wird diese Abhängigkeit für die EU zum Problem werden.

Schäuble: Ich erinnere mich an ein Gespräch, das ich mit Michail Gorbatschow im letzten Jahr seiner Präsidentschaft führte. Gorbatschow sagte, Boris Jelzin wisse nicht, was er tue: Wenn er die Sowjetunion zerstört, wird er auch Russland nicht zusammenhalten können. Wladimir Putin ist nun dabei, die Sowjetunion wiederauferstehen zu lassen. Ich weiß nicht, ob es nach dem Untergang der alten Sowjetunion gelungen wäre, Russland in die NATO aufzunehmen. Hypothetische Betrachtungen nützen niemandem. Ich jedenfalls habe Obamas Rede für die ungeschickteste seiner ganzen Amtszeit gehalten, als er sagte, Russland sei nur noch eine Regionalmacht. Man sollte ein großes Land, das sich in einer Schwächephase befindet, nicht noch demütigen. Die Folgen können fatal sein. Wie auch immer: Wir müssen Russland ernst nehmen. Wir müssen die NATO stark halten. Gleichzeitig müssen die Europäer eigene militärische Kapazitäten aufbauen, dass wir in regionalen Konflikten wie kürzlich in Bergkarabach stabilisierend tätig sein können. Allerdings sollten wir Moskau stetig signalisieren, dass wir enger kooperieren wollen. Langfristig müsste Russland ein Interesse an einer Zusammenarbeit mit dem Westen haben. Chinas Aufstieg ist für Moskau eine größere Herausforderung als die Differenzen mit dem Westen.

Mit Blick auf die Sowjetunion und Russland haben wir der alten Magnettheorie angehangen. Wir glaubten, unser Liberalismus und die Marktwirtschaft werden über kurz oder lang zu einem inneren Wandel totalitärer oder autoritärer Regime führen und sie in unser Lager ziehen. Weder mit Russland noch mit China ist dies gelungen.

Schäuble: In Osteuropa ist es gelungen. Auch in der Sowjetunion. Und China ist weniger selbstsicher, als wir glauben. Fast alle Beobachter haben die Tatsache als Zeichen der Stärke gewertet, dass Xi Jinping sich zum Generalsekretär und Präsidenten auf Lebenszeit hat wählen lassen. Ich sehe darin eher ein Zeichen der Schwäche. Und wenn wir bedenken, mit welch schwachen Nerven das große China auf die Ereignisse im kleinen Hongkong reagiert, dann fühle ich mich in meiner Annahme bestärkt.

Krastev: Bisher kann man durchaus sagen, dass die Modernisierung und die Marktwirtschaft immer den Wunsch nach mehr individueller Freiheit nach sich gezogen haben. Aber diese Tatsache darf nicht unsere Außenpolitik bestimmen. Selbst wenn wir an einen baldigen Regimewechsel glaubten, bleibt immer noch die Frage, wann er kommt. Und wenn Leute sagen, er komme morgen, erinnert mich das an Bob Dylans Song »Tomorrow is a long time«. Ich habe außerdem den Eindruck, dass wir weder Russland noch China gut genug kennen, um überhaupt Voraussagen treffen zu können.

Was wissen Sie über China?

Krastev: Ich bin kein Experte, fand es aber immer faszinierend, wie scharf China den Untergang der Sowjetunion analysierte. Für Chinas KP ging es darum, die Fehler zu vermeiden, welche die Sowjetunion begangen hatte. In den späten Achtzigerjahren waren sich die russischen und chinesischen Eliten einig, dass der Kommunismus nicht funktioniere, aber nicht darüber, was schieflief. Gorbatschow glaubte an die sozialistischen Ideale und dass deren Entfaltung nur durch das Machtmonopol der Kommunistischen Partei verhindert wurde. Die Chinesen glaubten dagegen nicht an die sozialistischen Ideen, dafür aber an die Effektivität der kommunistischen Partei. Die Russen verloren am Ende des Kalten Krieges sowohl ihr Reich als auch ihren Einfluss in der Welt. Sie fühlten sich besiegt. Die Chinesen betrachteten sich als Gewinner. Weil Peking immer stärker wird, glaubt es, dass es Zeit hat abzuwarten, bis der Westen mürbe geworden ist. Dagegen will Putin jetzt Zugeständnisse erkämpfen, weil er sich davor fürchtet, dass sein Land in den nächsten fünf Jahren schwächer wird.

Mitte November wurden wir erneut Zeuge der eklatanten Schwäche des Westens. Mit der RCEP ist es Peking gelungen, die größte Freihandelszone der Welt zu schaffen: Die USA und Europa haben das Nachsehen. Was folgt daraus für Sie?

Schäuble: Die dringendste Antwort auf dieses Freihandelsabkommen in Asien ist die Stärkung der WTO. Das wäre ein wahrhaft globaler Ansatz. Im zweiten Schritt sollten wir das transatlantische Freihandelsabkommen wiederbeleben, das Trump zunichte gemacht hat. Die Biden-Administration muss dahin gehend den ersten Schritt machen. Wenn das gelingt, dann sollten die Mercosur-Staaten dazukommen. Eine Freihandelszone zwischen Europa, Nord- und Südamerika wäre eine vernünftige Antwort.

Krastev: Jeder, der auch nur einen Kurs über internationale Politik belegt hat, weiß: Ein Machtvakuum besteht nie lange. Diese Krise hat uns gelähmt, und wir sind uns nicht mehr sicher, was wir in der Welt noch bewirken können. Das hat dazu geführt, dass China bereits jetzt einen Kurs aufgenommen hat, den es sonst vielleicht erst in ein paar Jahren verfolgt hätte. China ist aggressiver geworden. Die Chinesen stehen hinter den globalen Ambitionen ihrer Regierung. Es sind nicht nur die Eliten, die nationalistisch denken, sondern auch die breite Masse. Die sozialen Medien spielen hierbei eine große Rolle. Was gegenwärtig in Hongkong passiert, ist angsteinflößend. Niemand kann jetzt mehr ausschließen, dass China in Zukunft nicht auch drastischere Maßnahmen in Taiwan ergreift. Ich weiß nicht, warum, aber ich werde das Gefühl nicht los, dass wir Europäer für eine solche Welt intellektuell noch nicht bereit sind.

China hat es allein aufgrund der heutigen technischen Möglichkeiten geschafft, den totalitärsten Überwachungsstaat der Weltgeschichte aufzubauen. Gerade Europa legt größten Wert auf die Einhaltung der Menschenrechte. Wie unappetitlich darf ein Staat sein, damit wir weiter mit ihm eng zusammenarbeiten können?

Krastev: China ist eine ganz neue Art eines totalitären Regimes, das ist wahr. Diese neue Art lebt im Gegensatz zu den früheren autoritären Regimen von Big Data. Hier geht es nicht nur um Überwachung und Kontrolle, nein, hier sollen die Präferenzen der Bevölkerung aktiv verändert werden. Eine Art von Diktatur durch *nudging,* was übrigens der Funktionsweise der großen Technologieunternehmen ähnelt. Diese Technologie erlaubt es, zu regieren, ohne sich für die Meinung von Individuen interessieren zu müssen. Aber auch aus einem anderen Grund sollte man China nicht mit der Sowjetunion verwechseln. China will sein politisches System nicht exportieren. Es ist für die Chinesen wichtiger, vorteilhafte bilaterale Handelsabkommen zu kreieren. Auch halten sie anderen Regierungen ihre Überwachungstechnologie vor der Nase und sagen: Hier ist der Schlüssel, um eure Bevölkerung besser im Griff zu haben. Es kann passieren, dass die Regulierung der Technologie die wichtigste Maßnahme im Kampf für die Menschenrechte sein wird.

Ist China für Sie eigentlich eine saturierte oder eine hungrige Macht?

Schäuble: Jedenfalls ist sie eine in sich ruhende Macht. Die Volksrepublik ist überdies keine ideologische Macht. Anders als die Sowjetunion wird die chinesische KP keine besonderen Beziehungen zur Kommunistischen Partei Österreichs aufbauen. Sie ist am wirtschaftlichen Vordringen interessiert. In ihrer unmittelbaren Nachbarschaft dagegen scheint sie nicht gerade saturiert zu sein.

Krastev: Amerikas Selbstverständnis beruht auf dem Prinzip des »Melting Pot«: Leute aus aller Welt kommen nach Amerika und werden dort zu Amerikanern. Insofern ist die Welt zu verändern, ein natürlicher Prozess für die USA. China kennt den

»Melting Pot« nicht. Aber es kennt Chinatowns. Sie gibt es überall. Die Chinesen dort versuchen nicht, die Länder zu verändern, in denen sie leben. So ist es im Großen auch. Peking macht keine Anstalten, die Welt umzukrempeln. Trotzdem ist China bestrebt, seine Sicht notfalls aggressiv durchzufechten. Kürzlich erzählte mir ein Bundestagsabgeordneter eine Geschichte aus Heidelberg. Die Stadt ist ein Lieblingsziel chinesischer Touristen. Früher hat Heidelberg zum Tibet-Tag die tibetanische Flagge gehisst. Peking hat die Stadt nun davor gewarnt, dies noch einmal zu tun. Sonst werden chinesische Touristen künftig einen Bogen um Heidelberg machen. Was hat Heidelberg getan? Es hat die Flagge nicht mehr gehisst.

Was folgt daraus?

Krastev: Wir dürfen uns nicht den Mund verbieten lassen. Ich möchte in diesem Zusammenhang noch einmal auf die Kloster-Metapher kommen: Außerhalb der Klostermauern mag China so stark und mächtig sein, wie es will, innerhalb dieser Mauern haben wir das Sagen.

Wir haben viele Probleme der Welt gewälzt. Vielleicht dient es am Ende der Klarheit, wenn Sie eine Hierarchisierung vornehmen. Was ist für Europa und den Westen am dringlichsten zu tun?

Krastev: In Europa ist der Glaube verbreitet, dass früher alles besser war. Wenn sich Dinge verändern sollen, müssen wir uns wieder in die Zukunft verlieben. Unsere erste Priorität sollte es sein, uns mit Optimismus selbst zu befragen. Herr Schäuble hat die Fragen vorhin formuliert: Wer sind wir und was sind unsere Ziele? Zweitens wird die Flexibilität in der komplexen, multipolaren Welt entscheidend sein. Man sollte auf alles vorbereitet sein. Die Welt steckt voller Ungewissheiten, und deswegen werden diejenigen, die schnell auf die Perspektiven anderer reagieren können, eine große Rolle spielen. Letztlich geht es um die Fähigkeit, Einfluss auf andere auszuüben, indem man schnellstmöglich herausfindet, wie sich deren Positionen beeinflussen lassen.

Schäuble: Lassen Sie mich eine Interpretation hinzufügen: Wenn die Flexibilität so wichtig ist, dann dürfen wir uns niemals nur auf ein Thema konzentrieren, weil uns das unflexibel machen würden. Außerdem heißt das, unbedingt auf Übertreibungen zu verzichten. Das lehrt uns unsere Geschichte. Wenn wir also zielstrebig, entschlossen, aber mit Demut vorgehen, dann werden wir selbst die Herausforderungen meistern, die zunächst unlösbar erschienen.

7

Vergangene Zukunft?
Wo Erinnerung befreit und
Geschichte begrenzt

Was wird bleiben von der Pandemie? Und wie werden wir uns einmal an Corona erinnern, an den Shutdown mit seinen tiefen Einschnitten in unsere Freiheitsrechte, an den wirtschaftlichen Einbruch, an Quarantäne und *social distancing*? Wird der Ellbogengruß womöglich als alltägliche Verhaltensform bleiben? Oder wird die Menschheit die Pandemie gänzlich verdrängen? Immerhin musste erst das Corona-Virus umgehen, damit wir uns wieder an die Spanische Grippe erinnern, die vor hundert Jahren weltweit Millionen Menschen das Leben kostete.

Anders gefragt: Wird der uns heute epochal erscheinende Einschnitt rückblickend tatsächlich als historische Zäsur wahrgenommen? Womöglich erkennen künftige Historiker darin auch nur einen Katalysator von Entwicklungen, die längst begonnen hatten. Vielleicht wird ihnen die Zeit, die wir heute so intensiv erleben, zur bloßen Einleitung einer Erzählung über den grundstürzenden technologischen Wandel hin zur Digitalwelt, die Science-Fiction näher ist als unserer Wirklichkeit? Oder sogar zur bloßen Fußnote in einer Darstellung über das menschliche Versagen im Zeitalter des Anthropozän, als der Mensch daran scheiterte, seine Lebensgrundlagen zu sichern? Aber wird sich dann überhaupt irgendwer erinnern?

Wir wissen es nicht. Und trotzdem fahnden wir ständig nach Anhaltspunkten, um die Zukunft vorherzusehen, stellen Berechnungen an und suchen in der Vergangenheit nach Gesetzmäßigkeiten, die uns Orientierung geben. Vor hundert Jahren verwarf Oswald Spengler in seinem epochemachenden »Untergang des Abendlandes« mit großer Geste das lineare Verständnis von der Geschichte. Stattdessen beschrieb er einen Zyklus gesetzmäßigen Werdens und Vergehens der Kulturen – und leitete daraus den Anspruch ab, Geschichte vorausbestimmen zu können. Zukunft als Kulturverfall: Darin konnte sich nach dem Ersten Weltkrieg eine vom Fortschrittsglauben desillusionierte Gesellschaft wiederfinden. Auch weil Spenglers These Entlastung verhieß: Denn sie negierte jenseits der Natur Kausalitäten. Wo aber der Zusammenhang zwischen Ursache und Wirkung aufgekündigt ist, kann es auch keine Verantwortung geben. Von Schuld gar nicht zu reden.

Alles also nur ein unentrinnbares Schicksal? Determiniert, wie die moderne Hirnforschung sagen würde, ohne menschliche Willensfreiheit? Friedrich Schiller, der große Dichter der Freiheit, hat es als Historiker so gesehen: »Der Mensch verarbeitet, glättet und bildet den rohen Stein, den die Zeiten herbeitragen, ihm gehört der Augenblick und der Punkt, aber die Weltgeschichte rollt der Zufall.« Wir brauchen den Zufall, weil aus ihm Neues entsteht. Zugleich verweist uns das Zufällige auf die Begrenztheit unseres eigenen Einflusses. Es lehrt Demut. Eine Gesellschaft, die der Überzeugung anheimfiele, dass alles möglich ist, weil es keine Grenzen gibt, dass über Erfolg oder Misserfolg einzig und allein der Wille und die Leistung des Einzelnen entscheiden, würde uns Menschen nicht gerecht. Aber wenn wir uns der Zufallsabhängigkeit bewusster werden, kann uns das auch vor einem allzu großen Perfektionsdrang bewahren.

Zufall und die Unvorhersehbarkeit der Zukunft sind Voraussetzungen unserer Freiheit. Der Versuch, den Zufall auszuschalten, das Bemühen um absolute Kontrolle führt unweigerlich zum Verlust der Freiheit und in die Tyrannei. Ebenso wie jeder Versuch, den Menschen so zu formen, wie er sein soll, bislang noch immer zum Totalitären entartet ist. Das lehrt die Geschichte. Im Wissen darum sollten wir uns vor dem Wunsch nach einer umfassenden Steuer- und Regulierbarkeit, der Vervollkommnung des Menschen und seines Daseins hüten. Tatsächlich ist das, was kommt, unvorhersehbar. Das Geschehene wird erst in der Rückschau zum Schicksal, mit dem wir Nachgeborenen leben.

Geschichte vergeht nicht, heißt es. Und tatsächlich ist der Wunsch, mit der Vergangenheit »abschließen« zu wollen, illusorisch und gefährlich. Die Vergangenheit lässt sich nicht begraben oder beenden. Wie wir uns in der Zeit verorten, ist dabei nicht statisch. Darauf verweist der in Cambridge lehrende australische Historiker Sir Christopher Clark. »Wie die Schwerkraft das Licht, so beugt die Macht die Zeit«, lautet ein Schlüsselsatz Clarks, der zeigt, wie in unterschiedlichen Epochen mit gänzlich verschiedener Intention Zeitvorstellungen geprägt wurden. Unser Umgang mit der Vergangenheit erzählt deshalb viel über uns. Historisches Bewusstsein vermittelt einen Standpunkt und erhellt unsere Gegenwart. Wir beschäftigen uns mit Geschichte, weil wir aus ihr Erkenntnis gewinnen wollen, weil wir aus ihr lernen können – auch wenn keineswegs ausgemacht ist, dass wir tatsächlich immer die sinnvollen und richtigen Schlüsse ziehen.

Geschichte hat keineswegs nur befriedende Wirkung. Im Gegenteil: Wir sehen immer wieder, wie Erinnerungen spalten können, Konflikte anheizen, Kriege legitimieren. Im Umgang mit der Vergangenheit wurden und werden Verletzungen sichtbar. Nicht alle Wunden verheilen. Das gilt für die Erinnerungen der Völker, es gilt für das Gedächtnis in den Familien. Auch die Urteile der Nachgeborenen sind emotional, wenn sie sich heute der Geschichte stellen. In der Art, wie wir uns als Gesellschaften und zwischen Staaten erinnern, hat der Erste Weltkrieg, diese Urkatastrophe des 20. Jahrhunderts, nachhaltige Spuren hinterlassen. Die emotional hoch aufgeladene Frage nach der Kriegsschuld im Versailler Friedensvertrag ist Ausdruck davon.

Oblivisci iniuriae – das Unrecht vergessen: So lautete die Empfehlung Senecas seit der Antike. Noch in den Konfessionskriegen der Frühen Neuzeit galten Amnestie und Amnesie als Voraussetzung gesellschaftlicher Befriedung, zur Überbrückung aller Spaltungen. Der Westfälische Frieden proklamierte nach den traumatischen Erfahrungen des Dreißigjährigen Krieges, es sollten »alle Beleidigungen, Gewalttätigkeiten, Schäden und Unkosten derart gänzlich abgetan sein, daß alles in ewiger Vergessenheit begraben sei«. Der Unterschied zum Kriegsschuldparagrafen im Versailler Vertrag könnte nicht größer sein.

Der Historiker Christian Meier hat vor einigen Jahren in einem anregenden Essay verdeutlicht, wie im 20. Jahrhundert mit seinen beispiellosen Verbrechen der Drang nach Gerechtigkeit das einstige Gebot des Vergessens ins Gegenteil verkehrte: Vergangenheit zu »bewältigen«, erscheint seitdem allein im ständigen Wachhalten der Erinnerung möglich. Weil es keinen wirklichen Frieden geben könne, solange nicht den Opfern, ihren Angehörigen und Nachkommen in der Anerkennung ihres Leids Gerechtigkeit widerfährt.

Dass darin Sprengkraft liegt, zählt mit zu den Erfahrungen des 20. Jahrhunderts. Wir haben ein Selbstverständnis der Nation nicht allein als Gefühls-, sondern gerade auch als historische Verantwortungsgemeinschaft. Das ist ein sensibles und ein anspruchsvolles Selbstverständnis, aber es ist *unser* Selbstverständnis. Es fordert nicht zuletzt immer wieder neu die Verständigung darüber, wie weit und in welcher Form historisch begründete Ansprüche auf Wiedergutmachung erfüllt werden können, wenn in schwierigen Vergangenheitsbewältigungsprozessen die Menschen auch nicht überfordert werden sollen.

In der Rückschau sehen wir immer klarer, was früher hätte sein können, womöglich auch sein sollen. Vor allem wissen wir, was wurde – mit entsetzlichen Folgen. Das alles ist heute Geschichte und ein schicksalhaftes Band, das uns als Nation verbindet, ein Teil unserer Identität. Unser Land wurde, was es heute ist, weil viele Menschen den Mut fanden, sich der Vergangenheit zu stellen. Das war nie bequem, aber wir hatten den Willen und die Kraft dazu. Und nach Auschwitz hatten wir im Sinne von Christian Meiers kluger These auch gar keine andere Wahl: Dieses nicht nur zerstörte und geteilte, sondern moralisch ruinierte Land konnte eine neue Grundlage von Staat und Gesellschaft nur in dem Versprechen finden, für das heute das Holocaust-Denkmal mitten im Zentrum der Hauptstadt, in Sichtweite von Parlament und Regierung, steht: nicht zu vergessen und Vergleichbares niemals wieder zuzulassen.

Erst die staatlichen und gesellschaftlichen Anstrengungen, dieses Versprechen einzulösen, schufen international Vertrauen – und ermöglichten uns das Glück der »zweiten Chance«. So hat der Historiker Fritz Stern, der als Jude im Alter von zwölf Jahren aus Breslau fliehen musste, das Geschenk der Wiedervereinigung bezeichnet. Eine »zweite Chance«: Ihr fühlen wir uns verpflichtet, und sie lässt uns sensibel gegenüber jedem Versuch bleiben, sich aus der historischen Verantwortung zu stehlen oder die freiheitliche Demokratie infrage zu stellen.

Das Erbe der Diktatur

Keine Nation kann sich ihre Geschichte aussuchen oder sie abstreifen. Der Umgang mit ihr, mit den hellen Momenten wie ihren Abgründen, ist die Grundlage der Zukunft jedes Landes. Deshalb entscheidet sich die Frage, wie wir miteinander leben wollen, auch an der Frage, *woran* wir uns gemeinsam erinnern. Wie wir unsere historische Verantwortung wahrnehmen.

Das gilt umso mehr, als wir es in Deutschland mit einer doppelten Diktaturerfahrung zu tun haben. So groß die Unterschiede der Systeme und insbesondere das Ausmaß der Verbrechen: der Umgang mit der DDR-Geschichte prägt unser Land noch immer, zumal diese Zeit weit weniger in einer fernen Vergangenheit liegt, sondern Teil der biografischen Erfahrung ist. Gesellschaften brauchen Zeit, sich ihrer Gewaltgeschichte zu stellen, und je größer das Unrecht, vermutlich umso länger. Die Unterschiede der Aufarbeitung liegen auf der Hand: Während ich in meiner Schulzeit von Auschwitz nie etwas gehört habe und es Jahrzehnte brauchte, bis die gesamtgesellschaftliche Befassung mit der NS-Vergangenheit unser Land aus dem »kommunikativen Beschweigen« (Hermann Lübbe) herausführte, begann die intensive Beschäftigung mit SED-Regime und Stasi noch in der Wendezeit. Hier verhandelten an Runden Tischen Vertreter der Bürgerbewegung im Dialog mit Funktionsträgern jenes Regimes, das sie bespitzelt und drangsaliert hatte, über neue Wege – und leisteten damit einen unschätzbaren Beitrag zum friedlichen Verlauf des Umbruchs.

Zur Eigenart der Ereignisse von 1989/90 gehört aber nicht allein ihr Charakter als friedliche Revolution, sondern auch, dass die SED im neuen Gewand, unter neuem Namen, in die Entwicklungen auch nach dem Mauerfall eingebunden war. Es sind zwei Seiten der gleichen Medaille: das Glück des friedlichen Umsturzes und die fortwirkenden Verletzungen bei denjenigen, die unter dem alten Regime gelitten hatten und nun mit ideologischen wie personellen Kontinuitäten umgehen mussten. Damit, dass auch ein »Wendehals« im wiedervereinigten Land Karriere machen konnte und dass zwischen Recht und Gerechtigkeit ein spannungsreiches Verhältnis besteht.

Über die Frage, ob die Akten der Staatssicherheit gesichert und genutzt werden sollten, waren 1990 die Meinungen weit auseinandergegangen, innerhalb der DDR und nicht zuletzt zwischen den Verhandlungspartnern in Ost und West. Ich hatte – genau wie Helmut Kohl – dazu geraten, die Akten unbesehen zu vernichten, damit die Streitigkeiten über die Vergangenheit die Zukunft nicht zu sehr belasten. Dreißig Jahre später sehen wir, wie wichtig und richtig es war, dass engagierte Bürgerrechtler und die frei gewählte Volkskammer dafür gesorgt haben, dass dieses Archiv eines Unrechtsstaats erhalten blieb. Nicht vorrangig, um Schuldige ausfindig zu machen, sondern um die Geschichte der Aufrechten dokumentieren zu können. Nicht nur, damit wir die Vergangenheit aufklären können, sondern um für die Gegenwart und die Zukunft zu lernen – gerade in einer Zeit mit neuen Informationstechniken, die die Gefahr der totalen Kontrolle von Menschen mindestens so groß macht wie in den Zeiten einer »bürokratisch perfekten« Stasi-Überwachung.

In aufgewühlten Zeiten kann der Blick in die Geschichte helfen. Nicht um einen nostalgischen Rückzugsraum vor den Widrigkeiten unserer Zeit zu begründen, sondern um die aktuellen gesellschaftlichen Entwicklungen in größere historische Linien einzuordnen und sie dadurch besser zu verstehen. Um Parallelen zwischen damals und heute zu entdecken – und damit mögliche Folgen unseres Handelns abzuschätzen. Oder im Gegenteil: Um gerade die Kontraste, die Brüche und Veränderungen zu erkennen – und unnötigen Dramatisierungen entgegenzuwirken. Und ganz grundsätzlich: Um unser Bewusstsein dafür zu schärfen, dass alles Ursachen und Wirkungen hat, dass wir mit unseren Entscheidungen in die eine oder in die andere Richtung Verantwortung dafür tragen, wie wir unsere Handlungsspielräume nutzen.

Geschichte ist die Konstruktion von Vergangenheit, ein Kampfplatz der Deutungen, herangezogen auch zu Legitimationszwecken. Erinnerungen und Deutungen stehen in einem spannungsvollen Verhältnis zueinander. Das Geschichtsverständnis einer pluralen Demokratie zeichnet sich gerade dadurch aus, die Vielfalt sich teils widerstreitender Erinnerungen herauszuarbeiten – und auch auszuhalten.

Es ist nichts falsch daran, sich mit seinem Land und seiner Geschichte zu identifizieren, Zugehörigkeit zu empfinden, auch Verantwortung und sogar Pflichten dem Gemeinwesen gegenüber. Wie könnte das falsch sein? Aber in einer freiheitlichen Gesellschaft lässt sich das nicht staatlich verordnen. Geschichte, zumal unsere Geschichte, lehrt eben auch Bescheidenheit, sich und seine Nation nicht zu überhöhen – und sich der Verführbarkeit und Fehlbarkeit von Menschen bewusst zu werden.

An Auschwitz scheitert jede Gewissheit

»Ist das ein Mensch?«, hatte Primo Levi seine Autobiografie überschrieben, nach der Erfahrung, dass ein Mensch einem anderen sein Menschsein absprechen kann, dass die menschliche Würde so verletzlich ist. Die Opfer deutscher Verbrechen im Nationalsozialismus waren – wie die Täter auch – Menschen aus unserer Mitte. Das verdeutlichen eindringlich die zahllosen Stolpersteine, die bundesweit vor Wohnhäusern davon erzählen, dass hier Menschen aus ihren Wohnungen geprügelt wurden, um sie in die Vernichtungslager zu deportieren. Das Holocaust-Mahnmal, um das so lange gerungen wurde, ist heute im übertragenen Sinne ein großer Stolperstein, ein Ort, der mitten in der deutschen Hauptstadt, am Brandenburger Tor, als Anziehungspunkt für Menschen aus aller Welt und in Sichtweite des Deutschen Bundestages, unsere bleibende Verantwortung sichtbar macht, niemals zu vergessen.

Dass dieser Ort nicht allein dazu dient, die Opfer zu ehren, ihnen im »Raum der Namen« Gesicht, Biografie und Würde zurückzugeben, sondern dass es diesen Ort als sichtbares Zeichen braucht, um die Lehren von Auschwitz präsent zu halten, ist eigentlich beschämend. Aber die Gegner der Erinnerung, die

Relativierer und Leugner, sind noch immer unter uns, sie werden sogar lauter. Sie sind in der Minderheit – und sie werden eine marginalisierte Minderheit bleiben, wenn die Mehrheit ihre Verantwortung wahrnimmt. Die Geschichte der Weimarer Republik, der ersten parlamentarischen Demokratie auf deutschem Boden, lehrt eindrücklich, dass es nicht die Stärke ihrer Gegner ist, die die Demokratien gefährdet, sondern die eigene Schwäche und Verantwortungslosigkeit von Demokraten.

Wir brauchen deshalb auch künftig die »kollektive Selbstbeunruhigung an historischer Erfahrung«, wie es Volkhard Knigge, der Leiter der Gedenkstätten Buchenwald und Mittelbau-Dora, einmal gesagt hat. Auschwitz erinnert daran, wie zerbrechlich unsere Zivilisation ist, wie schnell unsere humanistische Substanz Schaden nimmt. Ihr ethisches Fundament muss verteidigt und immer wieder neu gefestigt werden. Wir müssen deshalb weiter über Auschwitz sprechen – und über die Verantwortung, die wir als Konsequenz und Lehre aus dem Geschehen tragen, jede Generation neu.

Wir tun das nicht als persönlich Schuldige. Aber aus der Schuld, die Deutsche in den zwölf Jahren der NS-Diktatur auf sich geladen haben, wächst auch uns nachfolgenden Generationen eine besondere Verantwortung zu. Nicht weil Geschichte sich wiederholt, das tut sie nie, sondern weil an Auschwitz jede Gewissheit scheitert. Und weil es kein heilsames Schweigen gibt, wie der Kulturwissenschaftler Jan Assmann betont, der sich mit der Frage befasst hat, warum wir uns erinnern und wie sich in einem mühsamen, vielschichtigen Prozess, in dem das gelähmte und lähmende Schweigen erst nach und nach schwindet, ein gemeinsames Gedächtnis herausbildet.

Geschichte verläuft weder zufällig noch zwangsläufig. Was heute unsere gemeinsame Vergangenheit ist, haben Menschen früher als ihre eigene Gegenwart gestaltet, im Guten wie im Bösen. Wie hätten wir gehandelt? Diese Frage richtet sich an unser Gewissen, so wie es die Kulturwissenschaftlerin Aleida Assmann einmal prägnant getan hat: Was wäre eigentlich gewesen, wenn nach den Pogromen vom 9. November 1938 Zehn- oder Hunderttausende demonstriert hätten? Wenn sie öffentlich bekundet hätten: »Wir sind alle Juden«? Unter den Bedingungen der Nazidiktatur ist das natürlich eine hypothetische Frage. Aber sie verdeutlicht, was eine Gesellschaft braucht, um ihre Freiheit zu sichern: eine konsequente Haltung gegen jede Form der Ausgrenzung, *bevor* es zu spät ist.

Der Widerstand im Nationalsozialismus ist extrem riskant gewesen, lebensgefährlich – das sollten wir in unserem Urteil über Menschen, die in Diktaturen leben müssen, nicht vergessen. Widerstandskämpfer wie die Mitglieder der »Weißen Rose« waren mutig. Aufrecht. Fehlbar waren auch sie, gequält von Selbstzweifeln. Nicht übermenschlich, sondern schlicht Menschen, die in inhumaner Zeit anständig handelten. Sie zeigten Empathie, die sie in der Gesellschaft vermissten. Sie kämpften gegen die Gleichgültigkeit an – durch das Wort, das ihnen zur Tat wurde. Ihr Widerstand gegen das Regime scheiterte, aber sie bewiesen, dass Widerstand erfolglos sein kann und doch nicht vergebens. Es zählt der Geist, aus dem heraus gehandelt wird.

Die Demokratie verlangt Widerstand gegen die Feinde der demokratischen Ordnung. Deshalb erinnern wir uns an die »Weiße Rose« und an all die anderen couragierten Menschen, die sich der Diktatur widersetzten, die gegen sie aufbegehrten und die dafür mit dem Leben bezahlten: Weil sie uns bewusst machen, wie fundamental wichtig die Errungenschaften sind, die uns heute so selbstverständlich scheinen: Freiheit, Rechtsstaatlichkeit, Demokratie. Heldenmut braucht es in der Demokratie nicht. Zivilcourage schon.

Man findet den Begriff »Holocaust« im Grundgesetz nicht. Aber das von Deutschen begangene Menschheitsverbrechen hallt in dieser Verfassung unüberhörbar nach: im Postulat einer unantastbaren Würde des Menschen, in den Grundrechten, die das Individuum vor staatlicher Willkür schützen, im rechtlichen Fundament einer wehrhaften Demokratie – um nicht zuzulassen, dass noch einmal demokratische Freiheiten für die Zerstörung der freiheitlichen Demokratie missbraucht werden. Das Grundgesetz garantiert *Rechte*. *Werte* garantieren kann es nicht. Die braucht es aber im Verfassungsstaat, so wie der Mensch Grenzen im Interesse seines eigenen Menschseins, seiner Humanität, eine Vorkehrung gegen Übermaß, Allmachtsfantasie und Machtmissbrauch. Anstand setzt solche Grenzen – wie Seneca schrieb: Was das Gesetz nicht verbietet, das verbietet der Anstand.

Kritiker des Anstandsbegriffs verweisen gern auf den Grundsatz des liberalen Rechtsstaates, wonach alles, was nicht ausdrücklich verboten und nicht einer offensichtlichen Gesetzeslücke zuzurechnen ist, von Staats wegen geduldet werden müsse. Tatsächlich kann der Staat keinen Anstand verordnen. Aber der freiheitliche, säkularisierte Verfassungsstaat lebt nach der klassischen Formulierung Ernst-Wolfgang Böckenfördes von Voraussetzungen, die er selbst nicht zu garantieren vermag. In dem klassischen Zielkonflikt zwischen Freiheit und Regulierung ermöglicht nur eine freiwillige Einordnung aus Gewissen, Tradition und Überzeugung den immer neu zu gewinnenden Ausgleich. Es braucht Werte und Wertebindungen, ungeschriebene Regeln, wie wir in der Demokratie miteinander umgehen wollen. Es braucht Anstand als Grundbedingung unseres Zusammenlebens.

Umso beunruhigender ist es, wenn Angriffe auf Zuwanderer, auf Flüchtlinge und deren Unterkünfte stillschweigend gebilligt oder sogar beklatscht werden. Wenn Moscheen Ziele von Schändungen und Übergriffen sind und Muslime aufgrund ihres Glaubens angefeindet oder pauschal kriminalisiert werden. Und es ist eine Schande, wenn Synagogen zu Orten rechtsextremistischer Anschläge werden, wenn ein Großteil der heute in Deutschland lebenden Juden sagt, im Alltag antisemitische Anfeindungen zu erleben. Wenn ein Rabbiner und seine Kinder ihre Kippa unter einer Kapuze oder Baseballkappe versteckt tragen oder auf deutschen Straßen und Plätzen antijüdische Parolen gegrölt und israelische Flaggen verbrannt werden.

Jede Form von Antisemitismus ist unerträglich, aber erst recht in unserem Land. Das gilt für alle, die hier leben, auch für Zuwanderer, deren Herkunftsgeschichte eine andere als die deutsche Vergangenheit ist. Die andernorts vielleicht selbst Ablehnung und Diskriminierung erfahren mussten. Sie sind in eine Verantwortungsgemeinschaft eingewandert, wie das Bundespräsident Joachim Gauck formuliert hat. Damit sind Verpflichtungen verbunden, und wer hier leben will, hat diese zu akzeptieren.

Noch mal: Geschichte wiederholt sich nicht – und wenn doch, spottete Karl Marx, dann allenfalls als Farce. Die Geschichte gibt uns keine Handlungsanleitungen und keine Ratschläge für ein konkretes Problem. Wir machen eigene Erfahrungen, auch alte Fehler. Erst ein historisches Bewusstsein verleiht uns aber die notwendige Sensibilität für höchst lebendige Vergangenheiten in den Konstellationen der Gegenwart, gibt Orientierung und vermittelt einen Standpunkt. Auch für Christopher Clark ist die Geschichte keine Lehrmeisterin im Konkreten. Sie sei eher wie das Orakel von Delphi, sagt er. Sie biete uns bloß geheimnisvolle, rätselhafte Erzählungen. Aber im Versuch, diese zu verstehen und zu erklären, vertiefe man sein Verständnis für heutige Probleme. Mehr noch: Man bleibe denjenigen nicht schutzlos ausgeliefert, die leichtfertig und propagandistisch mit geschichtlichen Begriffen hantieren.

Deshalb hat es Folgen, wenn heute zwar in guter Absicht, aber mit dem Furor eines selbstgerechten Moralismus leichtfertig versucht wird, Geschichte dadurch umzuschreiben, dass wir ihre sprachlichen Überreste tilgen und die Zeugnisse in Denkmälern oder Straßennamen schleifen. Nicht die erhoffte Aufklärung, sondern das Gegenteil tritt ein: Geschichtslosigkeit! Jedem,

dem an einem aufgeklärten Geschichtsbewusstsein gelegen ist, sollte das aufschrecken. Es braucht stattdessen das Zutrauen in die Menschen, das Denken und Handeln früherer Generationen unter den damaligen gesellschaftlichen Zeitumständen nachvollziehen zu können und daraus Einsichten für die eigene Gegenwart zu gewinnen. Wir haben doch im langen, quälenden Prozess der NS-Aufarbeitung erfahren, wie befreiend und zugleich bereichernd das ist.

Das weiterzuführen und diese mühsam erworbene Fähigkeit zu stärken, erfordert umfassendere bildungspolitische Anstrengungen. Das betrifft vor allem die Schule, und es betrifft die außerschulischen Einrichtungen, nicht zuletzt die Gedenkstätten an den authentischen Orten. Die gewinnen mit dem Verlust an Zeitzeugen absehbar weiter an Bedeutung – und damit an Verantwortung, das Interesse an der Vergangenheit bei den nachwachsenden Generationen zu wecken, mit nüchterner Objektivierung, die allenfalls angestrebt werden kann, und mit Emotionalisierung. Denn es braucht Empathie, um mehr wissen zu wollen, um zu verstehen. Angesichts beträchtlicher Wissenslücken gerade unter jungen Menschen haben wir keinen Grund, selbstzufrieden auf die unbestritten vielfältige Erinnerungskultur zu blicken – schon gar nicht angesichts der wachsenden Zahl an Geschichtsverdrehern und Leugnern und eines zunehmenden Rechtsradikalismus in der Gesellschaft. Offenkundig gibt es Grenzen historischen Lernens.

Die aus der Zivilgesellschaft erwachsene Erinnerungsarbeit der Geschichtswerkstätten in den Siebzigerjahren bot lange ein anstößiges Widerlager zur staatlichen Erinnerungspolitik. Davon unterscheidet sich der bloße Besuch authentischer Orte heute grundlegend, so eindrücklich und prägend dieser ist. Es ist aber die Aufgabe jeder Generation, eigene Fragen an die Vergangenheit zu stellen und neue Wege der Geschichtsvermittlung zu finden – und es ist auch an der Zeit, selbstkritisch zu hinterfragen, ob wir den aus gutem Grund gewählten Fokus auf einen Teil unsere Geschichte nicht weiten sollten. Denn so intensiv die Aufarbeitung der doppelten Diktaturerfahrung ist, so geschichtsblind sind wir inzwischen gegenüber früheren Epochen. Unser lineares Geschichtsverständnis, in dem alles Ursache und Folge hat, kann das Verständnis für andere Epochen eben auch einengen. Dann wird das Kaiserreich im Sinne eines bekannten Buchtitels von Sebastian Haffner – »Von Bismarck zu Hitler« – zur bloßen Vorgeschichte und verliert ihr Eigenleben. Das wird den Menschen in ihrer Zeit nicht gerecht, ihren Ideen, Handlungsoptionen, ihrem wissenschaftlichen Forschungsdrang, ihrem Unternehmertum, ihrer Kunst und Kultur.

Dass Staat und Gesellschaft 2021 die Reichsgründung vor 150 Jahren kaum der Erinnerung wert war, ist schon bemerkenswert, zumal die Bundesrepublik in der Rechtsnachfolge des Deutschen Reichs steht. Das 19. Jahrhundert ist uns allenfalls als Scheitern und Beginn verhängnisvoller Entwicklungen präsent: gescheiterte Revolution, gescheiterte Parlamentarisierung, gescheiterter Liberalismus, gescheitertes politisches Bürgertum, gescheiterte »Verwestlichung«. Dafür gibt es gute und überzeugende Gründe.

Eigentlich bräuchte es aber ein differenzierteres Bild von der deutschen Freiheits- und Demokratiegeschichte, von geglückten Reformen und fortschrittlicher Staatsmodernisierung, von den großen Linien, die aus dieser Zeit zu uns hinüberreichen. Immerhin gäbe es zahlreiche große Persönlichkeiten mit aufregenden Biografien wiederzuentdecken, die heute im Schatten des gewalttätigen 20. Jahrhunderts stehen, vom badischen Liberalen Adam von Itzstein über die Präsidenten der Paulskirche Heinrich von Gagern und Eduard Simson bis hin zu den parlamentarischen Widersachern Bismarcks, ob Ludwig Windthorst, Eugen Richter, Eduard Lasker oder August Bebel. Nicht zu vergessen: Vorkämpferinnen für die Rechte von Frauen wie Louise Otto-

Peters. Ein erinnerungspolitisches Konzept dazu, das über die bloße Vernetzung von Institutionen und Akteuren der Gedenkkultur hinausgeht, sucht man bislang noch vergebens.

Wo bleibt die Zukunft?

Zukunft braucht Erinnerung, heißt es gewöhnlich. Aber denken wir, wenn wir in die Vergangenheit blicken, wirklich immer die Zukunft mit? Manchmal scheint es eher so, als würden wir uns in einer Endlosschleife von Gedenkanlässen bewegen, die zwar, jeder für sich, berechtigt sind, die aber in der Zusammenschau den Eindruck erinnerungspolitischer Selbstbezüglichkeit erwecken. Womöglich hat der Bedeutungsgewinn der Geschichte auch damit zu tun, dass in der Globalisierung mit ihrem Hang zur kulturellen Vereinheitlichung die eigene Vergangenheit eine der wenigen singulären Besonderheiten bleibt, die für die nationale Identität wichtig sind.

Ist die Geschichte deshalb dabei, über die Gegenwart und über die Zukunft zu siegen? »Wo ist nur die Zukunft hin?«: Beim 50. Historikertag 2014 hat Joachim Gauck diese ketzerische Frage gestellt. Der Bundespräsident warb nachdrücklich dafür, sich nicht nur der Vergangenheit zu stellen, sondern auch die Zukunft zu gestalten. Dass uns das nur verantwortungsvoll gelingt, wenn wir uns der Vergangenheit bewusst sind, ist mehr als eine Binsenweisheit – aber es fordert von uns eben auch, Geschichtsbezüge veränderten Konstellationen der Gegenwart anzupassen. Die geostrategische Welt von heute lässt sich jedenfalls aus der Perspektive der Blockkonfrontation im Kalten Krieg nicht mehr fassen. Anhaltspunkte liefert eher der Blick auf die Mächterivalitäten, die in die Zeit vor die Weltkriege zurückreichen, zu der uns jedoch oft nur noch herzlich wenig einfällt.

Ohne historische Vergleiche kommen wir offensichtlich nicht aus. Sie bemühen wir auch bei der Einordnung der Pandemie und ihrer Folgen. Die Amerikaner denken beim Absturz ihrer Wirtschaft vor allem an die 1930er-Jahre. Wir Deutschen bemühten hingegen Bezüge zur unmittelbaren Nachkriegszeit – und überstrapazieren sie dabei gelegentlich auch. Am intensivsten ist die Erinnerung an den mühsamen Neubeginn nach dem verheerenden Zweiten Weltkrieg in der Generation, die ihn noch selbst erlebt hat – und die heute am stärksten von der Corona-Pandemie betroffen ist. Das Virus bedroht Gesundheit und Leben gerade älterer Menschen und mit ihnen auch das lebendige Gedächtnis derer, die auf den Trümmern der Vergangenheit die europäische Zukunft neu gestaltet haben.

»Wir müssen in das Nichts hinein wieder ein Ja bauen, Häuser müssen wir bauen in die freie Luft unseres Nein«: Mit diesen eindringlichen Worten schrieb sich damals Wolfgang Borchert den Weltkriegsschrecken von der Seele. Er hatte in Krieg und Diktatur deutlich Nein gesagt, oder zumindest gezeigt, dass er Nein denkt. Nach dem Zweiten Weltkrieg schrieb Borchert gegen die innere Leere, den Moralverlust und die Trostlosigkeit an, unter der er – wie viele seiner Generation – nach dem Kriegsende litt. In das Nichts hinein ein Ja bauen. Ein Haus, in dem die Humanitas geschützt ist und in dem Raum für Vertrauen und Miteinander, für Bindungen ist.

Wir leben zum Glück in einer Zeit, in der die allermeisten Menschen in unserer Gesellschaft keine unmittelbare Erfahrung mit Krieg und Gewalt haben. Das von Borchert gewählte Bild passt dennoch auch in unsere Zeit: Es gilt noch immer, das Menschliche zu bewahren, dem Nichts und dem Nihilismus in seiner Hoffnungslosigkeit entgegenzutreten. Wir können der Bedrohung durch das neue, mächtige Nichts etwas entgegensetzen: der digital verstärkten Verneinung unserer politischen Errungenschaften, dem sinnentleerten Konsumwahn, der eklatanten Verantwortungslosigkeit gegenüber den sozialen Bedürfnissen der Menschen und der Verletzlichkeit der Natur. Wenn wir trotz des Gegenwindes, den wir deutlich spüren, gemeinsam entschlossen handeln, können wir dem Wandel eine menschenverträgliche Gestalt geben: Halt statt Leere. Ein neues Ja bauen.

Vom Menschen ist deshalb in diesem Buch in allererster Linie die Rede. Von der *conditio humana,* von Wünschen und Hoffnungen, von Fähigkeiten und Grenzen. Vom Individuum und seiner unveräußerlichen Würde und dem sozialen Wesen, das auf Bindungen angewiesen ist und in gesellschaftlichen Beziehungen lebt.

Ein funktionierendes Gemeinwesen braucht ein Wir, das stärker ist als unsere Gruppenidentitäten und mehr ist als die Summe seiner Mitglieder. Es ist und bleibt wichtig, wer wir sind oder woher wir kommen. Wichtiger aber noch sollte es sein, dass wir uns darüber verständigen, wohin wir als Gesellschaft wollen. Am Ende geht es dabei innerhalb wie zwischen den europäischen Gesellschaften um das Spannungsverhältnis von Einheit und Vielfalt. Um die Frage, wie beides möglich ist: der Vielfalt Raum zu geben und dennoch einen Fokus auf das Gemeinsame zu ermöglichen. Den unterschiedlichen Erfahrungen, dem Eigenen, Nationalen, den Traditionen und kulturellen Prägungen der Vergangenheit gerecht zu werden, weil sie Teil unserer bindungsgebenden Identität sind, *und* zugleich den Blick immer wieder auf die Verantwortung für eine gemeinsame Zukunft zu lenken, die in der globalisierten Welt nur europäisch sein kann.

Für alle Nationen in Europa gilt, dass ihre jeweils eigene Geschichte ohne das gemeinsame europäische Erbe, die antiken Mythen, die christlich-jüdische Kultur, die Prägungen von Aufklärung und den Ideen der Französischen Revolution, gar nicht zu begreifen ist. Die Geschichte einer europäischen Nation berührt zudem immer auch die ihrer Nachbarn, sie sind nicht voneinander zu trennen.

Denn in Europa ist alles miteinander verwoben. Durch Erfahrung weise – in Europa heißt das: Nur vereint können wir die

Herausforderungen meistern. Mit Wissen über unsere unterschiedlichen historischen Erfahrungen, mit Verständnis für die verschiedenen nationalen Interessen, mit der Bereitschaft zum Kompromiss. Mit notwendigem Pragmatismus in der Sache und einer Vision für die gemeinsame Zukunft. Das ist verantwortliche Politik auf Basis historischer Erfahrung.

»Mehr als die Vergangenheit interessiert mich die Zukunft, denn in ihr gedenke ich zu leben«: Das Albert Einstein zugeschriebene Bonmot gilt stärker als für meine Generation für junge Menschen. Auf sie kommt es in einer Gesellschaft, die immer älter wird, und in einer Zeit, die sich immer schneller verändert, entscheidend an. Die *Fridays-for-Future-Bewegung* zeigt, welche Kraft in ihr steckt.

Die junge Generation hat andere Voraussetzungen als meine, sie ist viel offener, an permanente Kommunikation gewöhnt und sie kennt sehr viel mehr von der Welt. Zwischen ihr und mir liegen Generationen – man könnte fast sagen: Welten. Und doch teilen wir eine wichtige Erfahrung: das Glück, in Frieden und Freiheit in einem der wohlhabendsten Länder der Welt in Sicherheit zu leben. Die meisten von uns haben nie etwas anderes kennengelernt. Das ist gut so und vielleicht doch ein Problem, weil wir verlernen, uns darüber zu freuen, das als wertvoll zu schätzen und dafür einzutreten.

Niemand ist in der Demokratie verpflichtet mitzumachen. Aber wer nicht mitmacht, sollte wissen, dass er anderen die Entscheidung überlässt, die Weichen für die Zukunft zu stellen mit Folgen für das eigene Leben. Junge Briten machen diese bittere Erfahrung derzeit. In überwältigender Mehrheit sind sie überzeugte Europäer. Sie haben verstanden, dass ihre Zukunft nicht auf einer abgeschotteten Insel liegt, sondern in der Freizügigkeit Europas. Mit ihr sind sie aufgewachsen.

Aber im Glauben, dass das immer so bleibt, haben sie im entscheidenden Moment versäumt, ihre Stimme dafür zu erheben – schlimmer noch: diese wenigstens an die Urne zu tragen. Die Wahlbeteiligung unter den jungen Briten beim Referendum 2016 war die niedrigste aller Altersgruppen. Das rächt sich jetzt. Denn niemand wird mit den Folgen des Brexits so heftig konfrontiert werden wie *diese* Generation.

Vielen, vor allem älteren Menschen, macht das Tempo des Wandels Angst. Meist sind es die Jungen, die frische Sichtweisen, Begeisterung und auch den nötigen Überschuss an Selbstgewissheit und Angstlosigkeit mitbringen, um große Dinge anzupacken, die Älteren häufig unabänderbar erscheinen, weil sie aus Erfahrung zig vernünftige Gründe aufzählen können, warum etwas *nicht* geht. Denen es vielleicht sogar am liebsten wäre, es würde sich möglichst wenig ändern, weil ja eh früher alles besser war oder in Zukunft alles nur noch schlimmer werden kann – obwohl vieles sehr viel besser geworden ist, und obwohl es so vieles gibt, was anders, was besser sein könnte, bei uns und in der Welt. Wenn wir uns aufmachen, Dinge zu verändern, ob im Großen oder im Kleinen, können wir uns deshalb an die Beobachtung Max Webers erinnern, dass man das Mögliche nicht hätte, wenn nicht immer wieder in der Welt nach dem Unmöglichen gegriffen worden wäre.

Vertrauen in die Zukunft blendet nicht aus, dass es Veränderungsbedarf gibt. Aber Fortschrittsoptimismus versagt sich dem lähmenden Gefühl, nichts bewirken zu können. Wir können uns Zuversicht leisten. An das Gelingen glauben. Mit Mut uns der Zukunft mit ihren Aufgaben stellen. So werden wir auch weiterhin an Krisen wachsen.

»Ich selbst habe lange gepredigt: Disruption, Innovation ist gut, wir müssen uns immer weiter transformieren.«
»Ohne Beharrungskräfte geht Veränderung leicht schief.«

Ein Generationengespräch zwischen Wolfgang Schäuble und Diana Kinnert
Moderation: Tina Hildebrandt

Frau Kinnert, Sie sind als Unternehmerin an verschiedenen Start-ups beteiligt. Eines beschäftigt sich mit nachhaltiger Städteplanung, eine dieser Firmen kümmert sich um ökologisches Investieren und eine forscht nach neuen Biotechnologien. Das ist eine ganz andere Welt als die Welt der Wirtschaft, wie wir sie lange kannten, mit Großindustrie und mittelständischen Familienunternehmen. Wie viel haben diese beiden Welten, die der Vergangenheit und die der Zukunft, miteinander zu tun? Wie viel Verständnis gibt es füreinander, wie viel Kenntnis übereinander?

Kinnert: Da ist noch viel Übersetzung nötig. Bei meinen Start-ups ging es zu Beginn gar nicht darum, strategisch neue Konsumentengruppen zu erschließen. Es ging einfach um saubere Produkte, bei denen man weiß, was drin ist. Ich bin mit diesen

Unternehmensgründungen auch nicht angetreten gegen ein altes System. Ich hatte eher das Gefühl, wir sind alle immer noch im gleichen Wirtschaftssystem. Aber viele etablierte Topmanager verstehen nicht, dass sich auch ihre Welt rasant ändert.

Schäuble: Ich schaue in diese Welt mit zunehmendem Staunen. Diana Kinnert ist in ihrer Mischung aus wirtschaftlichem Unternehmertum und politischem Engagement ziemlich einzigartig. Aber sie steht auch für eine Entwicklung, die ich versuche zu verstehen. So wie ich auch gelernt habe, meine Kinder zu verstehen. Früher fand ich immer, dass meine Kinder mich verstehen sollten (Gelächter). Aber irgendwann habe ich begriffen: Nein, wir müssen auch unsere Kinder verstehen. Es stimmt, was Sie gesagt haben, Frau Kinnert: Wir haben einen unheimlichen Bedarf an Übersetzung, an Vermittlung in dieser sich so wahnsinnig schnell verändernden Welt. Als es im vergangenen Jahr um die Wahl des neuen CDU-Vorsitzenden ging, kam wegen der Corona-Lage ein Präsenzparteitag nicht infrage, und da haben einige allen Ernstes gemeint, nach den Regeln von Grundgesetz und Parteiengesetz sei dann eigentlich nur eine Briefwahl möglich. Das würde im Extremfall 75 Tage dauern. Daraufhin habe ich mir erlaubt zu sagen: Wenn wir erst 75 Tage briefwählen, um dann in unser Wahlprogramm zu schreiben, dass wir mit der Informationstechnologie an der Spitze der weltweiten Innovation sein werden, werden die Bürger nicht mal mehr lachen.

Diese Übersetzung, die Sie beide angesprochen haben, wo läuft die im Moment, und wie?

Kinnert: Mich unterscheidet von vielen, mit denen ich arbeite, dass ich Interesse daran habe, mich politisch verständlich zu machen. Viele interessiert das gar nicht mehr. Und das finde ich fast skandalös. Vor allem junge Menschen vernachlässigen zunehmend klassisches Engagement, weil es ihnen zu konsensual ist, zu zentral gedacht, zu ideologisch, hierarchisch, zu wenig kampagnenorientiert ist. Für Mandate auf Kreisebene muss man sich für fünf Jahre festlegen. Solche Beschränkungen haben mit der Lebensrealität von jungen Menschen nichts zu tun. Die kurze Spende für die Seenotrettung, der Hashtag gegen Rassismus, einen Tag bei *Fridays for Future* mitzulaufen, das sind neue Engagementformen, die ich als demokratische Ergänzung auch wichtig finde.

Schäuble: Aber nicht ausreichend! Ein Großteil der Jüngeren wird nicht mehr von dem erfasst, was wir an Institution, Gemeinschaft und gesellschaftsbildenden Institutionen haben. Das Beharren auf dem Alten reicht deshalb nicht aus. Aber umgekehrt ist punktuelles Engagement auch nicht genug. Wenn Beteiligung so volatil ist, hält sie nichts zusammen. Im Augenblick suchen wir noch nach Antworten, wie wir auch im 21. Jahrhundert das verwirklichen können, was der Traum seit den beiden großen westlichen Revolutionen war: Freiheit und Sicherheit zu vereinen.

Kinnert: Ich glaube, es geht dabei gar nicht so extrem um eine Konfliktlinie zwischen Alten und Jungen, sondern um eine Kultur der Moderne. Sebastian Kurz, Emmanuel Marcron, Donald Trump sind Phänomene einer Personalisierung, bei der eine Person oder ein Slogan im Grunde vor der Institution steht. Man sieht an meiner Aufzählung, dass das keineswegs von meiner Altersgruppe getragen wird. Viele Vierzig-, Fünfzigjährige kümmern sich darum, dass das eigene Profil an Schärfe gewinnt, indem Sie sich auf Plattformen wie LinkedIn als große Manager inszenieren, aber die Idee dahinter tritt in den Hintergrund – mein Unternehmen, meine Partei, mein Verband oder mein Land. Das ist eine Kulturveränderung.

Der Philosoph Lévi-Strauss unterscheidet zwischen heißen und kalten Gesellschaften. Heiße Gesellschaften sind veränderungs- und zukunftsbereit. Kalte wollen im Grunde das Erreichte bewahren. Was für eine Gesellschaft sind wir?

Schäuble: Wir sind eine lauwarme Gesellschaft. Wir wehren uns gegen die Veränderung, indem wir sie entweder bürokratisieren oder verdrängen. Siebzig Millionen haben bei der letzten Wahl in den USA Trump gewählt in den Vereinigten Staaten von Amerika. Darunter sind liebenswürdige Menschen, herzlich, hilfsbereit, persönlich offen, aber sie fürchten Veränderungen so sehr, dass sie politisch für einen Kandidaten entscheiden, der eigentlich etwas ganz anderes verkörpert, als was sie eigentlich schätzen. Sie fühlen sich vernachlässigt – oder weiß der Kuckuck was!

Veränderung kommt immer nur von außen, als Zumutung, nicht als Projekt?

Schäuble: So negativ würde ich es nicht sehen. Veränderung kommt durch die unglaubliche technische und wissenschaftliche Entwicklung, die wir schon verschiedentlich angesprochen haben. Man merkt das an der Halbwertszeit von Erkenntnissen, dem Tempo, in dem wir neue Dinge erfahren, der Langsamkeit, mit der wie sie verarbeiten. Ich habe gerade das Buch »Novozän« von James Lovelock gelesen. Er beschreibt, wie unser Planet durch die Gesamtheit von Leben, Pflanzen, Tieren Gaia geworden ist, das Leben. Dann beschreibt er, dass demnächst die nächste Generation kommen wird, eine Kombination von KI und Menschlichem, Cyborgs. Das Anthropozän, das Zeitalter der Menschen, ist gerade 200 Jahre alt. Und jetzt ist es vielleicht schon rum.

Viele Veränderungen sind technologiegetrieben. Frau Kinnert, Sie sagen, wir brauchen eine Kultur des Digitalen. Was heißt das?

Kinnert: Wir sprechen sehr technokratisch über Technologie und Digitalisierung und vernachlässigen, was das politisch und kulturell ausmacht. Wenn der medizinische Fortschritt Leben auf Jahrzehnte verlängern kann, braucht man ein anderes Kulturmodell, als einfach die Rente abzusitzen. Wenn man über sein Smartphone Simultanerfahrungen machen kann, wenn ich also in Afrika sitze und weiß, wie das Leben in Australien, Vietnam, in Deutschland und in den USA jetzt gerade ist, ist das etwas ganz Neues. Es verändert die Bedürfniswelt von Menschen. Wenn es möglich ist, Organe aus dem 3D-Drucker zu drucken, muss die katholische Kirche entscheiden, ob das etwas Blasphemisches ist oder ob es den Menschen hilft. Es ist zu wenig, einfach nur zu sagen: Wir brauchen alle WLAN, dann sind wir verbunden. Warum muss ich einen Partner für immer haben, wenn ich bei Tinder jeden Tag einen neuen suchen kann? Warum muss ich ein Haus kaufen, wenn ich mir bei Airbnb jeden Monat ein anderes suchen kann? Natürlich ist das nicht die Lebensrealität aller Deutschen. Aber es schafft eine Flexibilität, die auch ein Gegenentwurf ist zu dem, was ich immer für richtig gehalten habe: Verbindlichkeit. Weil durch Verbindlichkeit Verantwortung, Sorgfalt und Sorgsamkeit entstehen. Kapitalismus in Verbindung mit dem Digitalen schafft tolle Möglichkeiten, aber dadurch löst sich auch vieles auf.

Sie sind Mitglied in einer Parteireformkommission der CDU ...

Kinnert: ... und da versuche ich zu sagen: Wir müssen als Partei besser werden, damit die Leute zu uns kommen. Viele sagen: Ihr seid eine total akzeptable Partei, die anderen auch, aber Mitgliedschaft ist für mich einfach kein Modell mehr. Wenn keiner danach fragt, ob die Parteien das Problem sind oder das Modell der Mitgliedschaft, kommt man so einem Problem nicht auf die Spur. Dessen muss die Politik sich bewusst werden. Ganz grundsätzlich hat Politik sich weltweit, in den USA noch mehr als hier, über eine Haltung definiert: Ich weiß als Führungskraft Bescheid und ich bestimme für dich. Da fehlt mir ein bisschen Demut und der Ansatz: Ich versuche mit dir gemeinsam zu entscheiden.

Schäuble: Ich habe einen bescheideneren Ansatz von Politik. Politik kann nur versuchen, immer wieder für die gesellschaftliche, wirtschaftliche und technische Entwicklung einen Rahmen zu setzen. Wenn Sie es auf einen Satz bringen wollen, würde ich sagen: Die Politik sollte in Freiheit ein friedliches Zusammenleben ermöglichen. Und dazu muss sie die Veränderung zur Kenntnis nehmen. Sie muss auch einsehen, wenn das Alte nicht mehr so funktioniert wie früher. In der Personalisierung, die Sie erwähnt haben, Frau Kinnert, zeigt sich die Sehnsucht nach einfachen Antworten und nach scheinbar starker Führung. Das ist zum Teil einfach der Widerstand gegen die Kompliziertheit der Welt. Meine allergrößte Sorge ist, dass nicht wir die Antworten darauf geben, sondern dass das am Ende zur Überlegenheit eines Modells führt, das sich moderne Entwicklungen zunutze macht und zugleich politisch einen monopolartigen und damit diktatorischen Ansatz einer zentralen Gewaltmacht verfolgt.

Sie beide sagen: Ein Staat kann sich auch durch Nichtfunktionieren delegitimieren. Daher kommt unter anderem die Faszination für China, die Sie angesprochen haben, Herr Schäuble: Alles scheint viel effizienter sein.

Schäuble: Die schöne neue Welt, ja.

Kinnert: Ich halte die europäischen Demokratien eigentlich für relativ stabil, unsere insbesondere. Unsere Parteienlandschaft genießt immer noch großes Vertrauen. Wenn man sieht, wie im Osten Deutschlands eine AfD auf 30 Prozent hochrutscht, die als einziges Wahlprogramm Destabilisierung hat, steckt für mich darin eher eine Projektionsfläche als ein attraktives Alternativangebot. Aber diese Frust-Projektionsfläche zielt auf die Angebotsseite der etablierten Parteien. Schlagzeilenthemen wie Flugverbot, Autoverbot, Fleischverbot sind für mich Symbolthemen, die nicht proportional sind zu dem, was real zu tun ist: Wie kann man mit 3D-Druckern Ressourcen schonen? Wie kann man mit Handelsabkommen die Logistik von Seewegen smarter machen und dadurch weniger CO_2 verbrennen? Es gibt eine Schere zwischen dem, was sich in Öffentlichkeit und bei Medien als Thema eignet, und dem, was vielleicht eben auch im Osten Deutschlands besprochen wird: Altersarmut, infrastrukturelle Defizite.

Schäuble: Ich bin in dem Punkt nicht ganz Ihrer Meinung. Es gibt einfach auch unterschiedliche Themenprioritäten für verschiedene Menschen oder Bevölkerungsgruppen. Ich gehe so weit mit zu sagen: Das Bedürfnis, in Zeiten großer Verunsicherung nicht noch durch ein Übermaß an Migration verunsichert zu werden, ist leicht auch für politische Zwecke zu missbrauchen. Jede freiheitliche Form braucht etwas, das Menschen freiwillig verbindet, und zwar möglichst dauerhaft. Wenn Heimat das nicht mehr ist, muss man überlegen, wie man neue Verbindungen schafft. Die können durch Übereinkunft kommen. Sie können natürlich auch durch Populismus vorgegeben werden.

Kinnert: Ich glaube, man muss unterscheiden zwischen Ursache und Symptom. Rechtspopulisten haben oft besonders da viel Zuspruch, wo wenig Muslime und Flüchtlinge sind. Die Forderung nach Integration ist absolut legitim, aber die reale

Überforderung liegt eigentlich anderswo, in einer infrastrukturellen Vernachlässigung. Wenn sich die Kneipe nicht mehr lohnt, die Kirche nicht mehr lohnt, die Post zumacht, der Bus nur einmal im Monat fährt, dann fehlen soziale Orte, an denen sich Gemeinsinn stiftet. Stattdessen entsteht dort ein Vakuum. Und da hinein sagen dann Leute: Wir bieten euch die Bürgerwehr, wir verteidigen jetzt gemeinsam das Abendland. Das zieht dann.

Wer hat das Vakuum entstehen lassen?

Kinnert: Als CDU-Politikerin hinterfrage ich mich. Ich denke schon, dass gerade wir Bürgerlich-Konservative uns ein bisschen zu sehr darauf ausgeruht haben, uns nur abzugrenzen von der SED. Anstatt ein wirklich nach vorne gewandtes Angebot zu machen, Infrastruktur zu entwickeln, zu rekommunalisieren, neue Orte von Gemeinsinn zu schaffen. Da gibt es ein Versagen aus Bequemlichkeit heraus.

Schäuble: Das teile ich nicht. Ich glaube, der tiefere Grund, warum es in den östlichen Teilen Deutschlands, übrigens auch Europas, komplizierter ist, liegt im größeren Wandel. Der Osten ist durch die Entwicklungen 1989/90 einer grundlegenden Veränderung aller Lebensverhältnisse unterworfen worden. Wie sagte Bundespräsident Gauck: Wir träumten vom Paradies und wachten auf in Nordrhein-Westfalen. Er hätte auch jedes andere Bundesland nennen können. Der Unterschied zwischen Traum und Realität ist immer relativ brutal. Der Osten hat heute in vielen Bereichen eine modernere Infrastruktur als der Westen. Der Nordosten hatte übrigens schon im Deutschen Reich eine völlig andere Besiedlungsstruktur, auch mit einer ganz anderen Agrarstruktur. Aber das ist nicht das Hauptproblem, zumal wir diese Entwicklung auch in den Großstädten haben, Leipzig zum Beispiel. Wir haben die Ostdeutschen ein bisschen in der Traumlücke zurückgelassen und gesagt: Habt euch nicht so. So wie wir heute als Europäer mit Polen, Ungarn und Tschechen umgehen. Und das finde ich grundfalsch. Das westliche System hat auch seine schlechten Seiten in der Transformation gezeigt. Wir hätten vieles besser machen können. Wenn ich Russe wäre, würde ich auch sagen: Sooo toll seid ihr auch nicht.

Lassen Sie uns auf ein Thema kommen, das wir bereits früher in diesem Buch angesprochen haben, die Identitätspolitik, und es einmal sehr konkret machen, weil es da auch darum geht, wie wir künftig zusammenleben wollen: Sollten Denkmäler von historischen Figuren, die uns heute problematisch erscheinen, abgerissen werden, sollten Straßen umbenannt werden, die an die Kolonialzeiten erinnern?

Kinnert: Ich weiß, dass meine Generation eher in Richtung Cancel-Culture tickt. Für mich hat das etwas Reaktionäres. Denn erst wenn ich etwas einordne, mache ich es historisch begreifbar. Wenn ich dagegen so tue, als hätte es das nie gegeben, kann Geschichte nicht befreien.

Schäuble: Das sehe ich ähnlich. Wenn wir grundsätzlich sagen würden, wir akzeptieren in der Geschichte nur das, was unseren Vorstellungen heute entspricht, ist das wirklich armselig. Wir können versuchen, Geschichte zu verstehen, wir können sie aber nicht verändern, indem wir beschließen, wie die alten Römer, Aristoteles oder Alexander es hätten richtig machen sollen. Wir sollten Geschichte kritisch betrachten, aber wir sollten sie auch nicht abschneiden.

Kinnert: Selbst wenn alle Kolonialherren als Denkmäler verschwunden wären, wäre das Bedürfnis nicht getilgt, sich verantwortungsbewusst mit Kolonialgeschichte auseinanderzusetzen. Dieses Bedürfnis ist aus meiner Sicht das eigentlich Wichtige.

Schäuble: Das stimmt. Wenn aus der Beseitigung von Denkmälern von Kolonialherren folgen würde, dass man sich stärker für Afrika engagiert, hätte ich auch größeren Respekt. Man will aber eigentlich nichts damit zu tun haben.

Kinnert: Ich will hier ein bisschen weiter ausholen, weil ich da noch etwas Grundsätzliches sehe. Ich beobachte in meiner Generation eine Tendenz dazu, Unmündigkeit festzuschreiben: Ich muss meinen Schlaf tracken, ich muss meine Schritte zählen, ich will alles messbar machen. Auch das ist für mich ein Symptom von Unmündigkeit. Ich frage mich, woher das kommt. Ich selbst habe lange gepredigt: Disruption, Innovation ist gut, wir müssen uns immer weiter transformieren. Ich glaube inzwischen, dass Flexibilisierung und Rationalisierung eine Kultur von permanenter Unsicherheit schafft, deren Schattenseite Ängstlichkeit ist. Und diese auf sich selbst bezogene Ängstlichkeit macht es unmöglich, sich auf größere Projekte einzulassen. In dem Moment, in dem du am allerflexibelsten bist, bist du am allerunverbindlichsten. Und damit bist du im Kapitalismus am ressourcenreichsten aufgestellt. In dem Moment, wo du ein Haus abbezahlen musst, Familie hast, bist du in einer vergleichbaren schlechten Position. Und das spiegelt sich wider beim Engagement in einer Demokratie.

Welchen Anteil daran hat eine Partei wie die CDU? Auf der einen Seite steht sie sehr für Wirtschaftsleistung, Wirtschaftswachstum, auch Sie, Herr Schäuble, plädieren immer wieder für Leistung und Anstrengung. Führt das zu Zuständen, die Sie dann von der Werteseite beklagen?

Schäuble: Wenn wir es übertreiben, wird alles schlecht. Natürlich haben wir der Globalisierung, dem freien Welthandel vielleicht nicht genug in die Speichen gegriffen oder der Deregulierung von Finanzmärkten. Ohne Regulierung geht es schief, dann zerstören wir alles. Das ist im Sport so mit dem Doping oder beim Fußball mit dem Geld, es ist in der Wirtschaft so, es ist wahrscheinlich in der Digitalisierung auch so. Und deswegen müssen wir immer wieder korrigieren, auch indem wieder mal eine andere politische Mehrheit kommt. Daraus wächst nachhaltig ein größeres Maß an Widerstandsfähigkeit.

Frau Kinnert, Sie sagen: »Der Generationenvertrag ist gebrochen.« Ist das ein Vorwurf, der sich auch an die eigene Partei richtet?

Kinnert: Ja, wobei ich Generationenvertrag nicht primär verstehe als: die Jungen gegen die Alten. Sondern als heutiges System in Konkurrenz zu einem System, das besser sein könnte. Und ich selbst bin auch Vertreterin dieses alten Systems, denn ich lebe heute. Unsere politischen und staatlichen Systeme haben sich zum Teil verselbstständigt, weil wir zum Beispiel seit Jahrzehnten die gleichen Ministerien und Abteilungsleiter haben. Dieser Apparat ist für mich reformbedürftig. Da geht es nicht nur um das politische oder das Wirtschaftssystem. Meine Erwerbsbiografie wird nicht so leicht messbar sein wie Ihre, Herr Schäuble. Ich werde auch nicht 60 Jahre lang im gleichen Unternehmen sitzen. Gewerkschaften und Betriebsräte funktionieren aber nicht entlang moderner Erwerbsbiografien. Wie kann ich das umstellen? Meine Lösung heißt nicht: Mindestlohn, und dann reden wir im Wahlkampf darüber, wie hoch der sein soll. Wir brauchen systematische oder Strukturveränderungen.

Schäuble: Aber ich möchte nicht, dass alle so sein *müssen,* wie

Sie sind. Und deshalb muss der Apparat Ihrem Änderungsbedürfnis auch Widerstand entgegensetzen. Denn wenn Beharrungskräfte nicht dagegenstehen, geht Veränderung leicht schief. Innovation darf auch nicht zu leicht gemacht werden, sondern sie muss sich bewähren. Aber natürlich haben wir vieles überzogen. Wir haben in Wahrheit die Schattenseiten unserer Lebensweise teilweise einfach ausgelagert. Das haben wir in der Fleischindustrie in der Pandemie zur Kenntnis nehmen müssen, in Bangladesch, wo unsere Textilien entstehen – vermutlich auch die, die wir gerade tragen. Für Finanzpolitiker ist das größte Heiligtum die Freiheit des Zahlungs- und Devisenverkehrs. Aber die sogenannten Steueroasen begünstigen den kriminellen Missbrauch dieses Systems in einem Maße – dagegen sind die Schlepperbanden harmlose Kleinkriminelle.

Also waren die Beharrungskräfte doch zu stark?

Schäuble: Wir haben auf der anderen Seite durch dieses System unglaublichen Fortschritt und Entwicklung für die Mehrzahl der Menschen auf dieser Welt erreicht. Als ich zur Schule gegangen bin oder auch studiert habe, bestand die Weltbevölkerung aus zwei Milliarden Menschen, und da hätten die meisten gesagt, acht Milliarden Menschen geht gar nicht. Geht gut!

Manche würden sagen: Geht auch nicht wirklich gut.

Schäuble: Dann müssen die aber sagen, welche Milliarden sie nicht dabeihaben wollen. Nein, ich wünsche es mir nicht. Aber die Menschheit kann auf dieser Erde mit moderner Technologie auch mit 15 Milliarden leben.

Kinnert: Was ich beklage, ist, dass es wenig politischen Willen gibt, Strukturreformen voranzubringen. Große innenpolitische

Herausforderungen wie Integrationspolitik oder Digitalisierung werden mit einem neuen Kanzleramtsposten abgespeist. Dabei bräuchte es eigentlich andere Ministerien. Das wird verschleiert, indem man kleine Apparaturen einbaut. In dem Moment, wo die Corona-Pandemie ein ganz großer Katalysator für den digitalen Aufbruch sein kann, merke ich eine gesellschaftliche Bereitschaft. Aber der Staat reagiert nicht.

Schäuble: Na ja, selbst in den Schulen hat sich etwas bewegt.

Kinnert: Aber das ist oft impulsgetrieben und abhängig davon, ob an einer entscheidenden Stelle eine Person sitzt, die den Daumen hebt. Eigentlich müsste es auch funktionieren, ohne dass es diese Person gäbe. Da sehe ich eine Reformnot.

Herr Schäuble, Sie schreiben, die Pandemie schaffe eine Möglichkeit, Dinge zu korrigieren, neu zu machen, Leistung anders zu bewerten. Gleichzeitig ist eine Pandemie etwas Bedrohliches, und in einer bedrohlichen Situation spielt man oft eher auf Halten. Zugleich werden auch Ressourcen, sprich: Geld, knapp.

Schäuble: Natürlich kann man nicht sagen: Prima, eine Pandemie, jetzt haben wir die Chance zu Veränderung. Aber aus Krisen, selbst aus Kriegen entstehen neue Möglichkeiten und damit auch Wirklichkeiten. Das ist für mich Grundlage für den Grundoptimismus, den Menschen haben dürfen. Ja, wir sind in Deutschland wahnsinnig langsam und schwerfällig geworden. Aber dann hat selbst Berlin einen Flughafen eröffnet und aus dem Messegebäude ein funktionierendes, betriebsbereites Intensivkrankenhaus gemacht, aus dem man möglicherweise jetzt ein Impfzentrum machen kann. Aus der Knappheit entstehen neue Wertschätzungen, übrigens auch familiärer Zusammenhalt oder gesellschaftliche neue Formen von Solidarität. Menschen. Kann noch viel besser werden – aber wir müssen nie resignieren.

Kinnert: Gegenwart zeichnet aus, dass sie nicht entschieden ist. Insofern kann man etwas daraus machen. Gerade beim Themenfeld mentale Gesundheit erhoffe ich mir einen großen Sprung. Ich erlebe, dass darüber ernster diskutiert wird. Beim Thema Digitalität geht es auch voran. Ich denke aber – da bin ich ein Stück pessimistischer –, dass die Bedingungen in den nächsten Jahren extrem schwierige sind. Wenn es uns gut geht, ist zwar nicht unbedingt der Druck für Innovation da, aber der Freiraum. Wenn es materiell eng wird, und das wird es, haben wir mit ganz neuen sozialen Verwerfungen zu kämpfen, mit der Gefahr von neuem Freund-Feind-Denken und der Versuchung des Populismus.

Schäuble: Das ist wahr! Die soziale Frage stellt sich in Katastrophen härter.

Zum verbreiteten Eindruck von Zäsur trägt auch bei, dass wir in diesem Jahr vor einer doppelten Zäsur stehen. Der der Pandemie und der, die durch das Ende einer 16-jährigen Kanzlerschaft von Angela Merkel entsteht. Was geht da zu Ende, und muss nun etwas Neues beginnen?

Schäuble: Es wird etwas Neues kommen müssen und das wird genauso wenig einfach sein wie nach dem Ende der Ära Adenauer oder Kohl. Beide wurde jeweils vom Wähler erzwungen. Frau Merkel hatte immer vor, ihre Ära selbstbestimmt zu beenden, und es spricht alles dafür, dass sie es schafft. Meine Frau hat früh gesagt: »Das bekommt nur eine Frau hin. Die wird es schaffen.« Es wird trotzdem nicht einfach so weitergehen, das tut es nie. Das war die Erwartung, die auch 1998 mit meiner Kür zum Parteivorsitzenden verbunden war, und es ging auch nicht. Das lag gar nicht an mir, sondern daran, dass die Ära Kohl nun wirklich zu Ende war.

Wird das Land sich verändern?

Schäuble: Es verändert sich doch jeden Tag!

Ich möchte Ihnen zum Schluss jeweils eine persönliche Frage stellen. Wo möchte die heute 29-jährige Diana Kinnert mit 78 Jahren sein?

Kinnert: Ich merke jetzt schon, dass ich diese ganzen Sprünge im Kopf, diese verschiedenen Berufe und Projekte, die meinen Alltag jeden Tag anders machen, nur deswegen mental gesund aushalten kann, weil ich mir Ruheorte suche. Ich kann mir sehr gut vorstellen, später immer mal wieder in irgendwelchen Dörfern oder auf dem Land zu sein – solange ich meinen Laptop dabeihabe.

Und wo wäre der 29-jährige Wolfgang Schäuble, wenn er heute leben würde?

Schäuble: Puh, das weiß ich nicht. Ich kann den Wolfgang Schäuble nicht aus den Begrenzungen seiner Herkunft und Vergangenheit nehmen. Sicher wäre der an einem spannenden Ort. Berlin ist ein solcher Ort, an dem Grenzen und Zukunft zusammenkommen. Also wäre der 29-Jährige vielleicht da, wo der 78-Jährige ist. (Lacht.)

Dank

Am Anfang stand der Lockdown. Unter dem Eindruck der Pandemie, als sich binnen Kurzem vieles grundlegend veränderte und wir erlebten, dass lange Undenkbares plötzlich und schnell möglich wurde, entstand die Idee zu diesem Buch. Hilmar Sack und Jacqueline Boysen haben es mit mir gemeinsam konzipiert und inhaltlich erarbeitet. Ich danke beiden, dass sie sich außerhalb ihrer dienstlichen Tätigkeit dafür engagiert haben. Wichtige Anregungen verdankt das Buch auch Victoria Krummel.

Die Krisenerfahrung nahmen wir als Ausgangspunkt, um Überlegungen zu zentralen Politikfeldern, die ich in Reden und Texten als Bundestagspräsident formuliert habe, nicht nur selbst zu hinterfragen und zu überdenken, sondern sie mit interessanten Gesprächspartnern zu diskutieren und weiterzuentwickeln. Auf diese Weise wurde die Arbeit an dem Buch für mich persönlich bereichernd.

Ich danke Maja Göpel, Sylvie Goulard, Diana Kinnert, Rutger Bregman, Ralf Fücks, Ivan Krastev und Armin Nassehi für die Bereitschaft, meine Essays kritisch zu lesen und mit mir darüber zu diskutieren, für ihre Anregungen und ihren Widerspruch. Tina Hildebrandt, Rainer Hank und Jacques Schuster haben diese Gespräche umsichtig moderiert. Ihnen ist gelungen, in der schriftlichen Fassung das umfangreiche Material so aufzubereiten, dass nicht nur die Gedankengänge und Argumente deutlich werden, sondern auch die inspirierende Atmosphäre der Gespräche. Dafür danke ich ihnen. Gemeinsam haben wir so begonnen, was wir uns für dieses Buch insgesamt wünschen: eine offene und vertiefende Diskussion über unsere Zukunft. Diese brauchen wir.

Dem Siedler Verlag mit seinem Programmleiter Sachbuch, Jens Dehning, danke ich für die professionelle Begleitung während des Entstehungsprozesses. Als die Verlagsentscheidung fiel, befanden wir uns zwar bereits in der Pandemie, nicht abzusehen war allerdings, wie sehr davon auch die Gespräche, insbesondere die mit den ausländischen Experten, betroffen sein würden. Für die aufwendige und reibungslose Organisation danke ich Ulla Dehning, für die Technik der Agentur Fulmidas, für die Übersetzung Astrid Geese und für die Fotodokumentation Anita Back.

Eine Danksagung richtet zwangsläufig den Blick zurück, das Buch selbst gilt aber der Zukunft und unserem Willen, diese zu gestalten. Deshalb widme ich es meinen Enkeln Mick, Kimi, Ava und Emma.

Wolfgang Schäuble
Berlin und Offenburg, Januar 2021

Leseempfehlungen

Kwame Anthony Appiah
Identitäten – Die Fiktionen der Zugehörigkeit, Berlin 2019.

Rutger Bregman
Im Grunde gut: Eine neue Geschichte der Menschheit, Hamburg 2020.

Markus Brunnermeier, Harold James und Jean-Pierre Landau
Euro. Der Kampf der Wirtschaftskulturen, München 2018.

Christopher Clark
Von Zeit und Macht. Herrschaft und Geschichtsbild vom Großen Kurfürsten bis zu den Nationalsozialisten, München 2018.

Paul Collier
Sozialer Kapitalismus! Mein Manifest gegen den Zerfall unserer Gesellschaft, München 2019.
Der hungrige Planet: Wie können wir Wohlstand mehren, ohne die Erde auszuplündern, München 2011.

Paul Collier, John Kay
Greed Is Dead: Politics After Individualism, London 2020.
(dt. *Das Ende der Gier*. München 2021, erscheint im Herbst)

Dan Diner
Das Jahrhundert verstehen. Eine universalhistorische Deutung, München 1999.

Jonathan Franzen
Wann hören wir auf, uns etwas vorzumachen? Gestehen wir uns ein, dass wir die Klimakatastrophe nicht verhindern können, Berlin 2020.

Ralf Fücks
Freiheit verteidigen. Wie wir den Kampf um die offene Gesellschaft gewinnen, Berlin 2017.

Francis Fukuyama
Identität. Wie der Verlust der Würde unsere Demokratie gefährdet, Hamburg 2019.

Ines Geipel
Umkämpfte Zone. Mein Bruder, der Osten und der Hass, Stuttgart 2019.

Maja Göpel
Unsere Welt neu denken: Eine Einladung, Berlin 2020.

Juval Noah Harari
Eine kurze Geschichte der Menschheit, München 2013.
Homo Deus – Eine Geschichte von Morgen, München 2017.

Tony Judt mit Timothy Snyder
Nachdenken über das 20. Jahrhundert, München 2013

Navid Kermani
Wer ist Wir? Deutschland und seine Muslime, München 2009.

Diana Kinnert
Für die Zukunft seh' ich schwarz, Berlin 2017.

Ivan Krastev
Europadämmerung. Ein Essay, Berlin 2017.
Ist heute schon morgen? Wie die Pandemie Europa verändert, Berlin 2020.

Ivan Krastev, Stephen Holmes
Das Licht, das erlosch. Eine Abrechnung, Berlin 2019.

James Lovelock
Novozän: Das kommende Zeitalter der Hyperintelligenz, München 2020.

Avishai Margalit
Politik der Würde. Über Achtung und Verachtung, Frankfurt a. M. 1999.
Über Kompromisse und faule Kompromisse, Berlin 2011.

Andrew McAfee
Mehr aus weniger. Die überraschende Geschichte, wie wir mit weniger Ressourcen zu mehr Wachstum und Wohlstand gekommen sind – und wie wir jetzt unseren Planeten retten, München 2020.

Neil McGregor
Deutschland. Erinnerungen einer Nation, München 2015.

Christian Meier
Das Gebot zu vergessen und die Unabweisbarkeit des Erinnerns. Vom öffentlichen Umgang mit schlimmer Vergangenheit, München 2010.

Rein A. Müllerson
Dawn of a New Order. Geopolitics and the Clash of Ideologies, London, New York 2017.

Herfried Münkler
Die Deutschen und ihre Mythen, Berlin 2008.
Macht in der Mitte. Die neuen Aufgaben Deutschlands in Europa, Hamburg 2015.

Armin Nassehi
Muster. Theorie der digitalen Gesellschaft, München 2019.
Das große Nein. Eigendynamik und Tragik des gesellschaftlichen Protests, Hamburg 2020.

Steven Pinker
Aufklärung jetzt: Für Vernunft, Wissenschaft, Humanismus und Fortschritt. Eine Verteidigung, Frankfurt a. M. 2018.

Karl Popper
Die offene Gesellschaft und ihre Feinde, Stuttgart 1980.

Andreas Reckwitz
Die Gesellschaft der Singularitäten. Zum Strukturwandel der Moderne, Berlin 2017.
Das Ende der Illusionen. Politik, Ökonomie und Kultur in der Spätmoderne, Berlin 2019.

Dani Rodrik
Das Globalisierungs-Paradox. Die Demokratie und die Zukunft der Weltwirtschaft, München 2011.

Michael Sandel
Vom Ende des Gemeinwohls. Wie die Leistungsgesellschaft unsere Demokratien zerreißt, Frankfurt a. M. 2020.

Eberhard Schockenhoff
Kein Ende der Gewalt? Friedensethik für eine globalisierte Welt, Freiburg i. Breisgau u. a. 2018.

Düzen Tekkal
German Dream. Wie wir ein besseres Deutschland schaffen, Berlin 2020.

Odd Arne Westad
Der Kalte Krieg. Eine Weltgeschichte, Stuttgart 2019.

Heinrich August Winkler
Zerbricht der Westen? Über die gegenwärtige Krise in Europa und Amerika, München 2017.
Werte und Mächte. Eine Geschichte der westlichen Welt, München 2019.

Die Gesprächspartner und Moderatoren

Rutger Bregman, geboren 1988, ist Historiker und Journalist. Er wurde bereits zweimal für den renommierten European Press Prize nominiert. Bregman schreibt für die »Washington Post« und die »BBC« sowie für niederländische Medien. Seine Bücher sind Bestseller, auf Deutsch sind erschienen »Utopien für Realisten« (2017) und »Im Grunde gut« (2020).

Ralf Fücks, geboren 1951, ist geschäftsführender Gesellschafter des Zentrums Liberale Moderne und war 21 Jahre lang Vorstand der Heinrich-Böll-Stiftung. Zuvor war er Bundesvorsitzender der Grünen und Senator für Umwelt und Stadtentwicklung in Bremen. Er gilt als ein Vordenker im grünen Spektrum und mischt seit vielen Jahren in der öffentlichen Debatte mit. Zuletzt erschienen »Intelligent wachsen. Die grüne Revolution« (2013) sowie »Freiheit verteidigen. Wie wir den Kampf um die offene Gesellschaft gewinnen« (2017). 2019 gab Fücks mit Thomas Köhler den Band »Soziale Marktwirtschaft ökologisch erneuern« heraus.

Maja Göpel, geboren 1976, befasst sich als Polit-Ökonomin seit 25 Jahren mit Nachhaltigkeitsfragen an der Schnittstelle von Wissenschaft, Politik und Gesellschaft. Sie hat sechs Jahre lang den World Future Council mit aufgebaut, leitete das Berliner Büro des Wuppertal Instituts für Klima, Umwelt und Energie und war von 2017 bis 2020 Generalsekretärin des Wissenschaftlichen Beirats der Bundesregierung Globale Umweltveränderungen (WBGU), der die Regierung bei der Gestaltung globaler Transformationen zur Nachhaltigkeit berät. Sie ist wissenschaftliche Direktorin des 2020 in Hamburg gegründeten »The New Institute« und bekleidet eine Honorarprofessur an der Leuphana Universität Lüneburg. 2020 erschien ihr Bestseller »Unsere Welt neu denken. Eine Einladung«.

Sylvie Goulard, geboren 1964, ist Publizistin. Sie hat im französischen Außenministerium und als Research Fellow am Centre d'Etudes et de Recherches Internationales (CERI) gearbeitet sowie am Europa-Kolleg in Brügge gelehrt. Sie war von 2001 bis 2004 politische Beraterin des Präsidenten der EU-Kommission Romano Prodi und danach Präsidentin des Mouvement Européen France. Von 2009 bis 2017 war sie Mitglied des Europaparlaments (ALDE Fraktion) und 2017 französische Verteidigungsministerin im ersten Kabinett von Emmanuel Macron. Ihr Gesprächsbeitrag gibt ausschließlich die persönliche Meinung der Autorin wider.

Rainer Hank, geboren 1953, ist Wirtschaftsjournalist. 2001 bis 2018 leitete er die Wirtschafts- und Finanzredaktion der »Frankfurter Allgemeinen Sonntagszeitung«, seither ist er als Publizist und Kolumnist für unterschiedliche Medien tätig, insbesondere für die FAS. 2009 erhielt er den Ludwig-Erhard-Preis, 2013 den Karl-Hermann-Flach-Preis und 2014 die Hayek-Medaille. Für sein 2017 publiziertes Buch »Lob der Macht« war Rainer Hank für den Deutschen Wirtschaftsbuchpreis nominiert. Zuletzt erschien »Die Loyalitätsfalle. Warum wir dem Ruf der Horde widerstehen müssen« (2021).

Tina Hildebrandt, geboren 1970, ist Chefkorrespondentin der Wochenzeitung Die ZEIT. Sie studierte Politologie, Geschichte und Germanistik in Bonn. 1991 ging sie nach Halle/Saale, um dort die Nachwendezeit zu erleben. Beim Mitteldeutschen Express war sie Polizeireporterin für die Region Sachsen-Anhalt und später Parlamentskorrespondentin im Bonner Büro des »Kölner Express«, bevor sie 1997 zum SPIEGEL wechselte. Dort war sie politische Redakteurin und Reporterin in der Hauptstadtredaktion. Seit 2004 schreibt sie als politische Berichterstatterin für die ZEIT. Von 2012 bis 2019 leitete sie das Hauptstadtbüro.

Diana Kinnert, geboren 1991, ist Politikerin, selbstständige Unternehmerin, Beraterin und Publizistin. Sie ist seit 2009 Mitglied der CDU. Nach dem Studium der Sozialwissenschaften leitete sie von 2015 bis 2016 das Abgeordnetenbüro von Peter Hintze und war Reformratgeberin für Peter Taubers Parteireformkommission. Seit 2018 konzentriert sich ihre politische Arbeit insbesondere auf die Themenfelder Technologie, Demografie, Anti-Einsamkeit, Urbanisierung und Partizipation. Zuletzt erschienen »Für die Zukunft seh' ich schwarz. Plädoyer für einen modernen Konservatismus« (2017) und »Die neue Einsamkeit. Und wie wir sie als Gesellschaft überwinden können« (2021).

Ivan Krastev, geboren 1965, ist Vorsitzender des Centre for Liberal Strategies in Sofia und Permanent Fellow am Institut für die Wissenschaften vom Menschen in Wien, wo er den Schwerpunkt »Die Zukunft der Demokratie« leitet. Der vielfach preisgekrönte Autor schreibt für die internationale Ausgabe der »New York Times«. 2020 gewann er den Jean-Améry-Preis für europäische Essayistik. Letzte Veröffentlichungen: »Das Licht, das erlosch. Eine Abrechnung« (2019) und »Ist heute schon morgen? Wie die Pandemie Europa verändert« (2020).

Armin Nassehi, geboren 1960, ist Professor für Allgemeine Soziologie und Gesellschaftstheorie an der Ludwig-Maximilians-Universität München. Seit 2012 ist er Herausgeber der Kulturzeitschrift »Kursbuch«. Er ist u. a. Mitglied des Senats der Deutschen Nationalstiftung und gehört dem Expertenrat »Corona« der nordrhein-westfälischen Landesregierung an. Zuletzt erschienen »Muster. Theorie der digitalen Gesellschaft« (2019) und »Das große Nein. Eigendynamik und Tragik des gesellschaftlichen Protests« (2020).

Jacques Schuster, geboren 1965, studierte Geschichte und Politikwissenschaften in Berlin. Nach der Promotion legte er eine Biografie über Heinrich Albertz vor und war zwei Jahre lang als Redenschreiber des Regierenden Bürgermeisters Eberhard Diepgen tätig. Seit 1998 arbeitet er bei der Zeitung »Die Welt«, zunächst als Ressortleiter Ausland, dann an führender Stelle in der »Literarischen Welt«. Heute ist er Chefkommentator der Zeitungen »Welt« und »Welt am Sonntag«. Gleichzeitig leitet er das Politikressort.

Personenregister

Adenauer, Konrad 305
Alexander der Große 300
Allmendinger, Jutta 151
Appiah, Kwame Anthony 159, 168
Arendt, Hannah 82
Aristoteles 300
Aron, Raymond 214 f.
Assmann, Aleida 150, 282
Assmann, Jan 281

Bach, Johann Sebastian 182
Bebel, August 286
Beck, Ulrich 190
Benedikt XVI., Papst 45
Benn, Gottfried 260
Biden, Joe 98, 217, 227, 231, 256 f., 259, 269
Bismarck, Otto Fürst von 218 f., 286
Böckenförde, Ernst-Wolfgang 43, 283
Bonhoeffer, Dietrich 194
Borasio, Gian Domenico 38
Borchert, Wolfgang 288
Briand, Aristide 204
Brunnermeier, Markus 205
Burke, Edmund 50

Churchill, Winston 17
Clark, Christopher 275, 284
Clinton, Bill 128
Collier, Paul 104, 111 f., 117, 172
Cordes, Rudolf 26

Delors, Jacques 126
Diner, Dan 206 f., 228 f.
Dylan, Bob 268

Eichengreen, Barry 124
Einstein, Albert 290
Erhard, Ludwig 120, 126

Ferrand, Richard 195
Franzen, Jonathan 111 f.
Franziskus, Papst 21
Friedman, Milton 125
Friedrich, Großherzog von Baden 179
Fukuyama, Francis 171, 173, 228, 254

Gagern, Heinrich von 286
Gates, Bill 10
Gauck, Joachim 284, 287, 299
Gaulle, Charles de 217
Geipel, Ines 155
Gerritsen, Nick 32

Gerst, Alexander 32
Goethe, Johann Wolfgang von 178
Gorbatschow, Michail 17, 266, 268
Grimm, Dieter 162, 198
Grimm, Jacob 178
Grimm, Wilhelm 178
Habermas, Jürgen 85
Haffner, Sebastian 286
Hamadi, Mohammed Ali 26
Hamilton, Alexander 193 f.
Harari, Yuval Noah 8 f., 35
Hauser, Thomas 127
Havel, Václav 223
Herder, Johann Gottfried 168
Herzog, Roman 77
Hölderlin, Friedrich 23, 71
Holmes, Stephen 207 f.
Humboldt, Alexander von 102
Humboldt, Wilhelm von 102

Itzstein, Adam von 286
Ivaškevičius, Marius 8

James, Harold 194, 205
Jaspers, Karl 27
Jelzin, Boris 266
Judt, Tony 211, 264
Juncker, Jean-Claude 221, 234

Kagan, Robert 241
Kant, Immanuel 35, 40, 231
Kay, John 105, 111, 172
Kelsen, Hans 80
Kermani, Navid 131, 168
Keynes, John Maynard 123, 126
Kielmansegg, Peter Graf 72, 116
Kinkel, Klaus 26
Kissinger, Henry 247
Knigge, Volkhard 281
Kohl, Helmut 279, 305 f.
Köhler, Horst 37, 243

Krugman, Paul 122
Kurz, Gerhard 170
Kurz, Sebastian 294

Lamers, Karl 200
Landau, Jean-Pierre 205
Lasker, Eduard 286
Lau, Mariam 172
Lessing, Gotthold Ephraim 185
Levi, Primo 280
Lévi-Strauss, Claude 295
Leyen, Ursula von der 234
Lilla, Mark 171, 173, 186
Lovelock, James 295
Lübbe, Hermann 278
Lübcke, Walter 87
Luhmann, Niklas 88
Luther, Martin 178

MacGregor, Neil 153
Macron, Emmanuel 204, 217, 238, 240, 294
Maizière, Lothar de 71
Margalit, Avishai 70
Marx, Karl 284
Matsuda, Michita 33
Maull, Hanns W. 236
Mazzucato, Mariana 58
McAfee, Andrew 109
Meier, Christian 276 f.
Merkel, Angela 53, 69, 185, 204, 218, 222, 305
Merkel, Wolfgang 116 f., 246
Metternich, Klemens Wenzel Fürst von 247
Milgram, Stanley 41
Müllerson, Rein 232, 237
Münkler, Herfried 159, 209, 227
Murswiek, Dietrich 115
Muschg, Adolf 212
Musk, Elon 55, 143

Nell-Breuning, Oswald von 121, 167
Neubauer, Luisa 185
Nooteboom, Cees 189

Obama, Barack 80, 227, 255–257
Oberndörfer, Dieter 177
Oermann, Nils Ole 127
Olejniczak, Mariusz 181
Orbán, Viktor 97, 264
Otto-Peters, Louise 286 f.

Perroux, François 204
Piketty, Thomas 58
Pinker, Steven 109
Pleven, René 235
Popper, Karl 22, 53, 117, 158
Pusch, Stephan 60
Putin, Wladimir 237 f., 266, 268

Reckwitz, Andreas 12, 168
Richter, Eugen 286
Rifkin, Jeremy 240
Rodrik, Dani 91, 230
Roosevelt, Franklin D. 255
Röpke, Wilhelm 122
Rupnik, Jacques 254, 263 f.
Rüstow, Wilhelm 122

Sandel, Michael 168
Schäuble, Ingeborg 305
Schiller, Friedrich von 274
Schleyer, Hanns Martin 26
Schleyer, Waltrude 26
Schmidt, Alfred 26
Schmidt, Helmut 26, 217
Schockenhoff, Eberhard 244, 247
Scholl, Hans 24
Schröder, Richard 152, 155
Schuman, Robert 195, 248
Schumpeter, Joseph 127
Seneca 276, 283

Simson, Eduard 286
Singer, Peter 59
Sinn, Hans-Werner 194
Snower, Dennis 104
Solon 31
Spaemann, Robert 23
Spahn, Jens 25
Spengler, Oswald 274
Stanišić, Saša 160
Steinbrück, Peer 126 f.
Steinmeier, Frank-Walter 160
Stern, Fritz 277
Stresemann, Gustav 204

Talleyrand, Charles-Maurice de 247
Tekkal, Düzen 164
Thunberg, Greta 44, 55, 58, 116, 134
Tocqueville, Alexis de 73
Töpfer, Klaus 107
Trump, Donald 97 f., 171, 215, 227, 240, 255–257, 266, 269, 294 f.

Utlu, Deniz 164

Weber, Max 78 f., 291
Weizsäcker, Richard von 69
Wilke, René 181
Windthorst, Ludwig 286
Winkler, Heinrich August 245
Wolf, Martin 122

Xi Jinping 267

Die Erschütterung der liberalen Demokratie überall auf der Welt wird gern mit der Schwäche der westlichen Werteordnung erklärt. Die Pulitzer-Preisträgerin Anne Applebaum geht dem Phänomen auf andere Weise auf den Grund. Sie fragt: Was macht für viele Menschen die Rückkehr zu autoritären, anti-demokratischen Herrschaftsformen so erstrebenswert? An vielen Beispielen – von Boris Johnson bis zur Corona-Diktatur in Ungarn – und aus persönlicher Erfahrung zeigt sie, welche Bedeutung dabei soziale Medien, Verschwörungstheorien und Nostalgie haben und welche materiellen Interessen ins Spiel kommen. Ein brillanter Streifzug durch ein Europa, das sich auf erschreckende Weise nach harter Hand und starkem Staat (zurück)sehnt.

»Wie konnte unsere Demokratie auf die schiefe Bahn geraten? Dieses außergewöhnliche Dokument ist Anne Applebaums Antwort darauf – eindringlich, klarsichtig und welterfahren.«
Timothy Snider

Siedler